江苏省知识产权发展研究中心资助出版

商标法：
原理、规范与现实回应

徐升权 ◎ 著

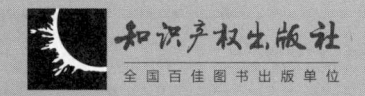

知识产权出版社
全国百佳图书出版单位

图书在版编目（CIP）数据

商标法：原理、规范与现实回应/徐升权著．—北京：知识产权出版社，2016.7
（南京理工大学知识产权学院文库）
ISBN 978-7-5130-4302-1

Ⅰ.①商… Ⅱ.①徐… Ⅲ.①商标法—中国—高等学校—教材 Ⅳ.①D923.43

中国版本图书馆 CIP 数据核字（2016）第 148951 号

责任编辑：刘 睿 刘 江　　　　责任校对：董志英
封面设计：SUN 工作室　　　　　　责任出版：刘译文

商标法：原理、规范与现实回应
ShangBiaoFa：YuanLi GuiFan yu XianShi HuiYing
徐升权 著

出版发行：	知识产权出版社 有限责任公司	网　址：	http://www.ipph.cn
社　　址：	北京市海淀区西外太平庄 55 号	邮　编：	100081
责编电话：	010-82000860 转 8344	责编邮箱：	liujiang@cnipr.com
发行电话：	010-82000860 转 8101/8102	发行传真：	010-82005070/82000893
印　　刷：	保定市中画美凯印刷有限公司	经　销：	各大网上书店、新华书店及相关专业书店
开　　本：	720mm×960mm 1/16	印　张：	16.75
版　　次：	2016 年 7 月第一版	印　次：	2016 年 7 月第一次印刷
字　　数：	240 千字	定　价：	45.00 元
ISBN 978-7-5130-4302-1			

出版权专有　侵权必究
如有印装质量问题，本社负责调换。

前　　言

　　2010年，由法国一家工作室制作的名为 *Logorama*❶ 的影片获得第82届奥斯卡最佳动画短片奖。这部影片讲述了"在一个完全由商标构成的好莱坞花花世界里，正义而暴力的米其林轮胎人大战邪恶的麦当劳大叔"的荒谬故事。影片在不到20分钟的时间里展示了大家耳熟能详的几百个商标，让人观后不禁感叹：我们生活在商标的世界里。

　　商标，正不断融入人们日常生活之中。在现代市场经济环境中，商标已经是企业所不容忽视的无形资产，并已成为一个企业最重要核心竞争力的构成要素。据"国际品牌集团"（Interbrand）❷ 2015年发布的第16届最佳全球品牌排行榜显示，苹果公司的"Apple"品牌价值高达1 702.76亿美元，同比增长43%，排名第一，已成为该公司最重要的无形资产及其核心竞争力的重要组成要素之一；谷歌公司的"Google"品牌价值高达1 203.14亿美元，同比增长12%，排名第二；可口可乐公司的"CocaCola"品牌价值高达784.23亿美元，排名第三。❸

---

　　❶ 该片由弗朗索瓦·阿拉克斯（François Alaux）、埃尔韦·德·克雷西（Herve de Crecy）、吕多维克·乌普兰（Ludovic Houplain）共同执导，2009年11月14日正式上映，曾获2009年斯德哥尔摩电影节最佳短片奖。国内一般直接将该片片名翻译为《商标的世界》。

　　❷ Interbrand 成立于1974年，其网址为 http://www.interbrand.com/en。

　　❸ Interbrand："Best Global Brands 2015"，载 http://bestglobalbrands.com，最后访问日期：2016年1月31日。据该排行榜显示，中国"华为"和"联想"两个品牌进入2015年榜单的前100名。其中，"华为"品牌价值49.52亿美元，排名第88位；"联想"品牌价值41.14亿美元，排名第100位。

与人类日常生活联系日趋紧密以及市场价值日趋受到重视，使得商标成为法律所必须关注的对象之一，特别是当其与"财产"发生直接关联之后，其更需要相关法律制度的关怀。商标的产生与广泛运用推动了商标法的产生与发展。在法学理论中，商标法是知识产权法中重要的内容之一，其与著作权法、专利法一起构成传统知识产权法中三大最重要的内容。

自1857年法国颁布世界上第一部注册商标法❶以来，商标法律制度在世界范围内得到了快速发展。目前，世界上绝大多数国家都制定并施行了商标法；由《保护工业产权巴黎公约》《国际商标注册马德里协定》《商标法日内瓦条约》以及《与贸易有关的知识产权协议》（以下简称为TRIPs协议）等共同组成的国际知识产权制度也均将商标法律制度确立为其核心内容之一。国际与各国国内立法共同构建起涉及商标权取得、变化、行使、限制及保护等方面内容的商标法律制度体系。

从理论上来讲，商标法学是知识产权法学的一个分支，其是以商标法基础理论及商标立法为主要研究对象的一门学科。有学者指出："商标法具有惊人的欺骗性，看似一目了然，实则充满玄机。一般来说，人们对于商标法了解得越少，就越容易误认为其简单"，"任何人，只要认真研究过商标法，就会惊奇地发现，这一领域充满了知识产权的真正难题。在相当层面上，商标法的某些基本问题目前依然存在不确定性，而且可能永远如此。"❷ 的确，在商标法的学习与研究中，作者已深刻体会到这一点。有鉴于此，在本书写作中，作者在阐述商标及商标法相关理论问题的基础上，围绕我国现行《商标法》以及部分国外立法对商标法律制度进行解释，以期能在厘清商标法基本制度框架的基础上，参考学界已有相关研究成果，对商标法学中部分典型的现实问题予以适当地分析和讨论，抛砖引玉。

---

❶ 郑成思：《知识产权论（第2版）》，法律出版社2003年版，第7页。

❷ Jeremy Phillips, *Trade Mark Law: A Practical Anatomy*, Oxford University Press, 2003. p.18. 转引自彭学龙：《商标法的符号学分析》，法律出版社2007年版，第3页。

目　　录

第一章　商标法基础理论 …………………………………………（1）
　第一节　商标之理论分析 ……………………………………（1）
　第二节　商标法之一般理论 …………………………………（30）

第二章　商标权的取得 ……………………………………………（52）
　第一节　商标权取得的一般理论 ……………………………（52）
　第二节　商标注册的含义与原则 ……………………………（66）
　第三节　商标注册条件 ………………………………………（81）
　第四节　商标注册程序 ………………………………………（106）

第三章　商标权的变化 ……………………………………………（120）
　第一节　商标权变化的一般理论 ……………………………（120）
　第二节　商标权的绝对消灭 …………………………………（122）
　第三节　商标权的相对消灭 …………………………………（131）

第四章　商标权的行使 ……………………………………………（142）
　第一节　商标权行使的一般理论 ……………………………（142）
　第二节　商标权人的自我使用 ………………………………（145）
　第三节　注册商标的使用许可 ………………………………（153）
　第四节　商标权的特殊行使方式 ……………………………（160）

第五章　商标权的限制 ……………………………………………（168）
　第一节　商标权限制的一般理论 ……………………………（168）
　第二节　商标合理使用 ………………………………………（174）

第三节　权利用尽与平行进口 …………………………………（186）
　　第四节　商标先用权 ……………………………………………（197）
第六章　商标权的保护 ………………………………………………（206）
　　第一节　商标权保护的一般理论 ………………………………（206）
　　第二节　商标侵权行为的认定 …………………………………（210）
　　第三节　商标侵权行为的类型 …………………………………（223）
　　第四节　商标侵权纠纷的处理 …………………………………（237）
　　第五节　驰名商标的特殊保护 …………………………………（243）
主要参考文献 …………………………………………………………（256）

第一章　商标法基础理论

第一节　商标之理论分析

一、商标的界定

商标，英文为"trademark"或"trade‐mark"，是指民事主体在商业活动中使用的用于区别商品或服务来源的一种标记或符号。具体而言如下。

首先，商标是一种标记或符号，这已经是国际范围内的一项基本共识。如在学术理论研究中，美国学者罗伯特·莫杰斯（Robert Mergers）等认为商标就是"制造商用来识别其商品……标记和符号"；世界知识产权组织（WIPO）原总干事阿帕德·鲍格胥（Arpad Bogsch）博士将商标定义为"用来区别一个企业的产品和其他企业产品的一种标记"；[1] 我国著名知识产权法专家郑成思教授认为商标是"使用于商品的显著标记"；[2] 中国人民大学郭禾教授主编的教材认为从广义的角度可将商标定义为商品的标记；[3]等等。在相关立法实践中，WIPO 国际局在商标保护法律协调专家委员会第一次会议中起草的《商标保护法律协调条约（草案）》第 3 条"商标宣

---

[1] 李继忠，董葆霖：《外国专家商标法律讲座》，工商出版社 1991 年版，第 1 页。
[2] 郑成思：《知识产权法教程》，法律出版社 1993 年版，第 235 页。
[3] 郭禾：《知识产权法（第五版）》，中国人民大学出版社 2014 年版，第 153 页。

言"将商标界定为"一种显著标记";❶世界贸易组织（WTO）的TRIPs协议认为商标是"符号或符号的组合";❷法国《知识产权法典》第七卷"制造、商业及服务商标和其他显著标记"中的第711-1条明确商标为"标记";❸等等。作为一种标记或符号，商标一般由文字、图形、字母、数字、三维标志、颜色、声音、气味等要素单独或组合构成。在我国，由于商标立法实践的影响，相关理论研究曾长期认为商标的构成要素应当具备可视性特征，声音、气味等不属于商标的构成要素，但2013年商标法的第三次修订取消了原来的"可视性"要求，并允许"声音"注册为商标。实际上，世界上很多国家现在都接受了声音商标、气味商标等非传统的商标，因此，从更全面认识商标的现实角度来看，作为商标的标记或符号，并不必然要具备可视性特征。

其次，商标是主要用于区别商品或服务来源的标记或符号。标记或符号的种类很多，不是每一种与商品或服务有关的标记或符号都是商标。日常生活中，除商标外，常见的与商品或服务有关的标记或符号还有商品包装装潢、商品通用名称、商务用语、商号等诸多相邻的商业标识，这些商业标识彼此发挥着不同的功能或作用，如商品包装装潢的主要作用是美化商品、刺激市场需求；商品通用名称是人们日常生活中对某一类商品的习惯称呼；商务用语是有助于经营者推销其商品或服务的宣传用语或口号；商号则主要是企业特定化的标志，是企业具有法律人格的表现。与这些商业标识相比，商标最主要、最直接的功能与作用就是区别商品或服务来源，不能或不是主要用于区别商品或服务来源的标记或符号不属于商标的范畴。这一点是各种有关商标概念的表述都予以肯定的内容，也是一些国家商标立法中明确确认的内容。如英国学者蒂娜·哈特（Tina Hart）与琳达·法

---

❶ 冯晓青，唐超华：《知识产权法》，湖南大学出版社、湖南人民出版社2001年版，第356页。

❷ 刘世宽：《知识产权理论与实践》，甘肃人民出版社2006年版，第89页。

❸ 《十二国商标法》编译组：《十二国商标法》，清华大学出版社2013年版，第50页。

赞尼（Linda Fazzani）认为商标这种标记或符号就是被用于"将某人的商品或服务和其他人的商品或服务区分开来"；❶ 我国台湾地区著名商标法学者曾陈明汝认为商标是厂商用之"以与他人之商品或服务相甄别"的标记；❷ 美国《兰汉姆法》（Lanham Act）第 1091（C）条在界定商标的性质时规定：拟注册为商标的标记"必须能区别申请人的商品或服务"；❸ 等等。此外，国内一些有关商标概念的阐述，除强调商标应能区别商品或服务的来源外，还常强调商标这种标记或符号应当是"显著性标记"或"具有显著特征的标记"，例如我国著名知识产权法学者刘春田教授主编的教材认为"商标是一个企业将其提供的商品或服务与其他企业提供的商品或服务的相区别的显著性标记"；❹ 西南政法大学张耕教授主编的教材认为，商标是商品经营者为使自己经营的商品或所提供的服务区别于其他经营者的商品或服务，而使用于商品或者服务上的具有显著特征的标记；❺ 等等。笔者认为，在定义商标时强调商标是"显著性标记"或"具有显著特征的标记"，实际上就是为了对"显著性"这一获得商标权的实质要件进行强调，但作为商标法学理论中的一个核心概念，❻"显著性"的核心内涵就是指作为商标的标记或符号应当能够区别商品或服务的来源，因此，在对商标的概念表述中没有必要予以重复性描述，而且作为一个概念，"显著性"本身就需要在理论层面予以阐述和讨论，在商标的概念中内嵌这样一个有待解释的专有名词是不合适的，"区别商品或服务的来源"已经能够较为准确地解释商标。

---

❶ ［英］蒂娜·哈特、琳达·法赞尼：《知识产权法（第二版）》，法律出版社 2003 年版，第 71 页。

❷ 曾陈明汝：《商标法原理》，中国人民大学出版社 2003 年版，第 9 页。

❸ 《十二国商标法》编译组：《十二国商标法》，清华大学出版社 2013 年版，第 495 页。

❹ 刘春田：《知识产权法》，法律出版社 2009 年版，第 235 页。

❺ 张耕：《商业标志法》，厦门大学出版社 2006 年版，第 23 页。

❻ 邓宏光：《商标法的理论基础：以商标显著性为中心》，法律出版社 2008 年版，第 1 页。

最后，商标是民事主体在商业活动中使用的标记或符号。界定某一名词，就是要对其内涵与外延予以完整的揭示。❶ "商标功能"与"商标使用"是影响商标法律制度发展的两条核心主线。❷ "区别商品或服务的来源"是对商标功能的描述，要进一步全面理解商标，还需要考察"商标使用"问题。标记或符号的使用在日常生活中极为广泛，只有在特定的环境下即商业活动中的使用才有可能成为商标。商标离不开市场交易等现代商业活动，只有在现代商业活动市场中也才有必要区分商品或服务的来源。在简单交换经济中，产品多限于在本地集市买卖，生产者与购买者大多是直接进行物物交换，并无必要在产品上标明特定标记或符号。❸ 由于商标不可能自行出现在商业活动之中，因此从概念的完整性与确定性的角度来看，有必要界定清楚商标是谁在商业活动中使用的标记或符号。如前文所提及，罗伯特·莫杰斯认为是"制造商"；张耕教授认为是"商品经营者"；世界知识产权组织2012年暑期学校的阅读材料认为是"企业"；❹ 还有学者认为是"生产经营者""商品的生产者或服务的提供者"；也有学者依据我国商标法的规定认为是"任何自然人、法人或其他组织"。笔者认为，这些表述在本质上并不存在实质性冲突，但若严格地进行比较，彼此也在范围上存在较大的差异，如"制造商"难以覆盖"经营者"；"商品经营者"和"生产提供者"也并不等同；等等。商标的存在是商标权得以产生的基础，商标权是知识产权的下位概念。在法学理论体系中，知识产权的主体是"民事主体"，商标应当是民事主体在商业活动中使用的标记或符号。

---

❶ 吴汉东：《知识产权制度基础理论研究》，知识产权出版社2009年版，第10页。
❷ 杜颖：《社会进步与商标观念：商标法律制度的过去、现在和未来》，北京大学出版社2012年版，第6页。
❸ 黄海峰：《知识产权的话语与现实——版权、专利与商标史论》，华中科技大学出版社2011年版，第219页。
❹ WIPO Worldwide Academy, *WIPO Summer School Reading Material*, Geneva, Switzerland, 2012, p. 33.

二、商标的起源

研究表明，人类在物品上使用标记或符号有着悠久的历史。国外，早在古埃及、古希腊、古罗马时期，人类就已经开始在一些物品上标注一些文字、图案或者符号，如已经出土的文物表明，古罗马时期曾流行一种陶土制成的油灯，该种油灯上都标有一些具有相当表现力的标记，❶ 学者们认为，这些标记可以算是商标的等同物，也可以视为现代商标的萌芽，因为这些标记虽然在使用本意上可能并非为了确定或标明来源，但实际上无法避免地会产生此方面的效果。进入中世纪后，随着封建社会的瓦解，资本主义社会开始逐渐兴起，欧洲各地自由城邦与商品经济得到一定程度的发展，物品交易活动变得更为频繁，物品交易的地域空间也得以扩大，在商业与贸易中，人们在物品上使用标记的做法开始日趋普及。据学者研究分析，中世纪时期商人使用属于自己的特定标记在英格兰等地已经成为一种社会风俗，商人不仅会在自己的商品上使用固定的标记，而且有时为了彰显自己的身份还会在房屋、窗户甚至是墓碑上使用相同的标记。❷ 在此阶段，标记或符号表明来源的功能逐渐加强，而且在商业活动中这一功能也得到了认可和强化，如在盛行的海上贸易过程中，标记或符号往往是在对海难后捡捞出的商品或追剿海盗后找回的物品进行处理时确定来源和归属的依据。❸ 不过，由于中世纪时期生产力水平的限制，标记或符号的使用往往还仅是商人自己的一种偏好或行会的要求。进入 18 世纪中期以后，工业革命带来了规模化生产和远程销售，标记或符号开始成为远程贸易中

---

❶ Gerald Ruston, "On the Origin of Trademarks", in *Trademark Reporter*, Vol. 45, 1955, p. 133.

❷ Frank Schechter, *The Historical Foundations of the Law Relating to Trade - Marks*, ColumbiaUniversity Press, 1925, pp. 23~24.

❸ 黄海峰：《知识产权的话语与现实——版权、专利与商标史论》，华中科技大学出版社 2011 年版，第 220 页。

购买者确定商品来源和区分不同生产者的重要手段，❶ 成为商业活动中商人利益的一部分，商人们开始尝试寻求对这些标记或符号的保护，并最终在19世纪中期，出现了专门的商标立法。现代知识产权法意义上的"商标"正式产生。

在中国，商标的起源可以追溯至"三皇"时代，且春秋时代、三国时期、北宋时期以及明清时期也皆有商标发展的历史痕迹。考古发现，"三皇"时代的一些陶器上已经绘制有标记或符号，一些学者研究认为这些标记或符号能够区别器物的所有人或制造人，是商标的历史源头。❷ 不过，在当时自给自足的自然经济条件下，物品主要并非用于交换或交易，所以其所使用的标记或符号还不是现代意义上的商标。据流传下来的古代志怪小说集《搜神记》的记载，春秋时期的造剑名匠干将以自己及妻子的名字将为楚王铸造的宝剑命名为"干将""莫邪"，这虽然不是在物品的交换中使用标记或符号，但这一标记在一定程度上也能起到确定和区别制造者的效果。三国时期，名句"何以解忧，唯有杜康"中的"杜康"一词实为用粮食酿酒的鼻祖之名，句中已被用作酒的指代，❸ 并流传至今，成为一个被核准注册的商标。一般认为，我国现存最早且较完整的商标实际上是出现在北宋时期。当时，山东刘家"功夫针铺"使用"白兔"商标，以持钢针的白兔为中心图案，傍刻"济南刘家功夫针铺"与"认门前白兔为记"，另附文字"收买上等钢条，造功夫细针，不误宅院使用，客转为贩，别有加绕，请记白"，图文并茂且对商品质量能够起到宣传作用，基本具备现代商标的大部分外貌。❹ 明清时期，"景泰蓝""顾绣庄""丁娘子""六必居""泥人张"等都是商业活动中使用的知名的标记，具有告知购买者商

---

❶ 黄海峰：《知识产权的话语与现实——版权、专利与商标史论》，华中科技大学出版社2011年版，第225页。
❷ 张序九：《商标法教程（第三版）》，法律出版社1997年版，第28页。
❸ 胡开忠：《商标法学教程》，中国人民大学出版社2008年版，第3页。
❹ 曲三强：《知识产权法原理》，中国检察出版社2004年版，第475页。

品来源、保证质量等功能，非常接近现代意义的商标。❶

考察"商标"的词源还可以发现：清末，"商标"一词在我国正式出现。有学者指出，我国民间最早使用"商标"一词的是康有为所著的《大同书》，其中写道："然交通日繁，故邮政、电线、商标、书版，各国久已联通，特许专卖及博士学位之类，皆各国不义。欧美先倡，日本从之。"后来，清政府在1902年与美国签订《中美通商行船续订条约》中正式使用"商标"一词。1904年，清政府为了落实已与他国签订的条约开始实施《商标注册试办章程》，我国自此开始正式产生了现代知识产权法意义上的"商标"。❷

三、商标的分类

根据不同的标准可以对商标作出多种分类，具体而言，可以进行以下分类。

1. 注册商标和未注册商标

根据商标是否经过核准注册的标准，可将其分为注册商标和未注册商标两类。注册商标是指经商标行政管理机关核准注册的商标，在我国，是指经国家工商行政管理总局商标局核准注册的商标。依照大多数国家的现行商标法律制度，商标注册一般遵循自愿注册的原则。作为区分商品或服务来源的标记或符号并非必须经过商标行政管理机关的核准注册。民事主体可以根据自身的需要决定是否将其使用的相关标记或符号进行商标注册申请。未经商标行政管理机关核准注册的商标为未注册商标，除特别情形外，民事主体也可以在商业活动中对其予以使用。

比较而言，注册商标和未注册商标的主要区别在于，前者依法取得商标专用权，获得商标法律制度的专门保护；而后者除非被认定为驰名商标，否则不享有专用权，只能受到相关法律的有限保护，而且未注册商标一旦

---

❶ 王连峰：《商标法》，法律出版社2003年版，第3页。
❷ 余俊：《商标法律进化论》，华中科技大学出版社2011年版，第2~7页。

被他人善意注册并取得商标专用权的话便可能会被禁止使用或仅仅产生不具有排他性的先使用权。❶ 不管是注册商标还是未注册商标都不能违反相关法律的强制性规定，如我国现行《商标法》第 10 条列举的各类标志既不能申请注册商标，也不能作为未注册商标予以使用。

2. 商品商标和服务商标

根据商标识别不同类型对象的标准，可将其分为商品商标和服务商标。这是我国现行《商标法》第 3 条所明确规定的一种分类。所谓商品商标，是指民事主体在生产、制造、加工、挑选或者经销等生产经营活动中在商品上所使用的商标，如"王老吉""可口可乐"等。所谓服务商标，是指提供服务的民事主体在其向社会提供的服务中使用的商标，如"中国银行""PICC"等。比较商品商标和服务商标，两者存在一些显著区别。

就商标识别的对象而言，商品商标识别的对象为具体而有形的商品；服务商标识别的对象则是服务项目本身，一般是一系列行为或活动，并不具有看得见、摸得着的形态。就商标使用的方式而言，商品商标可以直接附着于特定的商品上；而服务商标由于其所依托的服务项目并非有形，故其难以通过直接附着于特定的服务上来进行使用，而只能通过服务项目提供者的服务行为予以体现。就商标宣传功能的发挥而言，商品商标和服务商标都可以由所有人直接使用于广告宣传之中，但由于服务的无形性等原因，服务商标无法像商品商标那样通过附着于具体的商品而随商品的流通实现广而告之的效果。就被纳入立法保护范围的时间而言，服务商标比商品商标要晚很多，服务商标系第二次世界大战以后才开始被相关立法所承认和予以保护的。1946 年，美国《兰汉姆法》率先对服务商标作出规定，我国《商标法》自 1993 年修订时开始将服务商标纳入其保护范围。❷

3. 传统类型的商标与非传统商标

根据商标的构成要素以及国际社会对商标类型扩展的认识，可将商标

---

❶ 宁立志：《知识产权法（第二版）》，武汉大学出版社 2011 年版，第 256~257 页。
❷ 曲三强：《知识产权法原理》，中国检察出版社 2004 年版，第 473 页。

分为传统类型的商标和非传统商标。传统类型的商标主要包括文字商标和图形商标。文字商标是指以文字、字母、数字等组成的商标；图形商标是指由图形构成的商标。非传统商标，也称为新型商标，国际上通常认为其包括立体商标、颜色商标、声音商标、动作商标、气味商标、触觉商标、全息图商标以及位置商标等。❶

立体商标，也可以称为三维商标，是指以三维标志为构成要素的商标，典型的如可口可乐公司饮料瓶的形状。需要注意的是，单纯的立体画面不能成为立体商标。❷我国2001年修改商标法时增加了对立体商标的保护，同年12月3日，新中国第一个正式申请注册的立体商标出现，即国家商标局受理了北京天驰知识产权代理有限公司代理北京德高尼文化艺术有限公司申请注册的"DEGONEY及图"立体商标，❸该商标在2003年4月由国家工商行政管理总局商标局核准注册。

颜色商标，是指由颜色或颜色组合构成的商标。由于单一颜色在实践中发挥识别作用的能力有限等原因，一些国家只保护颜色组合商标，即由两种或两种以上的色彩排列、组合而成的商标，我国现行商标法即是如此。不过，WIPO认为，只要单一颜色具备区别商品来源的特殊功能，就可以得到法律保护。❹目前，美国、德国、法国、英国、澳大利亚、新西兰、新加坡等均已经在立法或实践中确认保护单一颜色商标。❺

声音商标，也可称为音响商标，是指以音符编成的一组音乐或以某种特殊声音作为区别商品或服务来源的标记，其既可以是自然界中真实存在

---

❶ 李祥章："浅论非传统商标的申请注册与保护"，载《中国工商报》2010年12月2日，第B03版。

❷ 李永明：《知识产权法》，浙江大学出版社2000年版，第493页。

❸ 王莲峰：《商标法》，清华大学出版社2008年版，第6~7页。

❹ WIPO, Standing Committee on the Law of Trademarks Industrial Designs and Geographical Indications. New Types of Marks, SCT/16/2, Geneva: WIPO, 2006.

❺ 湛茜："单一颜色商标的注册问题研究"，载《暨南学报（哲学社会科学版）》2012年第10期，第116~117页。

的声音，也可以是人工合成的声音，❶ 典型的如英特尔的"intel inside"声音、美国米高梅电影公司（Metro-Goldwyn-Mayer）电影片头的"狮子吼"声音、诺基亚公司（NOKIA）的标志性开机声音以及我国恒源祥广告中曾出现的"恒源祥，羊羊羊"声音，等等。❷ 我国在 2013 年完成第三次修订的商标法放开了声音商标的注册，自 2014 年 5 月 1 日起，声音商标正式纳入我国商标法保护范畴。❸

　　动作商标、气味商标、触觉商标、全息图商标以及位置商标是我国现行商标法尚未吸纳的几种非传统商标，但从全球范围来看，这些类型的商标已经出现。动作商标，顾名思义是以某一或某一连串动作为内容的商标，通常以一种历时性的和连续性的影像呈现出来。❹ 较为典型的如诺基亚（NOKIA）手机的开机动态画面，该商标由四幅连续的动态画面组成，画面中一只成人的手和一只小孩的手同时向中间移动，最后两只手握在一起。该商标在欧盟及新加坡等国家和地区获核准注册。❺ 气味商标，又称为嗅觉商标，是指以某种特殊气味作为区别商品或服务来源的商标，❻ 此类商标有赖于人们通过嗅觉加以感知。❼ 典型的气味商标如欧共体内部市场协调局第二上诉庭核准的"新剪的草香"商标以及美国核准注册的指定在缝纫机上的一种鸡蛋花香味的气味商标。❽ 触觉商标，是指通过质地平整光洁程度等区别商品或服务来源的商标，如一些企业会在名片、信封、公司

---

❶ 王莲峰：《商标法》，清华大学出版社 2008 年版，第 7 页。
❷ 杨延超："声音商标的立法研究"，载《知识产权》2013 年第 6 期，第 47 页。
❸ 目前，声音商标在我国发展良好。据报道，截至 2016 年 1 月底，国家工商行政管理总局商标局已经受理声音商标申请 450 件。2016 年 2 月 13 日，商标局初步审定公告了拟核准注册的首件声音商标——"中国国际广播电台广播节目开始曲。"
❹ 李宗辉："非传统商标的显著性及其注册条件"，载《中华商标》2012 年第 11 期，第 46 页。
❺ 李祥章："浅论非传统商标的申请注册与保护"，载《中国工商报》2010 年 12 月 2 日，第 B03 版。
❻ 王莲峰：《商标法》，清华大学出版社 2008 年版，第 7 页。
❼ 陈小慧："气味商标法律制度概述"，载《中华商标》2007 年第 9 期，第 31 页。
❽ 黄晖：《商标法》，法律出版社 2004 年版，第 45 页。

简介、包装袋乃至前庭接待桌面、员工服装上使用特殊的材料,以达到与众不同的效果。❶ 全息图商标,是一种为提供防卫水平,增加造价成本,只有通过一定角度光线的折射才能看见的商标。❷ 位置商标,是指在其指定使用的商品或在提供指定服务的场所的特定位置使用、用以区分商品或服务来源的标记。❸

此外,学术界认为,依据商标的构成要素以及相关法律规定,还存在另外一种类型的商标,即组合商标,其主要是指商标的构成要素不是单一的,其可能是由文字、图形、颜色、三维标志等多种要素的相互任意组合而构成。此类商标的特点在于图文并茂、形象生动,惹人注目,也便于传播。❹

4. 制造商标和销售商标

根据商标使用者的性质不同,可将其分为制造商标和销售商标。制造商标,也可称之为生产商标,是指商品制造者所使用的商标,如生产收录机的厂商在其产品上使用"熊猫"商标。制造商标的作用主要在于区分不同的生产厂家,并可以在销售中突出表明制造者,便于消费者对生产厂商形成信任感。❺ 销售商标是指销售者所使用的商标,如日本三越百货公司使用的"三越"商标。❻ 销售商标的作用主要在于销售者将自己经销的商品与其他销售同类商品的主体区别开来。实践中,一些主体既销售商品也制造商品,在同一商品上制造者和销售者身份重叠,制造商标与销售商标也因此可能会出现在同一商品上。❼

5. 证明商标和集体商标

根据商标所具有的特殊功能,可将其分为证明商标和集体商标。这种

---

❶ 百度百科:词条"触觉商标"。
❷ 百度百科:词条"全息商标"。
❸ 周波:"'位置商标'注册申请的司法审查",载《人民司法》2011年第24期,第32页。
❹ 张玉敏:《知识产权法学》,中国检察出版社2002年版,第236页。
❺ 吴汉东:《知识产权法学(第六版)》,北京大学出版社2014年版,第200页。
❻ 胡开忠:《商标法学教程》,中国人民大学出版社2008年版,第19页。
❼ 徐德敏:《知识产权法学》,中国政法大学出版社2002年版,第107页。

分类也是我国现行《商标法》第3条所确认的一种分类。依据我国现行《商标法》的规定，证明商标，是指由对某种商品或服务具有监督能力的组织所控制，而由该组织以外的单位或者个人使用于其商品或服务，用以证明该商品或者服务的原产地、原料、制造方法、质量或者其他品质的标志，如常见的纯羊毛标志、绿色食品标志等。集体商标，是指以团体、协会或者其他组织名义注册，提供给该组织内的成员在商事活动中使用，以表明使用者在该组织中的成员资格的标志，如佛山陶瓷、东乡手抓羊肉等商标。集体商标往往可以用于表现某些商品或服务所具有的共同特征，而这正是相关商品或服务的竞争优势所在，集体商标可以帮助其使用人在市场竞争中分享集体的影响力，取得更大的市场收益。

6. 等级商标和防卫商标

根据商标使用者的特殊使用目的，可将商标分为等级商标和防卫商标。等级商标，是指为了区分自己生产的不同规格、质量的同类商品而使用的系列商标，如原上海牙膏厂的"美加净""中华""白玉"等商标。❶ 对于商标使用者而言，等级商标主要是为了较为清晰地划分市场，以便于根据不同市场的特点进行有针对性的营销，但也需要商标使用者注意的是使用等级商标时应防止给消费者造成"根据质量人为划分出了一等品、二等品、三等品、等外品"的印象，否则可能会对自身品牌建设带来不利的影响。防卫商标，是指为了防卫他人使用或注册某标记会对自己的核心商标构成威胁或造成损害而进行注册的商标，一般来讲，防卫商标有助于保护具有一定知名度的商标，能适当避免他人的某些"搭便车"行为。

防卫商标包括联合商标和防御商标两种类型。联合商标，是指同一主体在同一种或类似商品上申请注册两个或两个以上的近似商标，其中一个指定为正商标，与其相近似的商标一起构成具有防卫性质的联合商标；如实践中存在的"娃哈哈"和"哈娃哈""哈哈娃"；防御商标，是指同一商标所有人把自己的商标同时注册在其他非同种或非类似的商品上的商标，

---

❶ 百度百科：词条"等级商标"。

如广州白天鹅宾馆于 1987 年注册了在糕点、面包、茶食等商品上使用的"白天鹅"商品商标，1994 年将"白天鹅"商标注册为服务商标，2001 年又在 34 个商品类别中进行了"白天鹅"商标的注册申请。❶

7. 驰名商标、著名商标和知名商标

根据商标在市场上的知名度大小，可将其分为驰名商标、著名商标和知名商标。驰名商标，英文为"Well-known Trademark"，是国际上通用的一个法律概念，《保护工业产权巴黎公约》1925 年修订文本中最早正式提出，但并未对其做出确切的定义。❷ 我国现行《商标法》第 13 条将其界定为"为相关公众所熟知的商标"。著名商标和知名商标目前均还不是法律概念。在我国商标管理实践中，省、自治区、直辖市以及市一级的工商行政管理部门往往会对所在行政区划范围内一些已经具有一定声誉和市场知名度但又未能达到驰名商标认定要求的商标予以著名商标或知名商标的认定。❸ 通常，省、自治区和直辖市一级的工商行政管理部门认定著名商标；市一级的工商行政管理部门认定知名商标。❹ 由于我国当前著名商标、知名商标的认定与保护都由地方决定，并无国家层面的立法予以规范，所以在认定的法律性质等具体问题方面尚存有一些争议，相关制度也遭到诸多的质疑，有待进一步规范化梳理、调整和发展。❺

8. 臆造商标、随意性商标和暗示性商标

根据商标的显著性强弱，可将其分为臆造商标、随意性商标和暗示性商标。臆造商标，是指由杜撰的文字、词汇等所构成的无特定含义的商标，如"海尔""森达"等。由于这类商标的构成要素从未出现在词典等公共领域，其本身没有任何实际意义，与其所标示的商品或服务也不存在任何

---

❶ 胡开忠：《商标法学教程》，中国人民大学出版社 2008 年版，第 20 页。
❷ 张耕：《商业标志法》，厦门大学出版社 2006 年版，第 35 页。
❸ 储敏："对著名商标保护制度的反思"，载《江淮论坛》2010 年第 5 期，第 129 页。
❹ 丁丽瑛：《知识产权法》，厦门大学出版社 2002 年版，第 297~298 页。
❺ 杨爱葵："地方著名商标认定的法律性质研究"，载《学术探索》2013 年第 12 期，第 69 页。

直接或潜在的联系，从而使得其具有唯一性和独特性并成为市场中较为理想的商标，此类商标的显著性最强。❶ 随意性商标，是指一个有一定含义却与所使用在的商品或服务的内在特征或质量等无直接关联的商标，一些在实践中较为成功的例子如在衬衫上使用"红豆"商标、在电脑上使用"联想"商标。此类商标的显著性也较强，但在理论上此类商标在创立之初可能要比臆造商标的显著性弱。暗示性商标，是指商标由常用词构成，并以隐喻或暗示的手法来揭示某种商品或服务的属性或某一特点，如将"晚安"使用作床垫的商标、将"野马"用作汽车的商标、将"珍视明"用作眼药水的商标。作为暗示性商标，在使用时实际上是非直接或明示商品或服务的属性或特点，而只要其没有直接涉及指示对象的属性、功能，没有直接描述指示对象的种类、质量、主要原料或产地等，就仍然可能具有显著性，只不过其显著性可能比臆造商标以及随意性商标都要弱些。❷

四、商标的功能

在经济学视角下，商标作为一种标记或符号，其最为核心的功能就是其作为商家与消费者之间的沟通桥梁，能够有效降低消费者的搜索成本。对此，威廉·M.兰德斯、理查德·A.波斯纳等曾举例：假设你碰巧喜欢通用食品公司所生产的脱去咖啡因的咖啡。如果通用食品公司没有使用商标的话，那么，你如果想在餐厅或者杂货店点用此咖啡时，你将不得不求询"由通用食品公司生产的脱去咖啡因的咖啡"，而当通用食品公司使用了"Sanka"一词作为商标时，你则可以简单地使用该词来点咖啡。两者比较起来，前者需要花费更长时间来说，也需要你记的更多，而且要求服务生或者店员读的更多和记的更多。❸ 商标，作为一种沟通的中介，让商家更容易将商品信息传递给消费者，也让消费者在琳琅满目的商品市场中较

---

❶ 吴汉东：《知识产权法学（第六版）》，北京大学出版社 2014 年版，第 210 页。
❷ 胡开忠：《商标法学教程》，中国人民大学出版社 2008 年版，第 46～47 页。
❸ [美] 威廉·M.兰德斯、理查德·A.波斯纳：《知识产权法的经济结构》，北京大学出版社 2005 年版，第 215 页。

为便利地找到自己所想要的商品。从商标的起源来看，商标能有效降低搜索成本的功能促使商家希望能够对其予以法律保护，同时，也让消费者接受对商标予以法律保护。现代商标法学理论关注的商标的功能主要包括识别来源功能、品质保证功能以及广告宣传功能。❶

1. 识别来源功能

从商标的界定可以看出，识别来源是商标受到法律保护的基础。在现代市场竞争中，同一类商品生产者或服务提供者往往不胜枚举，而且商品的生产者在大多数情况下是通过分散的零售商来进行商品销售的，所以，如何让消费者准确获知商品生产者或服务提供者的信息，以在激烈的市场竞争中获得消费者的信赖和青睐，是商品生产者或服务提供者需要解决的重要问题之一。商标在同一或类似商品或服务之间创造出一定的区别，使得消费者能够识别出商品或服务的来源；商标识别来源功能使得厂商"可以跨越零售商的肩膀"与消费者建立直接的联系，为再次销售提供了可能。❷ 在商标发展的历史中，商品生产者或服务提供者正是以"商标具有识别来源功能，从而能够帮助消费者避免混淆、误认或者受欺罔"等为理由来说服国家和社会支持或接受商标法律制度的。❸ 依照我国现行商标法的相关规定，商标保护的立论基础也正是要实现商标的识别来源功能、防止商品或服务来源的混淆。

2. 品质保证功能

和标示来源功能一样，商标的品质保证功能也属于商标的基本功能之一，其是指商标能够帮助消费者认识甚至是信任某种商品或服务的品质特征。不过，商标在反映商品或服务品质时，并非表示使用商标的商品或服

---

❶ W. R. Cornish, *Intellectual Property*: *Patents*, *Copyright*, *Trade Marks and Allied Right*, London Sweet & Maxwell, 1996, p. 527.

❷ Frank Schechter, *The Historical Foundations of the Law Relating to Trade - Marks*, Columbia University Press, 1925, p. 337.

❸ 黄海峰：《知识产权的话语与现实——版权、专利与商标史论》，华中科技大学出版社 2011 年版，第 230 页。

务必然是高档的、优质的，而是商标能够表明商品或服务质量的同一性与稳定性。❶ 即来源于同一商品生产者或服务提供者的商品或服务，质量具有较为一贯的水平，消费者在不同时间或地点获取的使用同一商标的商品或服务在质量方面差异不大。商标的使用促使商品生产者或服务提供者愿意在保证质量稳定方面作出努力，以保证消费者的消费体验，商标的此功能曾在苏联得到明显的反例验证：在苏联取消区别各种消费品生产者的标记后，相关产品的平均质量都下降了。❷

在我国商标法学中，商标的品质保证功能曾一度被认为比商标的识别来源功能更为重要，❸ 因为品质的同一性与稳定性对消费者而言具有更为明确的有利性。但近年来，也有学者开始对商标的品质功能提出质疑，❹ 认为商标并不必然保证商品或服务质量的同一性，如在实践中，企业不仅可能会因为商品销售地的质量检测标准不同而生产、销售质量不同但却使用同一商标的商品；而且企业可能出于特定因素的考虑而将质量较优的产品出口到外国市场，而将质量较次的产品在国内市场销售。❺ 对此，笔者认为：在此类特殊情况下，商标的品质保证功能仍然是成立的。正如有研究所指出的那样，商标的品质保证功能实际上还蕴含了商标的"自我执行之特征"，即消费者对生产、销售优质产品的商家会以重复购买加以回报，对信誉较差、质量不能令其满意的商品用拒绝再次购买作为惩罚。❻

商标的品质保证功能在我国现行《商标法》中得到了明确的承认和保护。如该法第1条从立法目的的角度明确规定"为了……促使生产、经营

---

❶ 曲三强：《知识产权法原理》，中国检察出版社2004年版，第473页。

❷ ［美］罗伯特·D. 考特、托马斯·S. 尤伦著，张军等译：《法和经济学》，上海三联书店、上海人民出版社1994年版，第197页。

❸ 刘春茂：《知识产权原理》，知识产权出版社2002年版，第566~568页。

❹ 梁志文："商标品质保证功能质疑"，载《法治研究》2011年第3期，第3~11页。

❺ 余俊："商标功能辨析"，载《知识产权》2009年第6期，第77~78页。

❻ William M. Landes, Richard A. Posner, *The Economic Structure of Intellectual Property Law*, Harvard University Press, 2003, pp. 166~209.

者保证商品和服务质量……特制定本法"。第 7 条第 2 款规定"商标使用人应当对其使用商标的商品质量负责"。第 42 条规定"转让注册商标的……受让人应当保证使用该注册商标的商品质量"。

3. 广告宣传功能

作为商标的基础功能之一，虽然商标的广告功能和识别来源功能、品质保证功能一样，都已经获得绝大多数学者的承认，但学界对其具体内涵的理解还存有不同意见。❶ 归纳而言，关于商标广告功能的认识主要有两种观点：第一种观点认为"当商标与消费者情感及自我表达的需求相结合的时候，商标便成为消费者向外界表达自己的广告"，❷ 即通过消费者的口口相传，商标"对再次购买起到了引导作用"，实现了"广为人知"的效果。❸ 第二种观点认为"商标的广告功能就是指商标可以作为广告宣传的对象或工具"，是"随着交通和贸易的发展，远程交易开始取代面对面交易而成为市场的常态"，"商标摇身一变成为最重要的商品广告媒介"。❹ 分析上述两种观点可以发现，第一种观点认为商标广告功能是内在的、自始存在的，因为消费者的"口口相传"并不需要来源于任何外界的推动力量，是消费者基于自己对相关商品的消费体验而产生的；而第二种观点认为商标广告功能的实现需要依赖于商标所有者积极主动的投放广告行为，是消费者通过接触广告或以广告为中介接触商品而产生的。笔者认为：结合商标的发展历史以及现有的相关学术研究进行思辨可以发现，这两种观点在本质上并非冲突的，而是共同描述了商标广告功能的完整内涵。

有研究指出，在商标产生的初期，由于行会组织对其成员的产品价格、产品品质、工资薪金以及产品配送等均有统一的要求，❺ 所以"广告是被

---

❶ 徐聪颖：《论商标的符号表彰功能》，法律出版社 2011 年版，第 49 页。
❷ 文学：《商标使用与商标保护研究》，法律出版社 2008 年版，第 35 页。
❸ 吴汉东：《知识产权法学（第五版）》，北京大学出版社 2011 年版，第 231 页。
❹ 杜颖："商标淡化理论及其应用"，载《法学研究》2007 年第 6 期，第 44 页。
❺ Thomas D. Drescher, The Transformation and Evolution of Trademarks – From Signals to Symbols to Myth, *82TMR301*, May 1992, pp. 312~313.

禁止的，也是不必要的"，故而"商标广告功能也根本无从谈起"。❶ 这一观点是有待商榷的，因为即使是在商标产生的初期，消费者通过自己的消费行为仍然会对某一具体的商品产生客观而真实的消费感受，而这种消费感受必然会和商标联系在一起，并可能得以传播，而这正是上述第一种观点所理解的商标广告功能。随着社会经济的发展，商标的发展从前现代阶段进入现代阶段，与消费者消费感受相联系在一起的商标广告功能并没有因此消失，而只是随着广告的兴起与发展得到了内涵上的丰富。随着广告业的发展，生产者或经营者为了吸引消费者而逐渐开始将商标使用于广告之中，以向消费者传递商品信息、吸引消费者，从而增添了上述第二种观点所指的商标广告功能。此时，商标广告功能除指消费者基于消费体验而对商标及其所指向的商品予以"口口相传"外，也和商标其他功能发生了更为紧密的联系，大大丰富了其内涵。如根据广告内容和性质，可以将广告分为信息性广告和劝说性广告。❷ 在信息性广告中，生产者或经营者希望向消费者传递商品的性能、质量和价格等基本信息，只有这些信息与商标联系在一起，才能帮助消费者知道信息所指的具体商品，否则消费者据此广告只能找到同类的所有产品，此时商标广告功能与识别来源功能紧密结合、相互依存，一同实现广告的目的；在劝说性广告中，生产者或经营者为了增加消费者的欲求而会着力渲染与商品相关的美好景象、传递商品蕴含的特定人文内涵，❸ 这样的广告往往意在增加商品的商誉，而商誉需要一定的载体来联系到具体的商品，商标承担着这个载体的角色。商标替代具体商品出现在广告中，成为广告宣传的对象，❹ 在发挥符号表彰作用的同时也实现了其广告功能。

---

❶ 徐聪颖：《论商标的符号表彰功能》，法律出版社2011年版，第57页。
❷ Ralph S. Brown, Advertising and the Public Interest: Legal Protection of Trade Symbols, 108 Yale L. J., 1999, pp. 1622~1623.
❸ Robert G. Bone, Hunting Goodwill: a History of the Concept of Goodwill in Trademark Law, 86 B. U. L. Rev., June 2006, p. 579.
❹ 徐聪颖：《论商标的符号表彰功能》，法律出版社2011年版，第59页。

综上所述，商标广告功能的内涵并非是单一的，而是多元的，即包括内在的广告功能——消费者依据其消费体验而对商品的自发传播与推介，也包括外化的广告功能——作为广告的对象实现对商品的传播和推介。前者源于商标应用于商品这一事实，属于商标基础功能之一；后者源于在广告中商品需要确定且易辨认的指代媒介，属于商标在其实践发展中新增添的经济功能之一。

我国现行《商标法》第48条规定"本法所称商标的使用，是指将商标用于商品、商品包装或者容器以及商品交易文书上，或者将商标用于广告宣传、展览以及其他商业活动中，用于识别商品来源的行为。"该条规定有助于对商标广告宣传功能的承认和保护。不过，比较而言，我国商标法律制度对商标广告宣传功能的保护还不足。目前，美国等国家在立法和实践中均接受了商标反淡化理论，以对商标广告宣传功能予以更好的保护，但在我国，虽然《上海著名商标认定与保护暂行条例》等地方性法规中引入了"淡化"的概念，现行商标法也有针对驰名商标反淡化的相关规定，但"淡化"目前还并非是我国法律确认的一个概念，这在一定程度上反映出我国商标反淡化法律制度尚未得以建立。❶ 就商标广告功能的法律保护而言，商标法的混淆原则无法有效规制侵害商标广告功能的淡化行为。

商标的功能不是静止不变的，而是伴随着人类认知和经济社会的发展而不断拓展和丰富的。如有学者认为，在现代市场经济环境下，商标还具有彰显个性的功能，即商标能够承担彰显个性风格、代表时尚品位的功能。一些商标在日常生活中可能直接代表生活阶层、社会地位、个性风格甚至是生活方式。❷ 还有研究认为，商标已具有资本功能，即在知识产权资本化快速发展的当下，商标在经权利人长期稳健、有效经营后，商业信誉会日益沉淀，进而凝聚出巨大的商业财富价值，商标也因此能够进入资本运

---

❶ 陈容妹："《反不正当竞争法》下的商标反淡化问题"，载《知识经济》2010年第21期，第28页。

❷ 吴汉东：《知识产权法学（第六版）》，北京大学出版社2014年版，第195页。

作过程，成为担保、证券化等活动的重要元素。❶

五、典型现实问题之分析

（一）"商标"与"商业标识"之词语辨析

在我国知识产权理论研究和相关实践中，"商标"与"商业标识"两个词语相互混用的现象较为普遍，❷"商业标识"常被缩小等同为"商标"而使用，"商标"偶尔也会被扩大理解而等同于"商业标识"。究其原因，主要是因为"商业标识"一词的内涵与外延还没有共识、商标与其他相关相邻商业标识的关系还没有被予以准确认识。

从学术严谨性角度出发，在理解"商业标识"的内涵与外延之前，有必要先纠正一个常见的错误，即"标识"一词常被误读作"标识（shí）"，而其正确的读音应为"标识（zhì）"。❸ 标识，兼有名词和动词两个含义，名词含义为记号，在现代汉语中与"标志"的含义相同；动词含义为"做出记号"。"商业标识"一词主要采用标识的名词含义，并有广义和狭义之分。广义上来讲，商业标识是指商业活动中使用的任何具有某种特定指向意义的符号、记号；狭义上来讲，商业标识则是指一切用以反映不同的产品、服务或其生产者、提供者信息的符号、记号。❹

比较而言，广义的理解包含商标，而狭义的理解则和商标的含义极为相近，这正是出现"商标"与"商业标识"词语混用的原因之一。实际上，即使是狭义的理解也是包含"商标"而非与"商标"等同，"商业标识"与"商标"两个词语之间的区别不能忽视。商标意在区分商品或服务的来源，而商业标识虽然也可能有区分商品或服务来源的效果，但其并非

---

❶ 凌洪斌："商标功能的扩张进路"，见《武汉大学知识产权法研究所2013年博士论坛论文集：纪念〈反不正当竞争法〉实施20周年》，湖北武汉，2013年12月，第98页。

❷ 袁真富："中国商业标识立法之整合研究"，见《上海知识产权论坛（第三辑）》，上海大学出版社2006年版，第189页。

❸ 刘纯博："标识（zhi）还是标识（shi）"，载《长安学刊》2010年第3期，第67~68页。

❹ 刘春田：《知识产权法》，法律出版社2009年版，第225页。

仅仅如此，不同的商业标识区分不同产品、服务或者商品生产者、服务提供者的目的和效果是具有极大差异化的。厘清商业标识的种类，并在此基础上比较商标与相关相邻商业标识，可以有助于我们更好地理解"商标"与"商业标识"的区别。

（二）商业标识的种类

商业标识的种类很多，并随着市场经济的发展呈不断丰富状。目前，在法学领域，对商业标识所包含的主要种类还没有形成一致的认识。具有代表性的观点，如中国人民大学法学院刘春田教授认为：商业标识主要包括"商标、商号、域名、产品外观、人物形象权、作品标题、广告语、产品特有的名称、地理标记、产品的包装装潢等"；❶ 华东政法大学王莲峰教授认为：商业标识的范围应包括"商标、商号、地理标识、特殊标志、商品特有名称、域名、商业外观、商业形象及其他相关商业标识"；❷ 内蒙古财经学院张术麟教授认为：商业标识包括"商号、域名、企业徽标、商标、商品名称与知名商品特有名称、装潢、商务广告语、地理标志、产地标记、质量标记、消费指引标记"；❸ 河北经贸大学南振兴教授与温芽清工程师认为"市场上的商业标识主要有商标、商号、地理标志以及网络域名等种类"；❹ 孔祥俊博士认为"商业标识分为区分商品（包括服务、经营活动）来源的标识、区分经营主体的标识和区分经营活动的标识，这三种标识分别为商标、商号和域名"。❺ 从上述几种代表性观点来看，"商标、商号、域名、地理标志、知名商品的特有名称均属于法学所关注的商业标识"已基本上是一个共识，而且在世界知识产权组织以及世界贸易组织等国际组

---

❶ 刘春田：《知识产权法》，法律出版社2009年版，第228页。
❷ 王莲峰：《商业标识立法体系化研究》，北京大学出版社2009年版，第11页。
❸ 张术麟：《商业标记权的法律保护》，知识产权出版社2008年版，第8~13页。
❹ 南振兴、温芽清：《知识产权法经济学论》，中国社会科学出版社2010年版，第129页。
❺ 孔祥俊："论商业标识权利冲突的民事处理"，见《知识产权权利冲突专题判解与学理研究》，中国大百科全书出版社2010年版，第103页。

织所管理的国际条约中，这些商业标识也都是得到承认和认可的，❶ 但除这些已是共识的商业标识的种类之外，法学领域应关注和承认的商业标识是否还包括其他以及分别是哪些还还有待仔细地鉴别。

从国际社会对商业标识的立法界定来看，商业外观、商业形象、商务广告语、特殊标志等也均是已被相关实践所认可的商业标识。如世界知识产权组织发布的《反不正当竞争行为示范规定》《反不正当竞争的示范规定注释》在对商业标识的种类予以阐释时就包括商业外观（主要指具体产品的包装、形状、颜色或其他非功能性的外形特点）、产品或服务介绍（广告、企业的行业服饰或店铺风格）、知名人士或者著名虚构角色（商业形象，如著名表演家、传播媒体和体育人士及其他名人、文学或艺术作品中虚构人物的名称或特征）；❷ 而世界知识产权组织所管理的《保护奥林匹克标志的内罗毕条约》❸ 则将奥林匹克标志这类特殊标志确定为商业标识的一种。因此，总的来说，在法学领域中，商业标识包括商标、商号、域名、地理标志、商品的特有名称、商业外观、商业形象、商务广告语、特殊标志及其他。❹

（三）商标与相邻商业标识的比较

与商标相邻的商业标识有很多，为论述之简洁，此处仅以商号、商业外观、商品的特有名称、地理标志、商务广告语以及特殊标志为例进行比较分析。

---

❶ 如《保护工业产权巴黎公约》《制止虚假或欺骗性商品产地标记马德里协定》《保护原产地名称及其国际注册里斯本协定》《建立世界知识产权组织公约》《与贸易有关的知识产权协议》等的规定。

❷ 世界知识产权组织：《关于反不正当竞争保护的示范规定：条款和注释》，世界知识产权组织出版物（No.832：C），第20~21页。

❸ 该条约于1981年9月26日在内罗毕签订，1982年9月25日生效。

❹ 增加"其他"一词作为兜底性的表述，主要是从商业标识种类不断发展与丰富的角度考虑的。商业标识的范围目前并没有完全闭合。商业标识应用和发展的历史表明，随着市场经济的发展，其种类有可能增加并在相关实践中得以认可，故采兜底性的表述方式，可以为商业标识未来的发展与丰富留下空间，允许一些新类型商业标识随实践的发展而进入法律认可的范围。

1. 商标与商号

在法学基础理论中，商号的概念一直是存有争议的，相关争议主要表现为学界对商号、商业名称❶以及字号等词语是否相同的问题长期有着不同的认识和理解。首先，关于商号与商业名称的关系。有学者认为商业名称和商号是两个不同的概念。商号是指"企业以及其他商事主体为了表明自己不同于他人的特征而使用的名称"，而商业名称则是指"表明企业或其他商事主体的注册地或营业地、商号、行业、财产责任形式、组织形式等特点的全称"。❷ 商业名称包含商号，商号只是商业名称中的一个组成部分而已。也有学者认为商业名称和商号为同一概念，是指"商事主体在营业活动中所使用的用以表彰自己独特法律地位的名称或名号"，❸ 并以立法例来证明，如德国《商法典》第 17 条规定"商人的商号是指商人进行其营业和进行签名的名称"。❹ 比较上述两种观点可以发现，前者可能主要是受我国现行的《企业名称登记管理规定》影响较大，❺ 具有一定的国情因素，而后者则在学术理论以及较多国家的商号保护立法实践中被认可。其次，关于商号和字号。学界对这两个概念的认识也有一些争议。有学者认为两者实属同一概念，但也有学者认为两者虽然"均为名称的一种，但是字号为个体工商户、个人合伙等特殊自然人组合的名称，而商号则是企业在营业时使用的名称"。❻ 有关"字号与商号不同"的观点所述之差别实际上并没有多大实际意义，无论是理论界还是实践界正逐渐趋向认可两者为

---

❶ "商业名称还包括一个下位概念——企业名称。商事主体按是否采取企业组织形式可以划分为企业主体和非企业主体两类，企业主体所使用的商业名称即为企业名称。企业名称是商业名称的一种。"参见宁立志：《知识产权法（第二版）》，武汉大学出版社 2011 年版，第 354 页。

❷ 姚新华："论商号权"，载《政法论坛（中国政法大学学报）》1994 年第 1 期，第 57 页。

❸ 覃有土：《商法学》，高等教育出版社 2008 年版，第 64 页。

❹ 宁立志：《知识产权法（第二版）》，武汉大学出版社 2011 年版，第 353 页。

❺ 我国 2012 年修订的《企业名称登记管理规定》第 7 条规定"企业名称应当由以下部分依次组成：字号（或者商号）、行业或者经营特点、组织形式"。

❻ 宁立志：《知识产权法（第二版）》，武汉大学出版社 2011 年版，第 353 页。

同一概念。综上所述，在大多数情况下，可以将商号、商业名称、字号理解为同一概念，均是指商事主体所使用的名称。

商号是企业使用的最重要商业标识之一，其不仅是企业法律人格的表现、是企业参与市场活动的形象标识之一，而且有助于消费者识别商品或服务的来源。不过，商标与商号也存在较为明显的区别：第一，商标与商品或服务紧密联系，而商号则与特定的经营主体相联系。第二，依据相关法律规定，商标可以产生商标权，商标权属于财产权，一般认为其不兼具有人格权的属性；而商号可以产生专用权，其具有人格权和财产权双重属性。第三，商标的构成要素包括文字、图形、颜色组合等多种要素，而商号一般只能采用纯文字的表达方式。第四，在我国，商标可以申请注册，也可以不申请注册，但商号必须经过企业登记主管机关的核定。第五，不管是注册商标还是未注册商标，其所产生的权利均在全国范围内有效，而商号所产生的权利通常只在企业名登记主管机关所辖范围内有效。

从市场经济发展实践来看，企业商标与商号相同的情形较为普遍。近年来，我国一些地方政府在实施商标战略过程中也大力推动"商标和商号的一体化"工作，如江苏省镇江市自2011年启动"企业商标与字号一体化"工程，并力争尽快实现商号与商标一体化企业总量达60%以上。❶ 不可否认，我国目前仅主要依靠《企业名称登记管理规定》是难以为商号提供必要的法律保护的，商号法律保护制度尚远不如商标法律制度发展得健全，企业根据需要统一商号和商标有着一定的积极意义，但诚如前文所述，商号和商标之间存有诸多区别，而且对于企业而言，其商标的数量无任何限制，而商号依法只能使用一个，所以由政府部门牵头推动企业商标与商号的统一是否合适还有待商榷。

2. 商标与商业外观

据学者考证，无论是在英语语境还是在汉语语境中，本来并不存在

---

❶ 方立东："江苏镇江市推动'企业商标与字号一体化'"，载 http://www.sipo.gov.cn/dfzz/jiangsu/xwdt/sxdt/201105/t20110510_603752.htm，最后访问日期：2015年5月3日。

"商业外观"（trade dress）一词，该词系源于北美以及欧盟等国家或地区晚近时期的知识产权立法，主要是"依据美国《兰汉姆法》第 43 条（a）款衍生出来，并在相关判例中得以不断发展的"。❶ 在我国学术界，商业外观的最初定义为"产品的标签与包装以及它们所构成的总体形象，例如：可口可乐的瓶子";❷ 后又受到美国商业外观保护相关立法中的定义——商业外观是"包装商品或服务的各要素的组合。这些要素组合在一起给消费者创造了整体视觉形象"❸ ——的影响，❹ 学者多将其定义为"商品的整体形象"，并认为"其所涉及的范围甚广，既包括商品包装、颜色，服务业装潢，亦可容纳产品自身的形状、尺寸、构造，甚至是商品、服务的营销技巧等"。❺

作为商业标识的一种，商业外观和商标既有一定的联系，又有一些区别。就联系而言，对于一件具体的商品而言，其商业外观的构成元素中一般会包含商标；就其区别而言，首先，两者使用目的不同。商业外观的核

---

❶ 无论是《辞海》《辞源》还是 *Webster's Ninth New Collegiate Dictionary*、*Black's Law Dictionary* 等工具书，皆没有 "商业外观" "trade dress" 这种词语搭配。参见叶若思：《商业外观权研究》，法律出版社 2010 年版，第 14～15 页。

❷ 林晓云："美国知识产权法律关于工业品外观设计保护范围的规定（下）"，载《知识产权》2003 年第 6 期，第 55～59 页。

❸ 吴永恒："试论我国商业外观的法律保护"，载《律师世界》2003 年第 9 期，第 4 页。

❹ 其实，美国学术界对 "trade dress" 的定义是不断发展的，如托马斯·麦卡蒂（J. Tomas McCarty）教授除在 *McCarthy's Desk Encyclopedia of Intellectual Property* 之中将 trade dress 定义为 "产品或服务各包装装潢元素所构成的整体，这些元素共同形成呈现在顾客眼前的整体视觉形象，并且可以作为一种商业标志或者标识来源的符号从而获得排他性的权利"之外，还进一步阐述了 trade dress 含义的发展，认为 "曾经，trade dress 仅仅是指一个产品为在市场上销售而进行的一种'装饰'方式，是指标签、包装、展示卡片以及其他类似的包装元素所构成的一种整体形象；然而，在现代概念中，trade dress 一词已获得了更为广泛的含义，包括产品本身的形状与外观，也包括使呈现在顾客面前的产品具有某种整体视觉形象的一切要素"。参见 J. Tomas McCarty, McCarthy's Desk Encyclopedia of Intellectual Property, 281（2d ed. 1984 & Supp. 1991），转引自叶若思：《商业外观权研究》，法律出版社 2010 年版，第 17～18 页。

❺ 林曦："商业外观的法律保护初探"，载《当代法学》2004 年第 6 期，第 123 页。

心目的在于美化商品、刺激市场需求；而商标则是为了区别来源。其次，两者的稳定性不同。商业外观的稳定性较弱，商品的生产者或服务的提供者可能会根据商品或服务本身以及市场营销之需要等各种因素而随意修改或调整商业外观，相关行为一般不受法律或他人的干涉；但商标的稳定性较强，为了便于消费者辨认或记忆，保障商标识别来源功能的有效发挥，商品的生产者或服务的提供者一般不应经常改变其商标，且根据法律规定，商标一经核准注册后就必须依法变更，否则就可能要承担商标被撤销的后果。再次，与商品或服务内容的关系不同。商业外观为了实现刺激市场需求的目标，可以与商品或服务的内容相同或近似，可以直接或间接反映出商品的原料、质量、重量等属性或特点，但商标一般不能与商品或服务的内容相关，否则就可能因其不具有显著性而无法获准注册。最后，两者受到的法律保护不同。按照我国现行法律制度体系，商业外观仅受到极为有限的保护，如我国1994年的《反不正当竞争法》、国家工商行政管理总局发布的《关于禁止仿冒知名商品特有的名称、包装、装潢的不正当竞争行为的若干规定》以及《依法认定和保护知名商品及其特有的名称、包装、装潢的有关法律问题》等对"知名商品"的"包装、装潢"的保护。❶ 而注册商标则可以受到《商标法》的专门保护。

3. 商标与商品的特有名称

商品名称是指"用来区别于其他商品而使用的商品的称呼"。一般来讲，商业名称可以划分为"通用名称"和"特有名称"。前者系指"同一类商品的名称，没有区分的功能"，而后者则是指"对特定商品的称呼，可以用来区别同一种类的不同商品"。❷ 实践中，一些"商品特有名称的区别商品来源功能有时在市场交易活动中可能会超过注册商标的区别商品来

---

❶ 林曦："商业外观的法律保护初探"，载《当代法学》2004年第6期，第124页。
❷ 贺炯威、凌大舜："'周六福'是商品的特有名称还是商标"，载《工商行政管理》2011年第16期，第56页。

源功能"，❶"许多企业商品名称很有名，但是其商标却鲜为人知，如华灯牌'北京醇'白酒、施贵保牌'百服宁'药，等等。"❷ 而正由于商品的特有名称具有区别来源功能，使其在商业活动中可以创造、积累商誉，成为企业十分重要和常用的商业标识之一。❸

关于商品特有名称和商标的关系，有研究者认为商品的特有名称"是一种未注册商标且与商品的包装、装潢联系密切"，也有研究者认为"其与商标一样，都有着区别作用，但就知名商品而言，其名称却能产生一种专门权——知名商品特有名称权"。❹ 如前文所述，一些商品的特有名称甚至比其商标更广为人知。如果将商品的特有名称归入商标的话，那么企业又为何在使用注册商标的情况下还常会同时使用商品的特有名称呢？且既然属于未注册商标，那么理论上其又何会将其另起名为"商品的特有名称"呢？实际上，商标和商品名称是有一定区别的，商标是企业用来区别商品来源的一种标识，而商品特有名称所强调的是产品本身，是对商品的直接命名。依据我国现行的法律制度体系，知名商品的特有名称因承载了商誉而受到反不正当竞争法的保护。

4. 商标与地理标志

广义的地理标志包含货源标记和原产地名称两类，其含义是指"用以明确产品源自某个国家的特定区域，或者源自该区域中某个具体地点或位置的商业性标志"。❺《巴黎公约》以及《与贸易有关的知识产权协议》等国际条约明确承认地理标志为知识产权的一种。❻ 我国现行《商标法》在第16条第2款将地理标志界定为"标示某商品来源于某地区，该商品的特定质量、信誉或者其他特征，主要由该地区的自然因素或者人文因素所决

---

❶❹ 郭寿康、陈霞："对'哈啤'案的几点思考——兼论商品特有名称的法律性质及其保护"，载《政法论丛》2005年第5期，第89页。

❷ 王莲峰：《商业标识立法体系化研究》，北京大学出版社2009年版，第14页。

❸ 吴绍冰、胡晓梅："'小肥羊'服务名称被'搭车'使用 企业'特有名称'成品牌护盾"，载《河北经济日报》2008年11月20日，第B02版。

❺ 宁立志：《知识产权法（第二版）》，武汉大学出版社2011年版，第362页。

❻ 如：TRIPs协议第22条第一款。

定的标志"。依此来看，地理标志的使用能够反映出产品的来源地，并使消费者能据此确认商品较好的质量、信誉等特征。"地理标志一经形成，就直接表示产品的质量和特点"，❶ 且这种表示是肯定甚至褒扬性质的。

"地理标志和商标有着相同的识别商品来源、品质保证、广告促销等功能，越来越多的国家以商标法为主，通过将地理标志注册为证明商标和集体商标的形式来予以保护。"❷ 但商标与地理标志实际上还是存在诸多区别，世界知识产权组织认为"商标是用来区别市场上商品、服务的生产者或提供者的，而地理标志则表明一个地方，表明生产某种特定品质商品的企业都来自这个地方。地理标志是没有单个所有人的，来自地理标志所标示的地方的每一个企业都有权使用该地理标志来表明其商品的来源。当然，有权使用地理标志的企业，其生产出的商品应当满足特定的要求——这一要求通常是政府关于规范地理标志使用的行政法规对相关商品质量的要求"。❸ 另据我国现行法律制度体系，在构成要素方面，地理标志由纯文字构成，并不要求具有显著性，这和商标的构成要素是不同的。

5. 商标与商务广告语

商务广告语是指"商家为了宣传自己的商品，在商品的包装或广告牌、广告宣传品、广告片中使用的能够引起消费者兴趣或购买欲望的富有诗意、寓意深刻、朗朗上口的短句"，典型的如"劲酒虽好，可不要贪杯""怕上火，喝王老吉""车到山前必有路，有路就有丰田车""好空调，格力造"，等等。❹ 商务广告语是一种典型的商业标识，并在市场经济活动中日趋重要。正如有人幽默地称："想推销商品而不做广告，犹如在黑暗中向情人递送秋波"。❺ 在现代社会中，市场中的产品已极其丰溢，广告已成为

---

❶ 王连峰：《商标法通论》，郑州大学出版社2003年版，第213页。
❷ 王莲峰：《商业标识立法体系化研究》，北京大学出版社2009年版，第32~33页。
❸ WIPO: *Introduction to intellectual property: theory and practice*, Kluwer Law International, 1997, pp. 10~14.
❹ 张术麟：《商业标记权的法律保护》，知识产权出版社2008年版，第10页。
❺ 朱小梅："媒体广告心理策略的运用"，载《新闻与写作》1997年第2期，第38页。

消费者选择商品时的重要参考资料，无处不在。因此，商家们也在商务广告语上下足了工夫，希望广告能为产品销售、企业形象以及企业竞争力提升提供一定的帮助。商家的关注与投入创造出了许多具有自身个性、能够表达自身特色的商务广告语。而随着广告的传播，一些知名的商务广告语逐渐和特定的商品建立了联系，并创造和承载了商誉，如"一切皆有可能""今年过节不收礼啊，收礼只收脑白金""世界上最宽广的是海，比海更高远的是天空，比天空更博大的是男人的情怀""原来生活可以更美的"等商务广告语经过长期使用，一经提及，人们自然会想到李宁体育用品、保健品脑白金、白酒洋河蓝色经典系列、美的小家电产品。

商务广告语与商品之间存在紧密联系，能够让消费者形成对某一商品的特定认识，帮助消费者识别商品，其和商标之间有着诸多的区别。第一，商务广告语的内容常涉及商品或服务的质量，而且可以适当予以夸张，但商标不可以如此。第二，商务广告语的稳定性比商标要弱，可能因时因地发生变化。第三，商标通常以商标权人独占使用为特征，而很多商务广告是不能由使用人独占使用的，如营养丰富、美味可口、质量上乘、工艺精湛，等等。第四，目前，和注册商标由商标法予以专门保护不同，商务广告语仅在特定的情况下受到著作权法律制度或反不正当竞争法律制度的保护。

6. 商标与特殊标志

特殊标志是指"在经国务院批准举办的全国性和国际性的文化、体育、科学研究及其他社会公益活动中使用的，由文字、图形组成的名称及缩写、会徽、吉祥物等标志"。[1] 如奥运会标志、亚运会标志、世博会标志，等等。由于这些特殊标志通常与特定的活动联系在一起，故如果使用于商品销售活动，则可以使消费者将商品与相关特定活动联系起来，从而利用相关活动在社会公众中的影响力来促进商品的销售。特别是在广告日趋重要的今天，特殊标志已经成为商家表彰自身、吸引消费者的重要工具

---

[1] 宁立志：《知识产权法》，武汉大学出版社2006年版，第291页。

之一。目前，在我国，特殊标志的保护主要依靠1996年颁布的《特殊标志管理条例》以及《奥林匹克标志保护条例》《世界博览会标志保护条例》等具体的专项法规来共同实现。

当然，在实践中，由于特殊标志的法律定位以及立法保护方式等都还有待进一步关注和研究，所以特殊标志所有权人为了更好地保护权利往往会将特殊标志申请注册为商标，以通过获得商标权来实现对其特殊标志的保护。不过，虽然特殊标志和商标具有相似性，但彼此间也存在一些明显的差异，如特殊标志用于商业时，所获得的利润一般须用于其所代表的公益活动；而商标的使用则是为了实现所有者的自身商业利益；特殊标志的功能在于传达社会公益活动的信息，具有特殊的宣传和文化意义，一般在法律确权之前，特殊标志本身就已经蕴含了良好的市场影响力和吸引力，而商标则往往在申请注册之前并不一定会已经含有较好的商誉；对于企业而言，使用特殊标志，最核心的原因就是要利用特殊标志已有的市场影响力和吸引力，而使用商标则主要是为了使得自身、自身的产品能够与他人、他人的产品相区别，其承载商誉系是使用的一种结果而已。

第二节　商标法之一般理论

一、商标法的界定

在现代法律制度体系中，商标法属于知识产权法的一个重要组成部分，是知识产权法的传统领域。简言之，商标法就是保护商标的特定法律领域。一般来讲，商标法就是指确认商标专有权，规定商标注册、使用、保护和管理等问题的法律规范总称。常见的商标法渊源如《中华人民共和国商标法》《商标法实施条例》以及2014年2月10日最高人民法院审判委员会通过的《关于商标法修改决定施行后商标案件管辖和法律适用问题的解释》等。

关于商标法的调整对象，我国商标法学界主要有两种观点。第一种观点认为商标法的调整对象主要包括以下几类：（1）商标管理关系，即商标行政主管机关与商标注册申请人之间在商标注册、使用、保护和管理过程中发生的关系，如商标注册申请的核准关系、商标权的续展关系、商标印制关系等；（2）商标使用关系，即商标权人与他人之间因商标的转让、许可使用和注册争议等所发生的关系，如异议人与被异议人之间的关系、商标转让人与受让人之间的关系、许可人与被许可人之间的关系等；（3）商标管理机关内部的商标关系，即国家工商行政管理总局相关部门与地方工商行政管理部门在商标管理中发生的关系，如商标法对各部门职能划分等；（4）商标保护关系，即商标权人与侵权人之间因保护商标专用权而发生的关系，如商标的司法保护、商标的行政保护、侵权人的法律责任等。❶ 第二种观点认为商标法的调整对象主要包括以下几类：（1）因商标的使用、管理和转让等而形成的民事法律关系，如因商标许可使用或转让而发生的合同关系、因商标侵权而引发的损害赔偿关系等；（2）因商标管理而产生的行政法律关系，如在商标审查核准、商标专用权行政保护等方面发生的商标行政主管机关与管理相对人之间的关系等；（3）因商标犯罪而产生的刑事法律关系，如各种商标犯罪行为而引发的相关法律关系等。❷ 笔者认为，这两种观点的差异主要是观察和分析的视角不同，但并无实质性的冲突或分歧，两者观点均能较完整地阐述商标法的主要调整对象。

在我国商标法学理论研究中，不管是对商标法概念的讨论还是对商标法调整对象的分析都在一定程度上考虑了我国现行《商标法》中有关商标立法宗旨的规定，即该法第 1 条规定"为了加强商标管理，保护商标专用权，促使生产、经营者保证商品和服务质量，维护商标信誉，以保障消费者和生产、经营者的利益，促进社会主义市场经济的发展，特制定本法"。从该条的内容来看，商标法重点要解决的问题有两个方面：一是商标管理，二是商标专有权的保护。对于后者，学界已经形成共识，认为商标注册、

---

❶ 胡开忠：《商标法学教程》，中国人民大学出版社 2008 年版，第 32 页；王莲峰：《商标法》，清华大学出版社 2008 年版，第 31 页。

❷ 宁立志：《知识产权法（第二版）》，武汉大学出版社 2011 年版，第 268 页。

使用与保护所涉及的法律关系都是围绕商标权而发生的，商标权是商标法的核心内容。但对我国商标法规定商标管理为立法宗旨，学界目前批评较多。如在我国商标法第三次修订中，修法继续保留了商标管理为立法宗旨，学者们对此予以批评指出"国际上没有哪个国家将加强商标管理作为商标法立法宗旨"，商标法的修订未能删除该内容，实质上是在价值取向方面将1963年《商标管理条例》中浓郁的计划经济色彩予以延续，导致的结果将必然是强化行政管理的"公权色彩"明显；强调商标管理为商标法立法宗旨之一，与《著作权法》《专利法》等其他知识产权立法不统一，忽视了管理只是手段的属性，势必严重影响商标法的核心价值定位，影响商标法律制度的现代化与科学化发展。[1]

二、商标法的历史

（一）国外商标法的发展史

自19世纪中期起，商标法在各国开始成为一个独立的法律领域，并与市场经济一起得到快速发展。参照世界史中各个时代的划分标准，结合商标立法在不同时代呈现出的显著特征，大致可以将国外商标立法的发展分为近代商标法发展史和现代商标法发展史两个部分。

1. 近代商标法发展史

近代商标法发展史可概括为：专门的商标立法从无到有，法国、美国、德国、英国等国家先后制定和实施了国内的商标法。

早在1803年，法国制定的《关于工厂制造场和作坊的法律》第16条就将假冒商标行为认定为私自伪造文件罪。该法是有关商标保护最早的法律，但其实际上并非一部关于商标的专门立法。1857年，法国在《法兰西民法典》第1382条和1803年、1809年两个"备案商标法令"的基础上制定了《关于以使用原则和不审查原则为内容的制造标记和商标的法律》，

---

[1] 姚芃："立法宗旨定为'加强管理'国际罕见——专家称商标法草案仍存计划经济思维"，载《法制日报》2011年9月13日，第6版。

一般认为这是世界上第一部具有现代意义的商标法，标志着具有近代意义的知识产权制度开始形成。

在美国，商标立法的产生经历了较为曲折的道路。商人们基于保护才智、辛劳、投资以及防止欺诈等理由❶推动了美国于 1870 年制定《美利坚合众国联邦商标条例》，该条例确立了商标登记注册制度、赋予商人对其合法登记的商标有使用权并有权禁止他人使用相同或实质相同的标志，该条例在 1876 年进行了修订，但是在 1879 年，美国最高法院认为商标与版权、专利有别，1870 年的商标立法违反了《美国宪法》第 1 条第 8 款第 8 项的规定。❷

在德国，商标立法始于 1874 年德意志帝国时期制定和颁布的《商标保护法》，该法采用的是"不审查原则"。

在英国，进入 19 世纪中期以后，商标是否应当被视为财产权并进行专门立法保护等问题引发了激烈的争论。商人们认为随着贸易的发展，行会已经无力更为有效地防止假冒、法院对于商标的保护仅限于欺诈且费用昂贵、结果不确定，故应当制定专门的商标法来保护其商标、维护其商业信誉、确认商标权为财产权；但反对者则认为一旦通过专门的商标立法将商标权确立为财产权，那么，在商标可以自由转让的情况下可能反而会对消费者造成欺诈，也会出现抢注和注册而不用等不良情况。❸ 最终，商人们在激烈的争论中取得胜利，英国于 1862 年制定了第一部成文商标法——《商品标记法》，❹ 1875 年又制定了第一部规范商标注册的法律——《商标注册法》。自此，英国专门的商标立法开始得以快速发展，商标权开始作为一种财产权受到法律的保护。

---

❶ Frank Schechter, *The Historical Foundations of the Law Relating to Trade‐Marks*, Columbia University Press, 1925, pp. 132~133.

❷ 黄海峰：《知识产权的话语与现实——版权、专利与商标史论》，华中科技大学出版社 2011 年版，第 228~229 页。

❸ 同上书，第 227~228 页。

❹ 余俊：《商标法律进化论》，华中科技大学出版社 2011 年版，第 88~89 页。

2. 现代商标法发展史

现代商标法发展史始于商标制度的国际化，一系列有关商标的国际条约出现，同时，更多的国家建立起商标法律制度，各国商标法律制度得到更为成熟的发展。

就商标制度的国际化发展而言，1883年3月20日，法国、比利时、巴西、危地马拉、意大利、荷兰、葡萄牙、萨尔瓦多、塞尔维亚、西班牙和瑞士等11个国家发起，在法国巴黎召开工业产权国际会议，正式签订《保护工业产权巴黎公约》（Paris Convention for the Protection of Industrial Property，简称《巴黎公约》），该公约自1884年7月起正式生效。《巴黎公约》的签订开创了商标国际保护的新纪元，❶ 标志着包含商标在内的工业产权国际保护体系的形成，是有关商标的"一部非常重要的国际法"。❷

《巴黎公约》签订之后，国际上又相继签订了一系列与商标有关的国际公约和协定，如1891年《商标国际注册马德里协定》和《制止商品产地虚假或者欺骗性标记马德里协定》、1957年《商标注册用商品和服务国际分类尼斯协定》、1966年《保护原产地名称及其国际注册里斯本协定》、1973年《商标注册条约》和《建立商标图形要素国际分类维也纳协定》、1981年《保护奥林匹克会徽内罗毕公约》、1994年《商标法条约》和《与贸易有关知识产权协议》、2006年《商标法新加坡条约》；等等。这些国际条约的制定标志着商标制度的国际化趋势日益明显，并推动国际商标保护水平不断提高。❸

就各国国内商标法的发展而言，日本，在受西方国家的影响下于1884年制定了本国的商标法律制度，颁布《商标条例》，确立了"注册原则"为其基本方针；德国，1894年颁布商标法将原来的"不审查原则"改变为"审查原则"，1968年颁布了逻辑结构严谨、后在全球享有较高声誉的商标

---

❶ 吴汉东、郭寿康：《知识产权制度国际化问题研究》，北京大学出版社2010年版，第62页。

❷ 古祖雪：《国际知识产权法》，法律出版社2002年版，第64页。

❸ 胡开忠：《商标法学教程》，中国人民大学出版社2008年版，第25页。

法，1994 年又制定了《德国商标和其他标志保护法》；[1] 英国，1905 年颁布《大不列颠及北爱兰联合王国商标法》，首次正面正式地规定商标的法律概念、首次将"使用"作为商标注册的前提条件，[2] 1919 年、1938 年等多次修改该法，1994 年又颁布新的商标法；美国，1882 年与 1905 年国会两次重新颁布商标法，并将商标立法基础确定为宪法中"规范国际贸易、州际贸易以及与印第安部落的交易中涉及商标使用问题"的贸易条款；[3] 1946 年公布《兰汉姆法》对 1905 年的商标立法进行了修订，后经 1962 年、1975 年、1988 年等多次修改，沿用至今。[4]

（二）中国商标法的发展史

参考中国近现代历史的发展，结合商标法制建设的实践，可将中国商标法的发展史分为旧中国时代商标法的发展史和新中国时代商标法的发展史两个部分。

1. 旧中国时代商标法的发展

20 世纪初，清政府与英国、美国、日本等国分别签订有关通商行船事务的不平等条约，按照相关条约的要求，清政府要设立牌号注册局、建立商标法律制度。在这些不平等条约的影响下，英国政府令时任中国海关总税务司的英国人赫德[5]为当时的清政府拟定一份商标法，赫德于 1904 年 2 月 2 日将其草拟的商标法草案送呈至当时的外务部，后因该草案明显偏袒洋商而被拒绝。同年，商部主张自行制订商标法，并于 4 月初拟商标注册章程 22 条，后修订为 28 条并命名为《商标注册试办章程》。该章程是中国历史上第一部由政府正式批准颁布的成文商标法，涉及商标的构成要素、

---

[1] 王莲峰："我国《商标法》名称的修改与选择"，载《政治与法律》2010 年第 1 期，第 4 页。

[2] 余俊：《商标法律进化论》，华中科技大学出版社 2011 年版，第 118 页。

[3] 黄海峰：《知识产权的话语与现实——版权、专利与商标史论》，华中科技大学出版社 2011 年版，第 229 页。

[4] 李明德：《美国知识产权法》，法律出版社 2003 年版，第 261 页。

[5] Robert Hart（1835 年 1 月 20 日至 1911 年 9 月 20 日），北爱尔兰人，1859 年参加中国海关工作，任广州粤海关副税务司；1861 年 6 月 30 日起在上海担任海关总税务司职务。

商标注册审查机构的设立、商标权的有效期、采用申请在先原则并同时参考使用在先原则、明确规定侵犯商标专有权的行为等内容，但由于英国等国家认为该章程偏重保护华商而予以抵制和破坏，故这部中国历史上最早的商标法始终未能在清末正式推行。❶

1923年，北洋政府结合当时国内工商业发展形势制订并施行了《商标法》，后又陆续制订和颁布《商标法施行细则》《商标呈请各项书状格式》《商标局暂行章程》等，正式建立起一套较为完备的商标注册和管理法律制度，这套法律制度一直沿用至1930年左右。从内容上看，北洋政府制订的商标注册和管理法律制度实行申请在先的原则，并具体规定了商标注册的条件、建立了比较完善的商标注册无效补正制度、规定商标权的保护期限为20年、允许商标权转让、规定假冒他人注册商标行为的法律责任，等等。和清末相比，此时的商标法律制度体现出较高的立法水平，已相对较为成熟。❷

1930年5月，国民政府制定《商标法》；10月，国民政府公布《商标法施行细则》。国民政府制定的《商标法》在1935年、1938年作了两次修改，1949年后，该法历经十余次修正一直我国台湾地区沿用。曾任国民政府商标局局长的何燿贤曾评价认为：国民政府颁布的《商标法》符合当时的国情，标志着当时商标管理进入一个新阶段，截至1933年11月的商标注册数量和商标纠纷数量都在一定程度上反映出该法的实施效果不错。❸

此外，从20世纪40年代起至新中国成立前，中国共产党领导的各解放区政府也曾制定和实施了一些商标法规，如晋察冀边区政府在1944年5月对外颁布《晋察冀边区商品牌号专用登记办法》、晋冀鲁豫边区政府在

---

❶ 孙兴学、谭美："中国历史上最早的商标法"，载《商业研究》2001年第9期，第167～168页。

❷ 侯强："近代中国商标法的肇始及其演进"，载《青岛科技大学学报（社会科学版）》2007年第4期，第82～83页。

❸ 何燿贤："中国的商标法及其实施"，载《民国档案》2014年第1期，第50～56页。

1946年8月对外颁布《晋冀鲁豫边区商标注册办法》、冀东行政公署与冀中行署分别在1947年和1948年对外颁布《商标注册暂行办法》、华北人民政府在1949年6月对外颁布内容较为完备并附有《商品分类表》的《华北区商标注册办法》和《华北区商标注册办法实施细则》、陕甘宁边区政府于在1949年7月对外颁布《商标注册暂行办法》。❶

2. 新中国时代商标法的发展

1949年10月1日，新中国成立后，在复苏与发展经济、加强国家法制建设等的影响下，商标法获得了新的生命，时至今日，已取得引人注目的发展成效。

1950年，为了适应当时的经济发展需要、"保障一般工商业者商标的专用权"，政务院颁布新中国第一部商标管理法规——《商标注册暂行条例》，同年9月29日又批准实施《商标注册暂行条例实施细则》。《商标注册暂行条例》采用自愿注册原则；规定商标注册的申请、审查、注册和异议程序；明确注册取得商标专用权且有效期为20年；规定商标专用权人可向当地人民法院起诉以维护其权利。该条例及其实施细则虽然相对而言内容还比较简单，但对当时经济的发展发挥了相当重要的作用，不仅在国家制度建设层面确认了商标法律制度、为国民经济秩序的建立提供了必要的基础制度支撑；而且实际上有效维护了民商事主体的利益，为注册商标专有权人的权益维护提供了必要的保障。

1953年，政务院颁布《关于未注册商标处理原则和处理办法》和《关于商标管理的几点意见》；1954年中央工商行政管理局公布《未注册商标暂行管理办法》；1957年国务院转发工商行政管理总局《关于国家实行商标全面注册的意见》，开始在全国范围内施行商标的全面注册制度。❷ 进入20世纪60年代，我国高度集中的计划经济明显限制了商标市场作用的发

---

❶ 左旭初："中国商标法律制度的历史回顾"，载《中华商标》2012年第11期，第20页。

❷ 杨建斌：《知识产权法律制度研究（第二版）》，黑龙江人民出版社2003年版，第259页。

挥，商标逐渐也成为计划经济管理的手段之一。为了更好地加强对商标的管理，督促企业保证和提高产品质量，国务院于1963年颁布《商标管理条例》，确认了商标全面注册制度，没有注册的商标一律不能使用；明确商标是商品质量的标志；简化了商标申请注册的审定程序，对注册商标的审定由两次公告改为一次公告注册；强调商标的管理监督职能并具体规定了商标行政主管机关及监督方式。《商标管理条例》突出了商标管理的内容，但没有对商标专用权的保护予以必要的规定，其内容整体来看还较为简单，时代痕迹也较为明显。另外由于受到"文化大革命"的影响，《商标管理条例》未能在实践中得以进一步的发展与完善。十年动乱期间，我国商标法制受到严重的破坏，商标注册工作被迫停止，商标的使用也处于混乱的状态。❶

1978年，新中国开始实施"对内改革、对外开放"的政策，商标法制建设开始进入一个全新的时期。不仅国务院决定成立国家工商行政管理总局，下设商标局，开始对全国商标进行清理整顿，恢复商标的统一注册，而且制订新商标法的工作也开始启动。❷ 1982年8月23日，第五届全国人民代表大会常务委员会第24次会议通过《中华人民共和国商标法》，自1983年3月1日起实施。这是新中国成立后制定的第一部保护知识产权的法律。与之相配套，1983年3月10日，国务院发布《中华人民共和国商标法实施细则》。

1982年制定的商标法在立法宗旨以及相关具体制度中均正式确立了对商标专用权的保护；采用申请在先和使用在先相结合的原则；取消商标全面注册的要求，将是否申请注册商标的决定权交还给生产经营者；实行行政管理和司法保护相结合的制度；明确规定商标转让和许可使用制度；明确注册商标的保护期和续展；等等。普遍认为，该商标法的制定和实施，使得我国的商标活动有法可依，商标管理走向制度化和法律化，对保护商

---

❶ 王莲峰：《商标法》，清华大学出版社2008年版，第35页。
❷ 胡开忠：《商标法学教程》，中国人民大学出版社2008年版，第28页。

标专用权以及消费者权益均有十分重要的积极意义，为我国社会经济的发展提供了强有力的保障。

在国内商标法制框架基本形成后，我国还积极参与到商标法制国际化发展的大趋势之中。如除加入《建立世界知识产权组织公约》《巴黎公约》等外，1988年11月1日，我国正式启用《商标注册用商品和服务国际分类》和《商标图形要素国际分类》；1989年，参加《商标国际注册马德里协定》；等等。为了更好地适应商标国际保护的要求、促进我国商标法律制度的进一步完善，1988年，国务院颁布修改后的《商标法实施细则》；1990年，国家工商行政管理总局发布《商标印制管理办法》。

作为改革开放后的一部重要立法，1982年的商标法随着我国社会经济的发展已经经历了三次重要的修订。第一次修订为1993年2月22日第七届全国人民代表大会常务委员会第30次会议通过《关于修订〈中华人民共和国商标法〉的决定》；同年7月15日，国务院批准第二次修订的《商标法实施细则》。商标法的第一次修订明确"不得将地名作为商标使用"、将商标的保护范围扩大到了服务商标、增加了商标注册审查的补正程序、重新界定了商标侵权行为的范围并加大了对商标侵权行为惩治的力度。第二次修订为2001年10月27日第九届全国人民代表大会常务委员会第24次会议审议通过《关于修订〈中华人民共和国商标法〉的决定》；2002年8月11日，国务院发布了第三次修订的《商标法实施条例》。商标法的第二次修订主要是为了适应我国加入世界贸易组织的需要而进行的，此次修订扩大了商标的构成要素、增加对集体商标与证明商标等的保护、增加了对地理标志的保护、增加了对驰名商标的特殊保护、增加了对"在先权利"的保护、扩大了商标权主体的范围、增加了商标权人的救济措施；等等。第三次修订为2013年8月30日第十二届全国人民代表大会常务委员会第4次会议审议通过的《关于修改〈中华人民共和国商标法〉的决定》；2014年4月29日，国务院发布配套修订的《商标法实施条例》。商标法的第三次修订更多的是为了克服与化解我国实施自主创新发展战略中商标法律制度所表现出的不足和不适应问题，❶ 此次修订增加了诚实信用原则条款、禁止抢注因业务往来等关系明知他人已经在先使用的商标、增加惩罚性赔偿的规定并提高侵权赔偿额、增加了侵权人举证责任、增加了关于商标注册审查和案件审理时限的规定、加强了对商标代理组织的规范、增加声音商标、确立了"一标多类"原则、修改了异议复审制度、限定了异议主体和理由、增加了禁止宣传和使用"驰名商标"的规定、在商标侵权判定中引入"容易导致混淆"要件；等等。

三、商标法的作用

商标法能够得以出现和发展，无外乎是因为其在社会经济发展中有着重要的作用。概括而言，商标法的作用主要表现在以下三个方面。

（一）保护商标权

从商标法的发展历史来看，商人之所以竭力游说各方以实现商标立法，最重要的原因无外乎是商标法能够确认和保护商标权。从商标的属性来看，作为一种标记或符号，商标现如今被认为属于知识产权的范畴，而这无疑是因为在知识产权法的发展历史中商标逐渐被认可为一种财产。❷ 财产权保护是各国民商立法的重要任务之一，商标法作为现代民法体系中的一部分，其通过对商标权的确认和保护来实现保护商标这一财产。从法律规范的角度来看，现代商标法中保护商标权是其核心。我国现行《商标法》在第1条中就明确要保护商标专用权，其他的大多数内容也都是围绕商标专用权而设计的，如商标专用权的取得程序、商标专用权的利用、商标专用权的保护；等等。

（二）保护消费者利益

商标法进入历史舞台离不开商人刻意建构的"浪漫消费者观念"，即

---

❶ 孟璞、李江、杜山杉等："商标法第三次修订综述"，载《中国专利与商标》2013年第4期，第42页。

❷ 布拉德·谢尔曼、莱昂内尔·本特利：《现代知识产权法的演进：英国的历程（1760~1911）》，北京大学出版社2006年版，第234~235页。

"消费者作为整体被描述或假想成为仅凭商标即作取舍的头脑简单之人，他们在购买之时常常粗心大意或不做分析，因而特别容易上当受骗"，正是这种描述或假想在一定程度上使得社会大众与立法、司法部门接受了商人游说的商标立法，也正因此，消费者至少在名义上是商标法应当予以重点保护的利益群体。❶ 商标法保护消费者利益主要体现在确保消费者能够通过商标的引导来决定自己需要什么。❷ 各国商标法对此都有所关注，如大多数国家的商标侵权判定制度都间接发挥着保护消费者利益的作用，我国商标侵权判定制度采用的混淆标准就是以消费者的认知为判断依据的，部分国家商标立法中淡化行为的判定也是以消费者的角度进行观察的。❸

（三） 维护公平有效的市场竞争

作为知识产权法的重要组成部分，商标法在现代市场经济中也具有较强的公共政策属性，❹ 维护公平有效的市场竞争是商标法实现其公共政策属性的必然要求。"商标乃为制造商或配销商用以表彰其所制造或配销之商品的标志，其目的在于与他人所产销之商品有所区别，以便在商场商发挥公平竞争之效用。是以商标之开始为人类所创设使用，既已肩负着其与商业活动紧密结合之使命，且在经济发展过程中一直扮演着维护工商秩序的角色。"❺ 商标法维护市场竞争的作用与商标功能紧密相联，商标发挥其识别来源功能能够有效防止混淆、使得消费者能够准确获取所需要的商品，这最终必然也确保公平有效的市场竞争。❻

---

❶ 黄海峰：《知识产权的话语与现实——版权、专利与商标史论》，华中科技大学出版社 2011 年版，第 230 页。

❷ 杜颖：《商标法（第二版）》，北京大学出版社 2014 年版，第 11 页。

❸ 李东海："论消费者在商标法上的优越地位"，载《知识产权文摘》，新星出版社 2013 年版，第 44~46 页。

❹ 罗晓霞："商标权的双重属性及其对商标法律制度变迁的影响"，载《知识产权》2012 年第 5 期，第 30~35 页。

❺ 曾陈明汝：《商标法原理》，中国人民大学出版社 2003 年版，第 3 页。

❻ 罗晓霞：《竞争政策视野下商标法理论研究——关系、协调及制度构建》，中国政法大学出版社 2013 年版，第 27~30 页。

四、商标法的原则

商标法的原则是商标立法本质和特征的集中体现,是高度抽象的、最一般的商标法律规范与价值判断准则。商标法作为民商法的一个分支,其遵循民法的基本原则。一般认为,民法的基本原则主要包括平等原则、私法自治原则、公平原则、诚实信用原则和公序良俗原则等,这些原则是商标法必须予以认可和落实的。在一般性地遵循民法的基本原则外,商标法在具体内容中突出强调了诚实信用原则、私权保护原则以及利益平衡原则。

诚实信用原则,常被奉为民法中的帝王规则,其是指从事民事活动的民事主体在行使权利和履行义务时必须意图诚实、善意,行使权利不得侵害他人与社会的利益,履行义务信守承诺和法律规定,尽其所能避免损害他人的权利和利益,非善意的行为不受法律保护。[1] 我国现行商标法对诚实信用原则予以了重点强调和全面落实。如商标法的第三次修订专门增加了关于诚实信用原则的规定,现行《商标法》第 7 条第 1 款规定"申请注册和使用商标,应当遵循诚实信用原则";第 19 条也规定"商标代理机构应当遵循诚实信用原则,遵守法律、行政法规"。

私权保护原则,指法律法规应对公民、企业以及社会组织甚至国家在自主、平等的社会生活、经济生活中所拥有的财产权和人身权予以充分保护。商标权是一种私权,按照私权保护原则,商标权应当受到法律法规的尊重和充分保护,这是人权主义思想——即以人权保障为最高理念,体现以人为本位,以权利为本位的价值观念,将私人权利作为人权的基础权利——的必然反映。[2] 商标法遵循和落实私权保护原则主要体现在以下两个方面:首先,商标法以确认和保护商标权为其重要内容,商标权作为知识产权的一种,其基本属性是无形财产权,和财产所有权一样,都归属于

---

[1] 张玉敏:"诚实信用原则之于商标法",载《知识产权》2012 年第 7 期,第 41 页。
[2] 吴汉东:"关于知识产权私权属性的再认识——兼评'知识产权公权化'理论",载《社会科学》2005 年第 10 期,第 58~64 页。

民事权利的范畴,即是以私权领域为归依的;❶ 其次,商标法虽然涉及一些程序法、公法的规定,但是其内容依然是以实体法为基础的私权制度,诸如权利取得程序、权利变动程序、权利救济程序等无不以私权保护为中心或目标。❷

利益平衡原则,指法律法规应协调各方面的冲突因素,使相关各方的利益在共存和相容的基础上达到合理的优化状态。❸ 利益平衡是知识产权法的基石,知识产权法是以利益平衡为基础的法。❹ 在商标法中,商标权人的利益、消费者的利益以及市场竞争秩序是需要平衡的利益。商标法遵循和落实利益平衡原则就是要在保护商标权人利益的同时,保护消费者利益,并保障任何竞争者都能够采用公平、合理的手段从事生产经营活动。❺ 只有遵循和落实利益平衡原则,商标法的作用才能得以正常发挥。知识产权法中的利益平衡原则要求对权利予以必要的限制,如权利穷竭制度、有效期的限制。不过,和专利法、版权法相比,商标法对商标权限制的关注还有待加强。❻ 我国商标法经过三次修订已不断重视对利益平衡原则的落实,但从整体上来看,我国现行商标法律制度中商标权限制的内容还有待进一步系统化完善。

五、商标法的核心——商标权

商标法的核心是商标权,即通过法律规范确认和保护商标权,对商标权的变化与行使等作出相应的规范。各国商标法均是紧紧围绕商标权的取

---

❶ 吴汉东:"知识产权的多元属性及研究范式",载《中国社会科学》2011年第5期,第40页。

❷ 吴汉东:"关于知识产权私权属性的再认识——兼评'知识产权公权化'理论",载《社会科学》2005年第10期,第58~64页。

❸ 陶鑫良、袁真富:《知识产权法总论》,知识产权出版社2005年版,第17~18页。

❹ 冯晓青:《知识产权法利益平衡理论》,中国政法大学出版社2006年版,第23页。

❺ 冯晓青:"商标法利益平衡原理研究",载《长白学刊》2007年第5期,第62~63页。

❻ 冯晓青:《知识产权法利益平衡理论》,中国政法大学出版社2006年版,第667页。

得、行使、使用许可、转让和保护等方面进行具体内容的构设和完善的。

（一）商标权的含义

商标权有广义和狭义之分。广义的商标权是指商标所有人对其使用或注册的商标依法享有的各项民事权利，包括注册商标权和未注册商标权；狭义的商标权则仅仅指注册商标权。在我国，由于受商标立法用语及其相关内容等的影响，商标权一般采用狭义的理解。如就商标权的定义而言，有学者认为商标权是"商标注册人对其注册商标所依法享有的权利"；[1] 有学者认为商标权是"商标注册人依法支配其注册商标并禁止他人侵害的权利"，等等。[2] 这些常见的商标权定义虽然在表述上有所差异，但均将商标权与注册商标联系在一起。

在我国现行《商标法》中，与商标权有关的立法术语有"商标专用权""注册商标专用权"以及"注册商标的专用权"三个。[3] 如该法第3条规定"经商标局核准注册的商标为注册商标……商标注册人享有商标专用权，受法律保护"；第56条规定"注册商标的专用权，以核准注册的商标和核定使用的商品为限"；第57条规定"未经商标注册人的许可，在同一种商品上使用与注册商标相同的商标的""未经商标注册人的许可，在同一种商品上使用与其注册商标近似的商标，或者在类似商品上使用与其注册商标相同或者近似的商标，容易导致混淆的"均属于"侵犯注册商标专用权"。这些规定在学术研究中被认为是明显打上了"商标权即注册商标专用权"的烙印。[4] 商标立法的观点直接影响了司法实践，我国一些法

---

[1] 张序九：《商标法教程》，法律出版社1997年第3版，第47页。

[2] 张玉敏：《知识产权法学》，中国检察出版社2002年版，第258页。

[3] 我国现行《商标法》在这几个相关术语的使用问题上表现得极为混乱。有学者统计指出，现行《商标法》中使用"注册商标的专用权"有1处，使用"商标专用权"有11处，使用"注册商标专用权（含注册商标专用权人）"有22处，而立法者并没有解释过为何会在立法中做出这样的区分使用。参见：汪泽："商标专用权与商标权辨析"，载《中华商标》2015年第4期。

[4] 刘期家："商标权概念的反思与重构"，载《知识产权》2009年第4期，第65页。

院也认为侵犯商标权就是侵犯注册商标专用权。❶ 因此，在我国当下，未经特别说明的情况下，商标权等于商标专用权，也等同于注册商标专用权。

（二）商标权的内容

商标权包括使用权与禁用权两个方面。❷ 商标使用权是指商标权人使用其注册商标的权利，如将商标用于商品、商品包装或者容器以及商品交易书上，或者将商标用于广告宣传、展览以及其他商业活动中。我国现行《商标法》第56条规定"注册商标的专用权，以核准注册的商标和核定使用的商品为限"。该规定在明确商标权保护范围的同时，也间接表明了商标使用权的范围应当是在经核定的商品或服务上独占地使用经核准注册的商标。从本质上来看，商标使用权是一种绝对权、支配权。一般认为，取得商标使用权是进行商标注册申请的最直接目的。商标禁用权是指商标权人有权禁止他人在相同或类似的商品或服务上使用与其享有使用权的商标相同或近似的商标，即从权利范围上来看，商标禁用权的范围包括禁止他人在相同商品或服务上使用与注册商标相同的商标；禁止他人在类似商品或服务上使用与注册商标相同的商标；禁止他人在相同商品或服务上使用与注册商标近似的商标；禁止他人在类似商品或服务上使用与注册商标近似的商标。

除使用权和禁用权外，商标权还包括其他一些权利内容，如转让权，即商标权人有权依法将其注册商标转让给他人；许可使用权，即商标权人有权依法许可他人使用其注册商标并获得一定的报酬；续展权，即商标权人在其商标权保护期届满时有权依法通过续展等方式延长其注册商标的保护期限；出质权，即商标权人有权依法将其注册商标向金融机构出质以实现贷款融资；等等。❸

---

❶ 北京市第一中级人民法院课题组：“驰名商标司法保护中存在的问题及解决对策”，载《中华商标》2007年第11期，第33页。
❷ 李琛：《知识产权法关键词》，法律出版社2005年版，第150页。
❸ 王莲峰：《商标法》，清华大学出版社2008年版，第70页。

(三) 商标权与相关权利的区别

商标权与著作权、专利权虽然同属知识产权，但商标权与著作权、专利权有着显著的区别，如知识产权法的历史发展表明，商标权得以受到立法保护的宪法基础是宪法中的贸易与竞争条款；著作权与专利权得以受到立法保护的宪法基础是宪法中关于促进科学技术和文学艺术等发展的条款。具体来讲，商标权与著作权、专利权的主要区别分别如下。

1. 商标权与著作权的区别

第一，两者的权利属性不同。著作权兼具人身权和财产权的双重属性；商标权则是一种典型的财产权，并不具备人身权属性。❶第二，两者的客体受保护条件不同。著作权的客体是作品，只有具有独创性和可复制性的作品才能够产生著作权，且只要具有独创性和可复制性，就算存在类似作品，也不影响其能够产生独立的著作权；商标权客体受保护的条件为显著性，一般在相同或类似的商品或服务上不得使用相同或近似的商标。第三，两者的权利取得方式不同。依据大多数国家的著作权法律制度，作品一经完成就受到保护，著作权采自动取得原则；商标权的产生一般要经历法定的程序才可能产生，即只有经申请、核准注册等程序后才能取得。第四，两者的保护期限不同。依据我国现行著作权法的规定，著作权中的署名权、修改权、保护作品完整权等人身权内容不受保护期限的限制，发表权和财产权在作者有生之年加死后 50 年均受到保护；商标权的保护期限为 10 年，但可以续展，每次续展注册的有效期为 10 年，续展的次数不限。❷第五，两者主体的使用义务不同。一般而言，著作权的主体并无使用义务，只要作者创造完成符合要求的作品，权利就依法获得并在法定期限内有效；商标权的主体则有使用义务，一定时间的不使用可能导致商标被撤销，商标权丧失。

---

❶ 黄晖：《商标法》，法律出版社 2005 年版，第 16 页。
❷ 王莲峰：《商标法》，清华大学出版社 2008 年版，第 67 页。

虽然商标权与著作权有诸多区别，但两者也存在一些交叉，❶ 如一些具有独创性的词语或图形注册为商标，其具备作品的特征并同时享有著作权；一些漫画中的角色形象依法可能享有著作权，法律也不排斥其可以依法申请注册商标；等等。

2. 商标权与专利权的区别

第一，两者的权利授予部门不同。在我国，专利权由国家知识产权局依法授予，而商标权的确权则由国家工商行政管理总局商标局依法进行。第二，两者的权利取得条件不同。依据我国现行专利法的规定，发明专利和实用新型专利应当满足新颖性、创造性和实用性三个条件，外观设计专利应当具备新颖性、明显区别性并不得与他人在先权利相冲突；❷ 而商标注册的基本条件是商标的构成要素应当合法并具备显著特征。第三，两者保护的对象不同。我国专利法保护的对象为发明、实用新型和外观设计，而商标法主要保护的则是注册商标。第四，两者的权利保护期限也不同。按照专利法的规定，发明专利保护期为 20 年，实用新型及外观设计的保护期限为 10 年，而商标权的保护期限为 10 年，且可以续展。

此外，在特定的情况下，外观设计可同时依法获得商标权，依据我国现行《专利法》第 2 条规定"外观设计指对产品的形状、图案或者其结合以及色彩与形状、图案的结合所作出的富有美感并适用于工业应用的新设计"，只要这些新设计满足注册商标所需要的显著性，则就能通过商标注册申请而或获得商标权。不过，依据现行《专利法》第 25 条的规定，"对平面印刷品的图案、色彩或者二者的组合作出的主要起标识作用的设计"不能成为专利权的客体。

六、典型现实问题之分析

（一）商标权含义的再思考

虽然依据我国现行《商标法》的规定，一般将商标权等同于注册商标

---

❶ 胡开忠：《商标法学教程》，中国人民大学出版社 2008 年版，第 113 页。
❷ 郭禾：《知识产权法（第五版）》，中国人民大学出版社 2014 年版，第 123 页。

专用权。但从理论上来讲，将商标权作如此狭义理解是不合适的，也是不严谨的。

（1）不利于对未注册商标权的认识和保护。如果商标权仅指注册商标专用权，那么未注册商标权在知识产权权利体系中的定位问题就成了一个难解之题。注册商标和未注册商标之间的一个关键性区别就在于前者经核准注册而后者没有，但商标核准注册在本质上仅只是一种公示手段，目的在于使权利具有确定性。❶ 依据我国相关法律规定，未注册商标也是可以使用的，并能够产生受法律保护的权益，如未注册商标的所有人依法享有在先使用权、异议权和申请撤销权等具体权项。❷ 将商标权理解为注册商标专用权，意味着将"商标"理解为"注册商标"，这显然缩小了"商标"的范畴，未能准确认识"商标"与"未注册商标"的关系，存在弱化"未注册商标"地位和价值之嫌，不利于对未注册商标权的保护。知识产权法保护的"商标"不只是"注册商标"，在我国，未注册商标亦受到相关法律的适当保护。

（2）造成我国商标立法体系内部的相互矛盾。❸ 我国现行《商标法》一方面将商标权等同于注册商标专用权，另一方面也在一定程度上承认了未注册商标也可以在特定情形下产生商标权，如该法第 13 条规定"就相同或者类似商品申请注册的商标是复制、摹仿或者翻译他人未在中国注册的驰名商标，容易导致混淆的，不予注册并禁止使用。"该规定实质上承认了未注册的驰名商标虽然未经核准注册但同样存在商标专用权，受到法律的保护。

（3）这与部分国家对商标权的理解是不一致的。目前，有的国家承认使用可以产生商标权，有的国家同时承认使用和注册都能产生商标权，通过使用获得的商标权则显然未必要求商标一定是经过核准注册，如果未经

---

❶ 宁立志：《知识产权法（第二版）》，武汉大学出版社 2011 年版，第 292 页。

❷ 同上书，第 308 页。

❸ 胡开忠：《商标法学教程》，中国人民大学出版社 2008 年版，第 110 页。

核准注册，那么商标权就不能等同于"注册商标专用权"。❶

（4）容易导致对商标法中相关术语理解的混乱。注册商标专用权强调的是商标权人对其注册商标的支配权，其范围与前文所述的商标使用权相接近。但也正如前文所述，商标权实际上同时包括使用权和禁止权两方面，且禁止权涉及四种情形，比使用权的范围要大很多，将商标权理解为注册商标专用权，不仅不利于理解使用权与禁止权的关系，也不利于对商标权内容的准确理解。

关于商标权是否等同于注册商标专用权的问题，早在我国商标法的第二次修订过程中就曾有过争论，但结果是立法并未就此作出改变，这被认为是该次修法未能解决的理论问题之一，❷而商标法的第三次修订仍然未能有效解决该问题。重新厘清商标权、注册商标专用权、未注册商标权等概念仍然是我国商标法律制度建设与完善工作中的一项重要任务。

（二）商标法与反不正当竞争法的关系辨析

长期以来，商标法与反不正当竞争法存在诸多难以割舍的联系，两者的关系是理论研究和实践应用领域共同关注的一个话题，明确两者之间的关系将有助于更好地理解和落实商标法。

（1）从制度的发展史来看，早期反不正当竞争法的出现在很大程度上就是为了保护商标。研究表明，大陆法系的反不正当竞争法源于法国法官创造性地将 1804 年《拿破仑民法典》第 1382 条和第 1383 条中关于侵权法的一般规定用于制止经济生活中的不正当行为；❸英美法系的反不正当竞争法是源于 1803 年英国判例 Hogg v. Kirby 案。❹ 不管大陆法系还是英美法系，不正当竞争的最初启用都是因为法院努力要对商标进行保护，后来其

---

❶ 吴汉东：《知识产权基本问题研究》，中国人民大学出版社 2005 年版，第 568 页。

❷ 郑成思："《商标法》的发展及其在我国民法理论上的贡献"，载《中华商标》2003 年第 1 期，第 4 页。

❸ 韦之："论不正当竞争法与知识产权法的关系"，载《北京大学学报（哲学社会科学版）》1996 年第 6 期。

❹ Hogg v. Kirby，[1803] EngR 513，(1803) 8 Ves Jun 215，(1803) 32 ER 336 (B)

保护范围才逐渐发展成对包括假冒、仿冒商品在内的各种损害其他经营者竞争利益的行为。❶

（2）从具体制度的内容来看，商标法和反不正当竞争法有一些交集，两者对商业标识都有一定的关注，❷ 共同制止对他人商标的不当使用等行为。我国现行商标法能为注册商标、未注册的驰名商标、地理标志等提供保护，我国现行反不正当竞争法对注册商标、未注册商标等也能提供一定的保护，且据报道，反不正当竞争法正在进行修订并拟引入"商业标识"的概念，以便使该法能更好地为商标、商号等提供保护。❸

（3）从法律适用角度来看，很多涉及商标侵权的案件往往同时会涉及不正当竞争问题，如近年来发生的"开心网"商标侵权及不正当竞争案、❹丰田诉吉利美日图形商标侵权及不正当竞争案❺等典型案件。此类案件一般需要同时协调适用商标法和反不正当竞争法。另外，在一些涉及商标侵权案件中，可能出现因商标法的规定不完善而难以有效适用的问题，此时，一般则会适用反不正当竞争法的相关规定。

（4）从两者间的区别来看，商标法属于权利授予法，是以静态方式制止在商标使用领域出现的不正当竞争行为，反不正当竞争法属于行为规制法，是以动态方式制止商标使用领域中出现的不正当竞争行为；商标法注

---

❶ 杜颖：《社会进步与商标观念：商标法律制度的过去、现在和未来》，北京大学出版社 2012 年版，第 250 页。

❷ 李艳："论英国商标法与反不正当竞争法的关系"，载《知识产权》2011 年第 1 期，第 111 页。

❸ 许浩："《反不正当竞争法》修订 欲主罚商标字号侵权——违法成本低 傍名牌升级换代"，载《中国经营报》2011 年 1 月 24 日，第 B03 版。

❹ 周春慧："'开心网'商标侵权及不正当竞争案"，载《电子知识产权》2012 年第 3 期，第 58～59 页；北京开心人信息技术有限公司与北京千橡互联科技发展有限公司、北京千橡网景科技发展有限公司侵犯商标专用权及不正当竞争纠纷，最高人民法院民事裁定书（2011）民申字第 670 号。

❺ 谯荣德："丰田诉吉利美日图形商标侵权及不正当竞争案评析"，载《中国专利与商标》2004 年第 2 期，第 76～81 页；日本丰田自动车株式会社诉浙江吉利汽车有限公司等侵犯商标权及不正当竞争纠纷案，北京市第二中级人民法院民事判决书（2003）二中民初字第 06286 号。

重的是财产权利的客体,强调的是对权利的保护,反不正当竞争法注重的则是行为后果,强调的是维护竞争秩序的公平有效;商标法所保护的主体是商标权人,反不正当竞争法直接保护竞争者;等等。❶

---

❶ 郑友德、万志前:"论商标法和反不正当竞争法对商标权益的平行保护",载《法商研究》2009年第6期,第95~97页。

第二章 商标权的取得

第一节 商标权取得的一般理论

一、商标权取得的含义

所谓商标权取得,是指某个特定的主体,以一定的法定方式成为商标权人,取得商标权。[1] 商标法的发展历史表明,商标权是一种制度产品,[2] 其取得不仅需要基于自然权利的形成,而且需要得到国家行政机关、司法机关的确权和认可,"缺乏自然权利基础的注册商标,在不侵害他人合法权益的前提下,必须予以使用才能得到消费者的认可,才能产生商标法所预设和期盼的法律效力;反之,经使用形成自然权利的商标,虽然得到了消费者的认可,但必须经过法定的程序才能获得商标注册证书,才能获得法律的全面保护,避免不同使用者之间的相互混淆。"[3] 从理论上来讲,理解商标权取得问题就是要理解"谁取得"商标权以及"怎么取得"商标权两个问题,前者要明确的是商标权主体,后者要明确的是商标权取得的方式。

---

[1] 石树文:"商标权的获得及灭失条件分析",载《经济纵横》2001年第2期,第145页。

[2] 罗晓霞:"竞争政策视野下商标权取得制度研究",载《法学杂志》2012年第6期,第117页。

[3] 苏喆:"把握公平与效率的双重价值取向——论我国商标权取得制度的完善",载《知识产权》2012年第3期,第41页。

二、商标权的主体

从权利的归属来看,商标权属于无形财产权,是一种民事权利。依据民法理论,民事权利是民事主体依据民事法律取得的可以实施一定行为或获取一定利益的法律资格,与此相关的概念为民事权利能力与民事行为能力。民事权利能力是指民事主体从事民事活动,从而享受民事权利、承担民事义务的资格;民事行为能力是民事主体以自己的行为取得民事权利、承担民事义务的资格。对于民事主体而言,只要其具备民事权利能力则有可能成为商标权的主体。不过,商标权作为一种无形财产权,其应当受到公共利益的限制,一些作为商标的标记或符号,如日常生活中常见的文字或词语等,属于社会公共资源,且这种资源往往是有限的,故从保护公共资源的合理分配以实现公共利益最大化的角度来看,商标权的主体不仅需要具备民事权利能力,还需要履行一定的民事行为,如注册或使用商标行为。❶

依据我国民法通则的规定,自然人和法人是两类最为重要和常见的主体,自然人和法人依法享有民事权利能力,因此,只要其从事商标注册申请等特定的民事行为,则就可能成为商标权人。除自然人和法人外,我国实践中还存在一类特殊的民事主体,即"其他组织"。最高人民法院《关于适用〈民事诉讼法〉若干问题的意见》第40条规定"其他组织是指合法成立,有一定的组织机构和财产,但又不具备法人资格的组织,包括:依法登记领取营业执照的私营独资企业、合伙组织;依法登记领取营业执照的合伙型联营企业;依法登记领取我国营业执照的中外合作经营企业、外资企业;经民政部门核准登记领取社会团体登记证的社会团体;法人依法设立并领取营业执照的分支机构;中国人民银行、各专

---

❶ 此外,为了确保商标注册工作的公平性、防止商标行政主管机关的工作人员利用职务之便不当获取商标权,部分国家的商标法还对商标行政主管机关工作人员的商标权主体资格作出了限制性规定,如韩国商标法第3条规定"韩国知识产权局以及专利商标评审部门的工作人员在任职期间不得注册商标,除非基于继承或遗赠"。

业银行设在各地的分支机构；中国人民保险公司设在各地的分支机构；经核准登记领取营业执照的乡镇、街道、村办企业；符合本条规定条件的其他组织。"目前，我国民法通则对介于公民和法人之间的"其他组织"是否具有独立的民事主体资格未作明确的规定，❶有研究认为从"其他组织的特殊性"着手分析可以得出"其他组织"既无民事权利能力、也无民事行为能力的结论；❷但也有研究分析认为民事诉讼法明确了"其他组织"可以成为民事诉讼的当事人，可以和自然人、法人一样成为诉讼主体，以自己的名义起诉或应诉，❸虽然民事诉讼能力不等于民事权利能力，但"其他组织"既然能够以主体身份独立参与民事诉讼活动并享受权利和承担义务，那么也就应顺理成章地可以理解为其能够具有民事权利能力和民事行为能力。随着"其他组织"在当前社会经济生活中发挥的作用日益重要，结合我国现实，应当尽快完善我国民事主体制度，明确赋予"其他组织"以民事主体地位。❹我国现行《商标法》第 4 条规定："自然人、法人或者其他组织在生产经营活动中，对其商品或服务需要取得商标专用权的，应当向商标局申请注册商标"。从该条的规定来看，我国商标权的主体不仅包括"自然人、法人"，还包括实践中日趋被认可的第三类民事主体——"其他组织"。

三、商标权取得的方式

根据国际条约以及各国商标法的规定，商标权取得的方式主要有原始取得和继受取得两种方式。

---

❶ 汤印明、冯伟："民法典应确立'其他组织'民事主体地位"，载《南昌航空工业学院学报（社会科学版）》2003 年第 4 期，第 37 页。
❷ 邱曼丽："从民事主体资格与当事人能力的分离看我国其他组织的特殊性"，载《北京交通管理干部学院学报》2004 年第 4 期，第 31 页。
❸ 俞灵雨："民事诉讼中的其他组织"，载《人民司法》1992 年第 7 期，第 24 页。
❹ 宋希凡："浅议'其他组织'的法律地位——对我国民法典主体制度的思考"，载《北京邮电大学学报（社会科学版）》2005 年第 3 期，第 72 页。

（一）原始取得方式

原始取得，是商标权取得的最主要、最直接方式，是指商标所有人享有的商标权是首次产生的。商标权是依法初次获得的权利，不以他人既存的权利和意志为依据。一般来讲，商标权的原始取得包括两类不同的原则：使用原则和注册原则。

1. 使用原则

使用原则是指商标权系由实际使用商标所产生，即按照使用商标的先后顺序来确定商标权的归属问题，谁先使用某一特定的商标，该商标产生的商标权就由谁享有。从理论上来看，使用原则重点强调了商标对商品或服务的依附性，只有和具体的商品或服务联系在一起，商标的价值才能够真正实现。使用原则因符合商标的本质，符合民法理论中的所有权取得学说，所以其在商标法的发展历史中曾占据过重要的位置。❶

使用原则，类似于物权取得的先占原则，强调对商标首先使用人权利的承认，能够有效排斥他人因在后的注册行为而取得本不应享有的商标权，能够避免不同市场主体前后使用相同商标而对消费者选购商品或服务造成混淆。使用原则能够确保商标权只授予商标的实际使用者，有助于保障权利产生的公平、合理。不过，依据使用原则取得的商标权也存在权利状态不稳定等弊端，商标权人的权利随时可能会因出现真正的在先使用人而被推翻，这不利于商标管理工作，而且由于查明谁才是真正的在先使用人其实并非易事，所以一旦发生争议，解决争议的难度较大。❷ 目前，单纯采用使用原则的国家已极为少数，典型的如全世界国土面积最小的国家之一——列支敦士登。

依照相关法律的规定，采纳使用原则为商标权取得的制度并非绝对排除注册行为，只不过此种情况下商标注册并不"产生"商标权，而仅是对

---

❶ 邓宏光："我们凭什么取得商标权——商标权取得模式的中间道路"，载《环球法律评论》2009 年第 5 期，第 55～56 页。

❷ 张耕：《商业标志法》，厦门大学出版社 2006 年版，第 72 页。

已经存在的商标权进行法律上的"承认",仅具有初步证据功能。❶ 商标注册在法律上只是起到申请和宣示的作用,起不到确定商标权归属的作用,在先使用人可以随时依据"使用在先"为对抗事由要求撤销他人已经注册的相同或近似的商标。

2. 注册原则

注册原则,是指按照申请注册时间的先后来确定商标权的归属,谁先申请注册商标,商标权就归谁享有。该原则不要求申请人对商标先有实际上的使用。依据注册原则,商标权的取得需要"选定作为商标的标记或符号之行为""向商标行政主管机关的申请行为"以及"商标行政主管机关的核准行为"的互相结合才能够实现,商标的注册、核准是商标权取得的必经程序。只有经过注册、核准,商标所有人才能取得受到法律保护的商标权。

注册原则,可以有效克服使用原则下权属关系不稳定的问题,可以督促商标的使用人及时进行商标注册申请,同时,由于商标的注册申请相对较为容易查明,对于商标管理、商标权争议的解决等都是有利的。采用注册原则,通过商标注册使商标权的产生和存在能够以适当的方式得到充分地公示,使商标权产生的相关信息能够及时被社会公众知晓,这符合知识产权产生、保护的公示与公开原则。❷ 不过,注册原则也有一些弊端,如当在先使用的商标与在后注册的商标之间发生冲突时,可能会导致不公平竞争,给在先使用人带来不公平的后果;容易诱发商标抢注,导致囤积商标等不良现象;等等。❸。

依据相关法律的规定,注册原则也并非绝对排斥"使用原则"在一定

---

❶ 张楚:"商标权取得注册制的不足与修正",载《中国社会科学报》2010年2月2日,第10版。

❷ 黄光辉:"论我国商标权取得制度的重构——基于'使用'与'注册'的考量",载《北京工业大学学报(社会科学版)》2004年第4期,第76页。

❸ 李雨峰、曹世海:"商标权注册取得制度的改造——兼论我国《商标法》的第三次修改",载《现代法学》2014年第3期,第68页。

条件下发挥确权作用。❶ 概括而言，主要有如下四种情形：第一种情形，在注册原则下可能出现"两个或两个以上的申请人同一天在同种或类似商品或服务上以相同或近似的商标提出注册申请"的问题，许多国家对此都借助于"使用在先"来予以解决。如我国现行《商标法》第 31 条规定"两个或者两个以上的商标注册申请人，在同一种商品或者类似商品上，以相同或者近似的商标申请注册的，初步审定并公告申请在先的商标；同一天申请的，初步审定并公告使用在先的商标，驳回其他人的申请，不予公告"。❷

第二种情形，注册原则一般还受到"优先权"的限制。优先权是《保护工业产权巴黎公约》规定的一项内容，也是我国商标注册应当遵守的一项基本原则。简单言之，即享有《保护工业产权巴黎公约》规定的"优先权"的特定申请人，在优先权有效期内，即使递交注册申请文件的日期晚于另一申请人的同一申请，前者也可以优先于后者获得商标权。"优先权"在一定程度上能够发挥对先使用商标行为的承认和保护作用。我国现行《商标法》第 26 条规定"商标在中国政府主办的或者承认的国际展览会展出的商品上首次使用的，自商品展出之日起 6 个月内，该商标的注册申请人可以享有优先权"。

第三种情形，很多采用注册原则的国家都明确规定，对于使用在先而未经注册的驰名商标，即使他人与该驰名商标相同或近似的商标已经完成注册，还可以作为注册原则的例外而受到法律的保护。在后者已经获准注册的一段时期内，驰名商标所有人可以依法请求限制该商标的使用或请求撤销该商标注册。如英国商标法规定"在相同或类似商品或服务上，某商标或其主体与驰名商标相同或近似的，如果该商标的使用可能造成混淆的，那么，依据《巴黎公约》或世界贸易组织协议享有驰名

---

❶ 张耕：《商业标志法》，厦门大学出版社 2006 年版，第 73 页。
❷ 彭学龙："论商标权的原始取得"，载《中南财经政法大学学报》2007 年第 4 期，第 136 页。

商标保护的商标所有人有权依禁令限制该商标在英国的使用";❶ 我国现行《商标法》第 45 条规定"已经注册的商标,违反本法第十三条第二款和第三款、第十五条、第十六条第一款、第三十条、第三十一条、第三十二条规定的,自商标注册之日起五年内,在先权利人或者利害关系人可以请求商标评审委员会宣告注册商标无效。对恶意注册的,驰名商标所有人不受五年的时间限制"。

第四种情形,一些采用注册原则的国家在商标法中规定了"商标先用权"。即在他人获得商标权之前已经使用了该商标的所有人,在商标获准注册后享有在原有范围内继续使用该商标的权利。❷ 商标先用权是在注册原则下立法对正当使用商标行为的确认和保护,在一定程度上属于商标权的限制范畴。在《商标法》第三次修订中,商标先用权得到了承认。现行《商标法》第 59 条第 3 款规定"商标注册人申请商标注册前,他人已经在同一种商品或者类似商品上先于商标注册人使用与注册商标相同或者近似并有一定影响的商标的,注册商标专用权人无权禁止该使用人在原使用范围内继续使用该商标,但可以要求其附加适当区别标识"。

3. 发展趋势:使用原则和注册原则相互融合

如上文所言,在现代商标法律制度中,使用原则下并不排斥商标注册行为,注册原则下也越来越多地有条件承认和保护商标使用行为所产生的权益,在立法中融合使用原则和注册原则是商标权原始取得制度发展的一个明显趋势。如德国《商标和其他标志保护法》第 4 条规定"商标保护的产生可来自于一个标志在专利局设立的注册簿上作为商标注册;通过在商业过程中使用,一个标志在相关商业范围内获得作为商标的第二含义;或

---

❶ 《十二国商标法》编译组:《十二国商标法》,清华大学出版社 2013 年版,第 436 页。

❷ 王莲峰:"商标先用权规则的法律使用——兼评新《商标法》第 59 条第 3 款",载《法治研究》2014 年第 3 期,第 12~13 页。

者已经成为《保护工业产业巴黎公约》第六条之二意义上的驰名商标"。❶再如,从我国商标法律制度的发展历程来看,从20世纪60年代采用"全面注册""强制注册"的商标权产生模式到《商标法》第二次修订时增加对未注册驰名商标的保护,再到《商标法》第三次修订时增加了"商标先用权",反映了我国商标权原始取得制度在采用注册原则的同时不断吸收和融合使用原则。

(二) 继受取得方式

继受取得,也可称为传来取得,是指商标权的取得并不是直接基于商标局的核准注册,而是基于他人既存的权利或他人的意志。❷ 在继受取得方式下,商标权并非是首次产生的,只是已经存在的商标权因特定的事实或行为而发生权利主体的变更。一般而言,继受取得的情形主要包括转让取得、继承取得和承继取得三种。

1. 转让取得

商标权的转让取得是指商标权人与他人签订转让合同或赠予合同,根据合同,商标权人向他人有偿转让或无偿赠予其商标专用权,商标权转让后,作为出让人或赠予人的原商标权人不再享有商标专用权,受让人或受赠予人成为新的商标权人,享有商标专用权。

商标权的转让是市场经济中商标权取得的常见方式之一,也常被视为商标权变化或利用的一种重要方式,各国商标法律制度都毫不例外地对其作出了较为详细的规定。我国现行《商标法》第42条规定:"转让注册商标的,转让人和受让人应当签订转让协议,并共同向商标局提出申请。受让人应当保证使用该注册商标的商品质量。转让注册商标的,商标注册人对其在同一种商品上注册的近似的商标,或者在类似商品上注册的相同或者近似的商标,应当一并转让。对容易导致混淆或者有其他不良影响的转

---

❶ 《十二国商标法》编译组:《十二国商标法》,清华大学出版社2013年版,第80页。

❷ 张耕:《商业标志法》,厦门大学出版社2006年版,第74页。

让，商标局不予核准，书面通知申请人并说明理由。转让注册商标经核准后，予以公告。受让人自公告之日起享有商标专用权。"该规定确立了商标权转让的一些注意事项：首先，为了保障被受让人或被赠予人的利益，如果存在"同一种商品上注册的近似的商标，或者在类似商品上注册的相同或者近似的商标"，那么应当一并转让。其次，为了保障市场经济秩序的有效运行和消费者的信息获取，商标权的转让必须经过商标局的核准，否则不能生效，即使合同双方就商标权的转让已经达成一致的意向，且双方意思表示真实，也不例外。❶

2. 继承取得

继承权是民事主体享有的一项民事权利，是指继承人依法取得被继承人遗产的权利。商标权作为一项无形财产权，其可以被依法继承。❷ 自然人通过继承、遗赠等方式取得已死亡的被继承人所依法享有的商标专用权即为商标权的继承取得。由于商标权的继承实质上会导致商标权主体的变更，因此依据知识产权公示原则、商标法基础理论及相关制度，商标权的继承取得需要履行法定的手续。如果作为自然人的商标权人死亡，继承人或受遗赠人应当向商标权出具法定继承或受遗赠商标权的证据或法律文书，办理商标权的转移。❸

3. 承继取得

承继取得是指法人或者其他组织通过合并、分立的方式取得商标权。

---

❶ 张耕：《商业标志法》，厦门大学出版社2006年版，第74页。

❷ 关于商标权是否可以作为继承客体的问题，学界曾有争议。有学者认为我国《继承法》在关于遗产范围的规定中只提到了著作权、专利权，并没有将商标权列入其中；最高人民法院相关司法解释中也仅有关于著作权、专利权继承保护的规定，没有关于商标权继承保护的规定；因此，商标权并非继承客体。参见熊英："商标权不能直接作为继承客体"，载《中华商标》1998年第3期，第38页。对此有学者反驳认为：《继承法》和相关司法解释没有直接提及商标权只能说明我国对商标权的认识有待提高而不能排斥商标权可列入继承客体并受保护；商标权和著作权、专利权一样，都具有财产权属性，可以被继承。参见叶子："商标权应当作为继承的客体——与熊英同志商榷"，载《中华商标》1998年第3期，第39页。

❸ 张耕：《商业标志法》，厦门大学出版社2006年版，第74页。

在市场经济活动中，法人或其他组织的合并、分立是常有的，而且其法律后果是原法人或其他组织的消灭，因此，法人、其他组织一旦合并或分立，那么，其商标权主体的身份就应当随之而发生变化。依据我国《民法通则》第44条第2款的规定"企业法人分立、合并，其权利义务由变更后的法人享有或承担"。作为民事权利的一种，商标权应属于该条规定中的"权利"的范围。实践中，为了便于明确商标权等无形财产权的归属问题，法人或其他组织的分立或者合并通常可以在分立或合并协议中予以明确。与继承取得相似，如果作为法人或其他组织的商标权人终止，变更后的法人或其他组织应当向商标局出具其承继商标权的证据和法律文书，并办理注册商标的承继。

四、典型现实问题之分析

（一）商标权主体资格限制争议概述

如上文所述，作为一项民事权利，不管是自然人、法人或其他组织，只要其具备民事权利能力则都可以成为商标权的主体，但由于商标作为一种标记或符号，在现实生活中可在一定程度上被认为是有限的社会公共资源，为了保障公共资源的合理有效配置，那么，商标的商业性使用往往成为商标权主体资格确定时应当予以考虑的一个重要事项，也正因此，自然人、机关法人、事业单位法人等通常被认为并不主要从事商业活动的主体是否可以成为商标权的主体在相关学术理论研究和实践活动中引起了一些争议。

从域外立法来看，TRIPs协议第15条第3款规定"缔约方可以根据使用来确定是否注册，但是对一个商标的实际使用不应成为提交注册申请的前提条件。不得仅以没有在自申请日起的3年之内实现所声称的使用为理由来驳回一个申请"；在美国，曾不允许对没有在贸易中实际使用的商标申请注册，但1988年修法放宽了申请人的条件，允许有真实意图的人申请商标注册，即凡意图使用者都可以申请商标注册；在德国，曾只允许企业申请商标注册，但1992年的《工业产权延伸法》解除了该限制性规定，承认任何主体都可以申请商标；❶ 在意大利，对此几乎没有任何限制，该国商标法第 22 条第 1 款规定"对于在其公司或其控制的公司或经同意使用该商标的公司制造或经销的商品或者提供的服务，就正在使用或者意在使用的商标，任何人可将其商标注册"，该条第 3 款明确"国家、地区、省及市的行政机关也可注册商标"。❷ 综上，对于商标权主体的资格，域外立法总体态度是减少资格限制条件，虽然商标的商业性使用很重要，但其并非必然是商标权主体资格的限制条件之一。自然人、机关法人、事业单位法人可以成为商标权的主体，因为其也可能从事一般的商业活动并使用商标。

在我国商标法领域，自然人的商标权主体资格问题以及以高等学校为典型的事业单位法人的商标权主体资格问题曾较为突出。❸

(二) 自然人的商标权主体资格

自然人的商标权主体资格问题，曾是 2001 年商标法第二次修改时争议最多的问题之一。2001 年修法之前，商标法基于对商标保护秩序的维护、防止商标抢注等考虑❹而规定具有商标权主体资格的是我国的企业，包括国有企业、集体企业、私营企业和外商投资企团体业；具备法人资格的事业单位和社会团体；个体工商业者，包括个体工商户和个人合伙；外国人，包括外国法人和自然人，但主要指外国公司。依据这一规定，只有个体工商业者才能成为商标权主体，而农村承包经营户以及其他普通的自然人则被排除出了商标权主体的范围，该规定被认为在实质上限制了自然人申请

---

❶ 黄晖："中外商标立法的发展与研究"，见郑成思：《知识产权研究（第一卷）》，中国方正出版社 1996 年版，第 67 ~ 68 页。

❷ 张耕：《商业标志法》，厦门大学出版社 2006 年版，第 77 ~ 78 页。

❸ 有研究指出，关于机关法人是否能成为商标权的主体问题，我国学界鲜有提及。我国现行《商标法》的相关规定并没有限制政府机关作为商标权的主体。参见张耕：《商业标志法》，厦门大学出版社 2006 年版，第 79 页。

❹ 阳平："概说《商标法》的第二次修订"，载《群言》2002 年第 3 期，第 26 页。

商标注册。❶ 2001 年的修法将此规定修改为"自然人、法人或者其他组织对其生产、制造、加工、挑选或者经销的商品，需要取得商标专用权的，应当向商标局申请商品商标注册。自然人、法人或者其他组织对其提供的服务项目，需要取得商标专用权的，应当向商标局申请服务商标注册。"该规定的修订，一定程度上强化了商标权属于私权、财产权的认识观念，对自然人的身份不再设置特殊限制，为那些目前不从事但准备在不久的时期内从事工商业的人提前注册商标提供了便利，也使得商标作为私人财产依法继承、赠予或其他形式的移转成为可能。❷

不过，为了防止商标抢注行为，在承认自然人具备商标权主体资格的同时，商标法也并非完全不限制自然人申请商标注册。基于对商标应当被使用的考虑，我国商标法律制度对自然人商标权主体资格的实现提出两个具体要求：首先，虽然我国并不要求自然人在申请商标注册时提供实际使用的证明，但商标法同时规定注册商标没有正当理由连续 3 年不使用的，任何单位或者个人可以向商标局申请撤销该注册商标。其次，为了进一步合理规制自然人申请注册商标行为，化解实践中出现的自然人以买卖商标而非实际使用为目的的商标注册乱象，❸ 2007 年 2 月 6 日，国家工商行政管理总局商标局发布部门规范性文件《自然人办理商标注册申请注意事项》规定：自然人申请商标注册必须有营业，以经营者的名义申请商标注册，并提供相关证明文件，如果申请人无任何营业，且没有使用所申请注册商标的意图，商标局应驳回其商标注册申请；自然人提出商标注册申请的商品或服务范围，应以其在营业执照或有关登记文件核准的经营范围为限，或者以其自营的农副产品为限；办理转让商标申请的，受让人若为自

---

❶ 董葆霖："关于商标法第二次修改的思考"，载《中国专利与商标》1999 年第 2 期，第 38 页。

❷ 国家工商行政管理总局商标局：《中华人民共和国商标法释义》，中国工商出版社 2003 年版，第 36 页。

❸ 曾臻："自然人的商标权主体资格应当受限"，载《中华商标》2007 年第 6 期，第 8~9 页。

然人，应当有营业和使用商标的意图，并提供相关证明文件。❶

(三) 高等学校❷的商标权主体资格

就高等学校的商标权主体资格而言，有研究认为，依据1998年颁布的《高等教育法》第30条规定"高等学校自批准设立之日起取得法人资格"，而2001年第二次修订后的《商标法》将商标权主体修改为"企业、法人和其他组织"，因此，高等学校可以申请商标注册并成为商标权的主体。❸ 同时，也有研究认为，《高等教育法》第5条规定"高等教育的任务是培

---

❶ 《自然人办理商标注册申请注意事项》出台后，有观点认为公民申请商标注册时，除依据商标法应提交身份证明和所要注册商标的资料外，还被要求提交"证明申请人是经营者的其他材料"显然与商标法不符。商标局对此回应称《自然人办理商标注册申请注意事项》是其在法定职权内对商标注册申请作出的有效规定。参见肖峰："自然人注册商标案北京开庭"，载《中国知识产权报》2007年11月16日，第5版。近期，有研究认为，在"大众创业、万众创新"的新形势下，"微商"等新型商业模式与商业行为的出现与发展，迫切需要给"自然人申请商标"松绑。顾金焰博士分析认为：商标局对自然人申请商标注册提出附加营业执照等证明材料的要求，主要理由有"商标本为经营目的，使用在产品或服务上的商业标志；遂似乎可以理直气壮要求个人证明自己的经营资质。防止个人大量的抢注、恶意注册商标。有效降低商标申请与审查的工作量，防止行政资源浪费甚至拥堵。"然而，由此却也产生一些有待关注的问题：首先，商标局只能要求中国大陆的自然人申请商标要附上个体工商户或经营承包合同等种种营业资质证明，却无法要求外国的个人也要附上这样的证明，甚至中国港澳台地区的居民也无法要求。因为他们压根就不存在个体工商户或经营承包合同这样的证照。由此带来的一个客观效果就是，自然人申请商标的条件不平等，外国人甚至是中国港澳台地区的居民享受到了超国民待遇。其次，商标是一项私有财产权，商标权人可以许可、转让商标。注册、许可、转让商标本身就是商业经营行为。在承认自然人享有经营权的基础上，给自然人强加上种种附加条件，无疑使得自然人在相关商业经营中束手束脚。商标局的"防止个人抢注大量商标、倒卖商标"的理由较为牵强。最后，在建设服务型政府的背景下，服务是行政机关存在的源头和正当性所在。商标审查是为了自然人和企业服务，而不是商标申请打扰了行政机关。认为过多的商标申请会带来行政资源的浪费，无疑是颠倒了服务与被服务的关系；认为放开自然人申请商标，从而激增的商标注册需要限制的观点是很难站得住脚的。参见顾金焰："微商时代急需给'自然人申请商标'松绑"，载《中国知识产权报官方微信》2015年11月25日。

❷ 主要是指公立高校，不包括民办高校。

❸ 王娜："高校注册商标分析"，载《中华商标》2009年第6期，第16页。

养具有创新精神和实践能力的高级专门人才,发展科学技术文化,促进社会主义现代化建设";第 31 条规定"高等学校应当以培养人才为中心,开展教学、科学研究和社会服务,保证教育教学质量达到国家规定的标准"。据此可以推断,我国高等学校和企业以及一些国外的高等学校都不一样,其主要任务是人才培养和科学研究,一般并不从事商业活动,无须也不能参与市场竞争,高等学校作为商标权的主体在理论上存在不适格的问题;❶将高等学校的名称等申请注册为教育类服务商标的观点实际上是"一种片面理解,与高等学校的社会属性不相适应";❷ 而且,对于高等学校名称等标记或符号实际上是可以用"名称权"来予以保护的,并无必要申请商标注册。❸

  我们认为,我国高等学校具备商标权主体资格。(1) 从理论上看,高等学校除人才培养和科学研究外,其还具备社会服务的功能。在我国实施创新驱动发展战略和国家知识产权战略的大背景下,高等学校科技成果转化等与市场联系紧密的工作正不断发展,我国高校参与市场活动的空间和能力已得到较大的拓展,高等学校虽然不同于企业但也已日趋离不开市场,❹ 在符合商标法规定的情况下,高等学校当然有权进行商标注册申请。(2) 教育部 1999 年发布施行的《高等学校知识产权保护管理规定》第 7 条规定"高等学校对以下标识依法享有专用权:(一) 以高等学校名义申请注册的商标……",依据该规定可以推断,高等学校的商标权主体资格已经得到相关部门规章的承认。(3) 在实践中,自 20 世纪 90 年代起,我国一些高等学校就开始试探性地注册了一些商标并实现了对其所有的标记

---

❶ 李桑梓:"高校校名的商标化",载《中华商标》2014 年第 4 期,第 51 页。
❷ 初育国、罗志良、姜晓刚:"对高校名称进行商标注册的问题的思考",载《中国高等教育》2003 年第 7 期,第 31 页。
❸ 杨为国、陈立立:"高校名称的商标保护与对策研究",载《高等教育工程研究》2005 年第 6 期,第 35 页。
❹ 郑永平、王玉柱:"驰名商标与高校知识产权保护",载《科技进步与对策》2008 年第 57 期,第 189~190 页。

或符号的商标法保护,❶ 如 1995 年 8 月 29 日,清华大学就"CERNET"提出商标注册申请;❷ 2006 年,北京市第一中级人民法院在针对《清华早读》图书和音像制品的商标侵权案件中将清华大学在教育服务领域注册的"清华"商标认定为驰名商标,随后国家工商行政管理总局商标局又在"清华智慧"商标异议案件中再次认定"清华"商标为驰名商标。❸（4）高等学校申请注册商标目前已经较为常见和普遍。据调查显示,截至 2008 年,北京大学、安徽大学、北京工业大学等 90 所"211 工程"院校就校名已经提出 69 件注册商标申请,就校徽已经提出 46 件注册商标申请,就标志性建筑物已经提出 7 件注册商标申请,就校训也已经提出 7 件注册商标申请,而且很多高校的注册商标申请是全类别的申请注册。❹（5）高等学校不仅已经注册了诸多商标,而且一些商标的市场价值得到广泛的认可,如 2004 年,世界品牌实验室（World Brand Lab）发布的"中国 500 最具价值品牌排行榜"中,"北京大学""清华大学""南京大学""复旦大学""上海交通大学"以及"浙江大学"等高等学校的商标入选,且"北京大学""清华大学"的品牌价值分别达到 121.65 亿元和 101.24 亿元。❺

第二节　商标注册的含义与原则

一、商标注册的含义

在采注册原则为商标权取得的主要方式时,商标注册尤为重要。从理

---

❶ 郑永平、王玉柱:"中国高校的商标战略",载《科技进步与对策》2010 年第 7 期,第 142 页。

❷ 王娜:"高校注册商标分析",载《中华商标》2009 年第 6 期,第 16 页。

❸ 北京市第一中级人民法院民事判决书:（2006）一中民初字第 3797 号；商标局"清华智慧"商标异议裁定书:2006 商标异字第 03097 号；汪正:"知名高校名称的护身符——从'清华'驰名商标谈起",载《中华商标》2007 年第 7 期,第 41 页。

❹ 教育部科技发展中心:《中国高校知识产权报告（2008）》,高等教育出版社 2009 年版,第 108 页。

❺ 王娜:"高校校名的商标保护",载《电子知识产权》2007 年第 3 期,第 41 页。

论上来说，商标注册有三层含义。第一层含义，商标注册是指商标法所确立的一项法律制度，即自然人、法人或者其他组织等适格主体为了取得商标专用权，将其作为商标使用或准备使用的标记或符号依照法律规定的条件、原则和程序，向国家商标注册主管机关（如我国的国家工商行政管理总局商标局）提出申请，经该机关审查核准予以注册的法律制度。第二层含义，商标注册是指取得商标专用权的一系列程序组合，该系列程序主要包括自然人、法人和其他组织等适格主体的商标注册申请行为；国家商标注册主管机关的受理与审查行为；国家商标注册主管机关作出是否核准注册的行为；等等。第三层含义，商标注册是指自然人、法人或者其他组织等适格主体为取得商标专用权的注册申请行为。❶ 比较而言，本节所说商标注册的含义近似等于上述第二层含义。

商标注册对于商标权人和国家商标注册主管机关有着不同的意义和价值。就商标权人而言，商标注册是其取得法律承认与保护的商标专用权的一个必经途径，是实践中确定商标专用权的最重要法律依据。如我国现行《商标法》第 4 条规定"需要取得商标专用权的，应当向商标局申请商标注册"；《巴西知识产权法》第 129 条规定商标注册人通过申请注册"被赋予在全国范围内专属使用该商标的权利"；❷ 等等。就国家商标注册主管机关而言，商标注册是实现商标管理的重要法律措施，是商标管理工作的基础。国家商标注册主管机关通过商标注册实现对商标的严格审核，规范商标关系和商标领域的相关秩序，以便实现对商标权人以及消费者合法利益

---

❶ 国家工商行政管理总局商标局网站"商标申请—申请指南"栏目中对"商标注册申请"进行了解释，称："自然人、法人或者其他组织在生产经营活动中，对其商品或者服务需要取得商标专用权的，应当向商标局申请商标注册。狭义的商标注册申请仅指商品和服务商标注册申请、商标国际注册申请、证明商标注册申请、集体商标注册申请、特殊标志登记申请。广义的商标注册申请除包括狭义的商标注册申请的内容外，还包括变更、续展、转让注册申请，异议申请，撤销申请，商标使用许可备案，以及其他商标注册事宜的办理。"载 http：//sbj.saic.gov.cn/sbsq/sqzn/201404/t20140430_144508.html，2014 年 5 月 1 日发布。

❷《十二国商标法》编译组：《十二国商标法》，清华大学出版社 2013 年版，第 10 页。

的有效保护。

此外，商标注册与注册商标不同。注册商标特指实践中一种特殊状态的商标，即指获得法律确认而取得商标专用权的商标。获得注册商标是商标注册的最直接法律目的。不过，进行商标注册并不一定能够获得注册商标，只有符合商标法规定条件的标记或符号才有可能经由商标注册而成为注册商标。

二、商标注册的原则

一般而言，商标注册的原则是指确定商标专用权的基本准则。[1] 依据我国现行商标法的相关规定，我国商标注册的原则主要包括自愿注册原则、分类注册原则、申请在先和同日申请先使用原则、优先权原则。

（一）自愿注册原则

自愿注册原则和全面注册原则、强制注册原则等是一组关联原则。自愿注册原则，是指商标使用人是否进行商标注册申请完全听凭其自身意愿，法律并不强制要求商标使用人在相关市场活动中使用的商标必须为注册商标。全面注册原则指市场主体在相关市场活动中必须使用商标，而凡是作为商标来予以使用的标记或符号均需进行商标注册申请并经核准。全面注册原则通常也被称为强制注册原则，但强制注册原则除全面注册原则外，还存在一种特殊的情况，即在自愿注册原则下，法律或者行政法规对特定商品或服务领域强制要求必须使用注册商标。

目前，自愿注册原则已经成为商标注册的一项国际惯例，该原则不仅与商标权属于私权的这一性质相契合，而且符合商标使用实践的需要，因为在实践中，商标的使用人如果仅仅是短期内或暂时性试产试销、经营某项商品，则其未必需要使用注册商标，毕竟商标注册需要耗费一定的时间、缴纳相关费用。在自愿注册原则下，注册商标依法获得商标专用权，同时，

---

[1] 邓鹤、向春："对我国商标注册原则之探讨"，载《广东省经济管理干部学院学报（季刊）》2001年第2期，第69页。

未注册商标也可以使用并能获得一定程度的法律保护，这有利于商标法律制度的系统而客观地发展。

与自愿注册原则相比，全面注册原则、强制注册原则已经越来越少见。从历史的角度来看，我国国务院1957年发布的《中央工商行政管理局关于实现商标全面注册的意见》开始实施商标强制注册制度，要求各企业、合作社使用的商标必须注册；1963年，国务院又公布《商标管理条例》，明确实行商标全面注册原则。究其原因，主要是当时我国处在计划经济时期且对商标功能的认识不准确，认为商标是商品质量的保证，是经济秩序管理的一种手段与工具。进入改革开放以后，虽然全面注册原则被自愿注册原则所取代，但在我国现行商标法律制度下，商标自愿注册原则中还存在强制注册原则的例外：我国现行《商标法》第6条规定"法律、行政法规规定必须使用注册商标的商品，必须申请商标注册，未经核准注册的，不得在市场销售"。依据我国于2013年12月28日修订《烟草专卖法》第20条第1款的规定，"卷烟、雪茄烟和有包装的烟丝必须申请商标注册，未经核准注册的，不得生产、销售"。故我国目前对卷烟、雪茄烟和有包装的烟丝仍然采用的是强制注册原则。有研究认为这是因为相关商品关系到广大人民群众的健康和生命安全，所以要通过商标来确保其质量。❶ 但实际上，商标注册核准过程中并不会涉及对商品质量的评价和监督，而且对于卷烟、雪茄烟和有包装的烟丝而言，其不管质量如何都是无益于人类健康和生命安全的。我国现行商标法律制度下，卷烟、雪茄烟和有包装的烟丝领域仍然采用强制注册原则，最为核心的原因可能还是在于我国实施烟草专卖制度，采用商标强制注册原则有助于烟草专卖的管理。❷

---

❶ 陆贺本："商标强制注册制度应当废除"，载《中华商标》2003年第7期，第21页。

❷ 我国1984年的《药品管理法》曾规定"除中药材、中药饮品外，药品必须使用注册商标；未经核准注册的，不得在市场销售。注册商标必须在药品包装和标签上注明"。该规定已经在2001年被取消。

（二）分类注册原则

作为区分商品或服务来源的标记或符号，每一个注册商标都是指定用于特定的商品或服务上的，如提到"创维""海信"等商标，人们会很容易想到电视机；提到"茅台""五粮液"等商标，人们会很容易想到白酒；提到"iPhone""Apple"等商标，人们会很容易想到智能手机。可以说，离开商品或服务的商标是不存在的。所以，商标注册时必须要准确表述其要指定使用的商品或者服务及其所属的类别。

商品或服务分类是指一件商标注册申请可同时指定的商品或服务范围。为了便于商标的注册和管理，各国商标注册管理机关都会根据一定的标准，将商品或服务划分为若干类别，并按照一定的顺序排列编制成表册，以供使用。目前，世界上商品或服务分类表主要有两大类：一类是各国独立制定和实行的商品或服务分类表；另一类是国际统一的商品或服务分类表。我国于1988年11月加入《巴黎公约》，并同时于1988年11月1日起开始实行世界知识产权组织提供的《商标注册用商品国际分类》。目前，我国实行的《商标注册用商品与服务国际分类表》是《尼斯协定》各成员国于2012年1月1日起正式启用的第十版《尼斯分类》，该分类把商品和服务共分为45个类别。[1]

商标注册中的分类注册原则是指一个商标只能注册在一类商品或服务之上，超越了这个类别范围，于另一个类别的商品或服务上或者在同一大类中的其他小类商品或服务上再使用同一标记或符号则是两个商标，需要再行提出商标注册申请。我国现行《商标法》实行的就是分类注册原则。该法第22条第1款规定"商标注册申请人应当按规定的商品分类表填报使用商标的商品类别和商品名称，提出注册申请"。第23条规定"注册商标需要在核定使用范围之外的商品上取得商标专用权的，应当另行提出注册

---

[1] 2015年12月28日，国家工商行政管理总局商标局发布通知，根据世界知识产权组织的要求，将于2016年1月1日起正式使用尼斯分类第十版2016文本，简称NCL（10 - 2016）。

申请"。

在商标分类注册原则下，还存在"一标一类"和"一标多类"两种不同的方式。所谓"一标一类"就是指申请人在一份商标注册申请中，只能对同一类商品或服务提出商标注册申请，不允许跨类申请。❶ 所谓"一标多类"就是指申请人可以在一份申请中就多个类别的商品或服务申请注册同一个商标，❷ 一个商标注册证书（一个注册号）同时包含多个类别的商品或服务项目的注册。"一标多类"方式在欧盟以及《商标注册马德里协定》中均被予以认可，我国自 2014 年 5 月 1 日起也开始采用。第三次修订后的《商标法》第 22 条第 2 款规定"商标注册申请人可以通过一份申请就多个类别的商品申请注册同一商标"。

在采"一标多类"的国家中，通常还存在相配套的商标分割制度。商标分割是指"对于处在申请注册过程中的商标或者已经获准注册的商标，商标注册申请人或者商标权人可以向商标行政主管机关申请以商标所指定使用的商品或服务为依据，将其分割为两个以上的商标注册申请或商标。商标分割不是将商标图样分割，而是将商标于指定使用在多个类别的商品或服务的基础上区分开来，分割成两个或更多的商标。"❸ 对尚未完成的商标注册申请，2014 年 5 月 1 日生效的新《商标法实施条例》新增第 22 条规定"商标局对一件商标注册申请在部分指定商品上予以驳回的，申请人可以将该申请中初步审定的部分申请分割成另一件申请，分割后的申请保留原申请的申请日期。需要分割的，申请人应当自收到商标局《商标注册申请部分驳回通知书》之日起 15 日内，向商标局提出分割申请。商标局收到分割申请后，应当将原申请分割为两件，对分割出来的初步审定申请生成新的申请号，并予以公告。"该条弥补了商标法未能为"一标多类"配以明确的商标分割制度的缺陷，明确了申请

---

❶ 史新章："商标分割制度研究"，载《中国专利与商标》2010 年第 1 期，第 45 页。
❷ 彭琪欢："新《商标法》亮点解读"，载《光彩》2013 年第 11 期，第 10 页。
❸ 史新章："商标分割制度"，载《中华商标》2010 年第 6 期，第 65 页。

分割的操作程序，❶但是该条款未能对经核准注册的商标应如何分割问题作出具体的制度设计。对于已经核准注册的商标，国家工商行政管理总局网站在2014年8月15日更新的"常见问题解答"相关内容中明确指出："一标多类的商标发放一个注册证。一个商标的注册申请在部分类别被驳回的，注册证记载被核准注册的类别和核定使用的商品或服务。注册人不能申请分类别发放注册证，一个注册商标只能发放一个注册证。"❷"一标多类"的商标如果要转让则"应整体办理，注册人对其在同一种类商品上注册的近似商标，或在类似商品上注册的相同近似商标，也应一并办理转让。"❸

（三）申请在先和同日申请先使用原则

申请在先原则和使用在先原则是一对关联的原则。申请在先原则，也叫作先申请原则，是指当两个或两个以上的申请人以相同或者近似的商标在同一种或者类似的商品或服务上提出商标注册申请时，申请在先的商标注册申请人可以获得商标专用权，申请在后的申请人的注册申请将会被依法驳回。使用在先原则，也叫作先使用原则，即指当两个或两个以上的申请人以相同或者近似的商标在同一种或者类似的商品或服务上提出商标注册申请时，使用在先的商标注册申请人可以获得商标专用权，使用在后或尚未使用的申请人的注册申请将会被依法驳回。在使用在先原则下，在先使用人可以以使用在先为由对抗在后使用人的申请，即使在后使用人的申请在时间上早于在先使用人的申请也不例外。比较而言，在商标权取得方式采注册原则的大背景下，申请在先原则更容易操作、更为合适。因为既然商标权的取得需要通过商标注册来实现，那么商标使用因素在商标权取

---

❶ 2014年8月20日，国家工商行政管理总局商标局发布《商标注册申请分割业务说明及申请注意事项的公告》，进一步明确商标注册申请分割的办理流程、相关要求和注意事项，具体可参看：http://sbj.saic.gov.cn/tz/201408/t20140820_147773.html。

❷ 具体可参看：http://www.saic.gov.cn/gzhd/zxwszx/sbzc/201408/t20140815_147623.html。

❸ 具体可参看：http://www.saic.gov.cn/gzhd/zxwszx/sbzc/201408/t20140815_147631.html。

得中的影响力不应超过商标注册申请,谁先提交了商标注册申请,谁就有可能获得商标权。采取申请在先原则有助于鼓励自然人、法人或其他组织等商标权适格主体根据需要及时申请商标注册,以防止他人抢注其需要使用的商标。

根据我国现行《商标法》第 31 条规定的内容可以推断,我国商标注册申请采用的是以申请在先的原则为主,以同日申请先使用原则为补充。为进一步明确同日申请先使用原则的具体适用问题,现行《商标法实施条例》第 19 条规定:"两个或者两个以上的申请人,在同一种商品或者类似商品上,分别以相同或者近似的商标在同一天申请注册的,各申请人应当自收到商标局通知之日起 30 日内提交其申请注册前在先使用该商标的证据。同日使用或者均未使用的,各申请人可以自收到商标局通知之日起 30 日内自行协商,并将书面协议报送商标局;不愿协商或者协商不成的,商标局通知各申请人以抽签的方式确定一个申请人,驳回其他人的注册申请。商标局已经通知但申请人未参加抽签的,视为放弃申请,商标局应当书面通知未参加抽签的申请人。"❶

(四) 优先权原则

作为《巴黎公约》所确定的工业产权保护原则之一,优先权原则是涉及商标申请日计算的一个重要原则。按照《巴黎公约》的规定,优先权是指"以申请人在一成员国提出一项工业产权的正式申请为基础,在一定期

---

❶ 为了贯彻《商标法》和《商标法实施条例》的相关规定,国家工商行政管理总局商标局于 1994 年 6 月 7 日发布《商标审定抽签操作规程》,规定:三、自协商通知书送达之日起 30 天内,有关申请人未达成协议或者未将协议书报送商标局的,商标局通知申请人抽签。在规定抽签之日不到者,视为弃权,其余申请人继续抽签。四、申请人均不能如期到达商标局或者均拒绝抽签时,由商标局调查并做出裁定。审定一个申请人的商标,驳回其他人的申请。五、抽签议程由商标局审查处处长或者其指定的人员主持,有关审查员到场。当场填写《商标审定抽签决定书》,并由申请人或者其代表签字。拒绝签字,亦视为弃权。六、抽签先后,由有关申请人掷骰子决定。点大者先抽,点小者后抽。七、抽签过程由公证机关的公证人员两名监督进行。八、公证机关在抽签签字之前,收取公证费。九、抽签结果由主持人当场宣布,写入《商标审定抽签决定书》。十、公证人员宣布公证结果生效。十一、商标局依抽签结果初步审定抽中者的商标,驳回其他人的申请。

限内该申请人可以在其他任何一个成员国提出对该工业产权的申请，这些在后的申请被认为是与第一次申请同一天提出的"。❶ 优先权原则适用于专利、实用新型、外观设计以及商标四类工业产权，前两者的期限是12个月，后两者的期限为6个月。为了落实《巴黎公约》的要求，成员方一般会在本国相关立法中设置优先权条款，如德国《商标和其他标志保护法》第34条和第35条分别规定了"主张在先国外申请的优先权"和"主张展览优先权"的问题；❷ 英国商标法第35条规定"已在《巴黎公约》成员方提出商标保护申请的申请人或其继承者，在依据本法注册使用在部分或全部相同商品或服务上的同一商标时，享有自首次提出此种申请之日起6个月的优先权"；❸ 等等。

我国现行《商标法》中对优先权有明确的规定。该法第25条规定"商标注册申请人自其商标在外国第一次提出商标注册申请之日起6个月内，又在中国就相同商品以同一商标提出商标注册申请的，依照该外国同中国签订的协议或者共同参加的国际条约，或者按照相互承认优先权的原则，可以享有优先权"。商标注册依法要求享有该条所规定的优先权的，应当在提出商标注册申请时提出书面声明，并且在3个月内提交第一次提出的商标注册申请文件的副本；未提出书面声明或者逾期未提交商标注册申请文件副本的，视为未要求优先权。由于市场竞争的激烈，一项尚未注册的商标一旦在展览会上使用后，就可能会很容易被抢注，❹ 因此，该法第26条也规定了展览优先权，即"商标在中国政府主办的或者承认的国际展览会展出的商品上首次使用的，自该商品展出之日起6个月内，该商标的注册申请人可以享有优先权。依照前款要求优先权的，应当在提出商标注

---

❶ 张晔："国内申请人对我国商标优先权制度应用的探讨"，载《电子知识产权》2005年第6期，第25页。

❷ 《十二国商标法》编译组：《十二国商标法》，清华大学出版社2013年版，第90页。

❸ 同上书，第428页。

❹ 董维富："在国际展览会上首次使用的商标可否享有'优先权'？"，载《中华商标》2005年第11期，第45页。

册申请的时候提出书面声明,并且在3个月内提交展出其商品的展览会名称、在展出商品上使用该商标的证据、展出日期等证明文件;未提出书面声明或者逾期未提交证明文件的,视为未要求优先权"。

三、典型现实问题之分析

(一) 烟草平装制度及其引发的思考❶

"烟草平装"(Plain cigarette packaging)是一项新兴的控烟制度与措施。❷ 据维基百科的解释,烟草平装制度就是限制烟草产品包装的颜色、图像、公司徽标以及商标等商业标识的使用,要求烟草产品的生产者、销售者标注出健康警告、有毒成分等法律要求标明的信息,以及仅可以在规定的位置用规定的字号、字体标注品牌的名称。烟草平装制度追求的目标主要是希望能够通过统一所有烟草产品的包装,并禁止烟草产品相关的广告和促销行为来降低原本可能包含商标等商业标识的产品包装对消费者的吸引力与感染力,从而实现控烟、促进公共健康的目的。《世界卫生组织烟草控制框架公约》(WHO – FCTC)在"减少措施"部分提到了"烟草制品的包装和标签",不过,烟草平装实际上比 WHO – FCTC 的要求更进了一步。从文本上来看,WHO – FCTC 的要求还主要集中于防止包装产生"虚假、误导、欺骗或可能造成错误印象"等不良影响以及强制要求标注"健康警语和其他适宜的信息",与此相比,烟草平装制度可能至少在两个方面有所突破:其一为直接限制商标等商业标识使用于包装,而不管这种使用是否存在"虚假、误导、欺骗或可能造成错误印象"等问题;其二为烟草平装制度的要求并不单纯局限于"烟草制品",其还可能对"烟草制品

---

❶ 徐升权:"烟草平装制度的商标法审视",载《法学杂志》2014年第1期,第134~140页。

❷ Becky Freeman, Simon Chapman & Matthew Rimmer, "The Case for the Plain Packaging of Tobacco Products", *Addiction*, 2007 (4), p. 587.

相关的产品"一样适用。❶

目前,"烟草平装"虽然在很多国家的现行法中并没有被提及,但随着控烟全球化的快速发展以及人类对公共健康的重视,烟草平装立法已成为一些国家控烟立法领域所重点关注的问题之一。追溯历史,"烟草平装"较早见于 1986 年加拿大医学会(CMA)提出的"香烟应统一以棕色普通包装行使进行销售"的建议❷以及 1989 年新西兰的有关部门提出的"香烟包装应统一使用白底黑字"的建议。❸ 自此,一些国家的公共健康部门开始关注"烟草平装",并将之视为"减少烟草产品消费的战略体系中的一个合理选择"。❹ 2011 年,澳大利亚正式通过烟草平装法案,成为全球第一个正式要求烟草产品采用标准化的颜色、字体且不带商标的简易包装进行出售的国家,❺ 这不仅激发了更多对烟草平装问题的关注和讨论,也直接导致更多的国家开始启动烟草平装立法活动。如新西兰卫生部于 2012 年 4 月宣布内阁"原则上已经同意推行与澳大利亚一致的平装制度",考虑在 2013 年 12 月前通过涉及"禁止使用品牌意象、标准化设计元素以及对文本字体、覆盖范围和位置的严格控制"等内容的立法;印度于 2012 年 12 月也提出涉及"对烟草商标的使用进行限制""对烟草产品包装上出现的品牌信息要求使用标准化字体、颜色和放置于指定的位置"等内容的烟草产品使用平装的法案;❻ 等等。据澳大利亚

---

❶ WTO, "Members debate cigarette plain-packaging's impact on trademark rights", *Wto. org*(*website*), June 7, 2011.

❷ Rob Cunningham & Smoke and Mirrors, *The Canadian Tobacco War*, London: IDRC, 1996, p. 239.

❸ Legacy Tobacco Documents Library, "Generic Packaging Meeting 22/9/93: Reference Documents", *Ucsf. edu*(*website*), November 14, 2006.

❹ Canadian House of Representatives, "Towards Zero Consumption: Generic packaging of tobacco products", *Report of the Standing Committee on Health*, June 1994.

❺ ABC News, "Cigarette plain packaging laws pass Parliament", *Abc. net. au*, November 2, 2011.

❻ 梁彼得(Peter Leung):"烟草平装法席卷亚洲",载《知识产权管理》2013 年第 3 期,第 12~13 页。

官方数据显示,《烟草平装法案》已经产生"令人鼓舞"的效果——在该法案推出的第一年,烟草销售量下降3.4%,吸烟率出现了20多年来的最快降幅,下降11%。[1]

据《中国烟草控制规划(2012~2015年)》显示,作为 WHO - FCTC 的缔约方,我国目前卷烟市场增速已有所趋缓,但吸烟人口的总数量仍众多,男性吸烟率仍然居于世界前列,青少年吸烟率也高达11.5%,而且存在"吸烟引起具体危害的知晓率低、卷烟包装健康危害警示作用不强"等较为严重的现实问题。烟草平装制度,从烟草产品的包装出发,劝阻吸烟者戒烟、预防青少年因误导或好奇等而尝试吸烟,其已经受到一些国家的推崇,我国应尽快考虑引入烟草平装的可能,以对我国现行烟草产品商标制度予以科学合理的改革,促进我国更好地履行 WHO - FCTC 中的相关控烟义务,促进公共健康更有效实现。

如前文所述,依据我国现行商标法律制度以及《烟草专卖法》的规定,烟草产品必须使用注册商标,烟草产品执行的是商标强制注册制度。分析来看,对烟草产品实行商标强制注册制度,虽然可能在一定程度上便于烟草专卖管理的实现,但其实际上也可能阻碍我国控烟工作的开展,因为很多烟草企业正利用对商标的使用与宣传来不断增加销售量,使得控烟工作成效受到很大程度的削弱。虽然我国早在1994年广告法中就明确禁止广播、电影、电视、报纸和杂志等大众媒体播出或刊登烟草广告,但这种规定往往只能制止直接的烟草产品广告,而对诸多软性广告并无影响。实践中,烟草企业无不围绕商标来美化烟草产品的包装以吸引消费者,如将"中南海"商标使用于烟草产品的包装上以及使"中南海"香烟被认定为"中国名牌",无疑可能会吸引消费者的关注和认可;而很多烟草企业更是利用冠名赞助等活动来实现品牌的塑造和宣传,以获取经济利益,据报道,川渝中烟工

---

[1] "2014知识产权国际快讯汇编",载中国保护知识产权网,2015年4月发布,第103页。

业有限责任公司就曾以其拥有的"娇子"商标赞助"中国娇子"青年领袖的评选活动,该公司网站还曾报道"川渝烟草公司加大宣传促销力度,促使骨干卷烟品牌销量猛增。2010年1月,娇子卷烟等3种卷烟品牌销售13.45万箱,同比增长49.1%"。❶

为了提高我国控烟工作效果,更好地促进和保障公共健康的实现,我国应尽快废除烟草产品商标强制注册制度,并适时引入烟草平装制度。首先,从烟草专卖监管的角度来看,烟草专卖生产企业许可证、烟草专卖批发企业许可证、烟草专卖零售许可证等是实现专卖监管的核心途径,而商标的注册与使用至多只算是一种辅助性方法,即使废除烟草产品商标强制注册制度,实际上也并不会对烟草专卖监管造成任何实质上的影响。而且,废除烟草产品商标强制注册制度不仅有助于我国商标注册原则的统一,而且符合商标注册国际制度的基本发展趋势。当然,废除烟草产品商标强制注册制度并非禁止烟草产品的生产者或销售者依法获得商标权,而是将是否申请注册的权利交给烟草产品相关的生产者、销售者。其次,与废除烟草产品商标强制注册制度相比,适时引入烟草平装制度才是进一步促进控烟工作发展的有效选择,参考国外烟草平装立法经验,结合我国《商标法》的相关规定,我国在引入烟草平装制度时,应对烟草产品的包装中各主要设计元素予以统一、标准化的要求,如要求烟草产品的商标应采用统一的字体、颜色,且所占面积不能超过包装中健康警示信息所占的面积,等等。

(二) 商品和服务分类的相关问题

生活中,商品和服务的分类方法多种多样。许多不同的部门出于管理、统计等工作需要都会对商品或服务进行分类。如从国民经济管理的角度可将商品分为工业品和农业品两大类,其中,工业品又可分为重工

---

❶ 车丽:"我国烟民超3亿人 烟草广告打擦边球傍上微博微信",载 http://china.cnr.cn/xwwgf/201305/t20130531_512719366.shtml,访问日期:2013年7月19日。

业品和轻工业品，而重工业品又可进一步划分为冶金工业产品、机械工业产品等。

为了适应各国商标行政主管机关在商标注册和管理工作中的需要，旨在为缔约国和其他国家制定统一的《商标注册用商品和服务国际分类》并保证其实施的《尼斯协定》于 1957 年 6 月 15 日制定并于 1961 年 4 月 8 日生效，中国于 1994 年加入尼斯联盟。《尼斯分类》源于以世界知识产权组织的前身——保护知识产权联合国际局（BIRPI）1935 年所编分类，在 1957 年被《尼斯协定》采用和发展。❶《尼斯分类》不仅供尼斯联盟成员国使用，而且非尼斯联盟成员国也可以使用该分类表，不过，尼斯联盟成员国可以参与分类表的修订，而非成员国则无权参与。❷ 目前，世界上已经有 130 多个国家和地区采用此分类表。❸

商标注册中，明确商品和服务的分类是一项关系到注册商标保护范围的重要工作，需要注意的是，每一具体的商品或服务在商品和服务分类表中有其规范名称。某些日常生活中约定俗称的商品称呼，在商品和服务分类表中是不允许使用的或存在表述不同的情况。如日常生活中经常使用的商品称呼"家用电器"，因为其包括的范围过大，涉及商品分类表中至少 5 个类别的商品：第七类的洗衣机、家用电动碾磨机；第八类的电动刮胡刀；第九类的电视机；第十类的电动按摩器；第十一类的电冰箱、电热水器等。诸如此类的情况还有"塑料制品""皮制品"等。❹

（三）"一标多类"的收费问题

商标法第三次修订后，我国商标注册开始采用"一标多类"制度。"一标多类"被普遍认为是具有简化申请人的申请程序、节约成本和提高

---

❶ 马伟阳："《尼斯协定》在中国的实践——兼析我国商标法的修改"，载《中华商标》2010 年第 5 期，第 16 页。

❷ 商踪："尼斯分类第十版 2014 文本启用"，载《中国工商报》2014 年 1 月 9 日，第 5 版。

❸ 王莲峰：《商标法学（第二版）》，北京大学出版社 2014 年版，第 267 页。

❹ 国家工商行政管理总局商标局："商标注册用商品和服务分类说明"，载 http://sbj.saic.gov.cn/sbsq/spfl/，访问日期：2014 年 8 月 22 日。

效率等积极意义的。不过，对于"一标多类"的相关认识和评析还存在一些有待澄清的理解误区，如有观点认为："实行一标多类可以减少商标申请人的商标注册申请费。原先实行一标一类，申请人就同一商标在多类商品或服务上注册申请，须缴纳多件商标的商标注册申请费及代理费。实行一标多类后变成一件申请，申请人只需缴纳一件商标的注册申请费及代理费。"❶ 这种观点对"一标多类"收费问题的理解是不准确的。

目前，采用"一标多类"商标申请制度的代表国家或地区有英国、新加坡、美国、欧盟以及中国香港特别行政区等。这些国家或地区的收费模式有两种：第一种是按照首类、次类的方式收取。如英国，商标申请官费首类200英镑，从第二类起每类50英镑；欧盟通过网上提交电子申请的申请费是首三类900欧元，从第四类起每类另加150欧元。❷ 第二种收费模式和"一标一类"一样，如新加坡、美国，虽然采用一标多类制度，但在商标申请官费上无优惠。根据国家工商行政管理总局商标局官网信息显示，我国采用的是第二种收费模式，即受理商标注册业务的最新收费标准为600元人民币，限定本类10个商品。10个以上商品，每超过1个商品，每个商品加收60元人民币。此外，对商标代理人而言，虽然一份申请就可以在多个类别上申请注册一件商标，但前期查询的工作量并没有因此而减少，且由于后期可能还会涉及商标分割问题，商标代理人的工作量可能反而加大，代理费用也未必会降低。❸

（四）商标注册申请日的确定

要适用申请在先原则，就有必要确定商标注册申请日。我国现行《商标法实施条例》对商标注册申请日的确定方法予以了规定。现行《商标法实施条例》第18条第1款规定："商标注册的申请日期以商标局收到申请

---

❶ 国家工商行政管理总局商标局商标申请业务收费标准具体可见：http://sbj.saic.gov.cn/sbsq/sfbz/。

❷ 杜颖：《商标法（第二版）》，北京大学出版社2014年版，第76页。

❸ 李春："申请更方便 分割很关键——解读'一标多类'申请制度"，载《中国工商报》2013年12月12日，第B1版。

文件的日期为准。"该条例第 9 条同时明确：除另有规定外，"当事人向商标局或者商标评审委员会提交文件或者材料的日期，直接递交的，以递交日为准；邮寄的，以寄出的邮戳日为准；邮戳日不清晰或者没有邮戳的，以商标局或者商标评审委员会实际收到日为准，但是当事人能够提出实际邮戳日证据的除外。通过邮政企业以外的快递企业递交的，以快递企业收寄日为准；收寄日不明确的，以商标局或者商标评审委员会实际收到日为准，但是当事人能够提出实际收寄日证据的除外。以数据电文方式提交的，以进入商标局或者商标评审委员会电子系统的日期为准。"

第三节　商标注册条件

日常生活中，人们使用的标记或符号多种多样，并非所有的标记或符号都可以作为商标使用，更不是所有的标记或符号都可以被核准注册为商标。[1] 商标注册条件就是指一个标记或符号要作为商标使用或被核准注册为商标所应当满足的基本要求。各国商标立法都对商标注册条件予以了详细规定，我国现行商标法也不例外。

商标注册条件包括两个方面的内容：其一为积极条件，即法律规定的构成商标必须具备的条件，是注册商标的必备要件；[2] 其二为消极条件，即用作商标的标记或符号不能或不应具有的情形，一般为法律明确禁止的情形。

一、商标注册之积极条件

商标注册之积极条件包括形式要件和实质要件两个方面。

（一）形式要件

商标注册的形式要件是指作为商标注册的标记或符号要属于法定构成

---

[1] 杜颖：《商标法》，北京大学出版社 2014 年版，第 12 页。
[2] 张耕：《商业标志法》，厦门大学出版社 2006 年版，第 36 页。

要素的范围。从商标在市场活动中所承载的价值来看，商标的构成要素实际上不应有所限制的，正如 TRIPs 协议第 15 条规定的："能够将一个企业的商品或服务同另一个企业的商品或服务区别开来的任何标志或标志的任何组合，都可以组成商标"。该条确定的商标的范围非常宽泛，几乎是对商标的构成要素没有进行任何限制性的要求。❶ 但从商标演变与发展历史来看，商标的构成要素并非没有要求，也并非一成不变的，传统商标的构成要素往往较为单调、单一，而随着社会经济以及商标注册、管理技术的发展，各国商标立法对商标构成要素的规定日趋开放，商标构成要素的范围已经并将可能会继续呈扩展之势。

  目前，大多数国家的商标立法都对商标的构成要素予以了明确规定，如《德国商标与其他标志保护法》第 3 条规定商标的法定构成要素为包括人的姓名在内的文字、图形、字母、数字、声音标志、包含商品或其包装的形状在内的三维图形及其他的包含颜色与颜色组合在内的包装装潢；❷《日本商标法》第 2 条规定商标的构成要素为文字、图形、记号、立体形状或者它们的组合，或者它们与颜色的组合；❸《韩国商标法》第 2 条规定商标的构成要素为"——符号、文字图形、三维形状或者其组合体或与色彩的组合；——未与其他形成组合的色彩或者色彩的组合、全息图、动作或者其他能在视觉上识别的；——在声音、气味等在视觉上不能识别的要素中，能以记号、文字、图形或者其他能以视觉的方式生动地表现的"；❹《法国知识产权法典》第 711—1 条规定商标的构成要素为"——各种形式的文字，如字、字的搭配、姓氏、地名、假名、字母、数字、缩写词；——音响标记，如声音、乐句；——图形标记，如图画、标签、戳记、边纹、全息图像、徽标、合成图像；外形，尤其是

---

❶ 黄晖：《商标法》，法律出版社 2004 年版，第 34 页。
❷ 范长军：《德国商标法》，知识产权出版社 2013 年版，第 2 页。
❸ 李扬：《日本商标法》，知识产权出版社 2011 年版，第 1 页。
❹ 李宗基：《韩国商标法》，知识产权出版社 2013 年版，第 1 页。

商品及其包装的外形或表示服务特征的外形；颜色的排列、组合或者色调";❶ 等等。

我国现行《商标法》对商标的构成要素也有明确规定，该法第8条规定"任何能够将自然人、法人或者其他组织的商品与他人的商品区别开来的标志，包括文字、图形、字母、数字、三维标志、颜色组合和声音等，以及上述要素的组合，均可以作为商标申请注册"。依据国家工商行政管理总局商标局的相关批复以及相关工作实践，一般来讲，商标构成要素中的文字既可以是汉字或外文，❷ 也可以是我国少数民族文字；既可以是简体字，也可以是繁体字，但不能为停止使用的异体字和不规范的简化字。❸ 商标构成要素中的颜色组合是指两种或两种以上的颜色以特定的方式组合在一起，起到区别的作用，这种组合可以同具体的形状结合，也可以使用在任何形状上而不需要限定。❹ 商标构成要素中的声音为商标法第三次修订新增加的内容，依据现行《商标法实施条例》第13条的规定，"以声音标志申请商标注册的，应当在申请书中予以声明，提交符合要求的声音样本，对申请注册的声音商标进行描述，说明商标的使用方式。对声音商标进行描述，应当以五线谱或者简谱对申请用作商标的声音加以描述并附加文字说明；无法以五线谱或者简谱描述的，应当以文字加以描述；商标描述与声音样本应当一致。"❺

（二）实质要件

一个标记或符号属于商标法确定的构成要素的范围并不意味着其一

---

❶ 《十二国商标法》编译组：《十二国商标法》，清华大学出版社2013年版，第49页。

❷ 现行《商标法实施条例》第13条规定：商标为外文或者包含外文的，应当说明含义。

❸ 黄晖：《商标法》，法律出版社2004年版，第35~37页。

❹ 同上书，第41~42页。

❺ 对该规定的理解可参看国家工商行政管理总局网站于2014年8月15日更新的"常见问题解答"中关于"声音商标申请有什么具体要求吗？什么样的声音都可以申请吗？"的解答，载http://www.saic.gov.cn/gzhd/zxwszx/sbzc/201408/t20140815_147620.html。

83

定能够被核准注册，现代商标法学理论和制度对商标注册之积极条件的规定还包括要求商标应具有显著性这一实质要件。作为一个基础概念，显著性是商标法得以正常运行的枢纽。❶ 一般来讲，显著性，又称作识别性或区别性，❷ 是指商标所具有的标示商品或服务出处并使之区别于其他来源的商品或服务的属性。❸ 显著性是商标国际保护条约以及各国商标立法中均有所涉及的内容，如《巴黎公约》规定"商标缺乏显著特征……各成员国商标注册主管机关可以拒绝注册或者宣告注册无效"；《印度商标法》第9条规定"缺乏显著特征，即不能把一人的商品或服务与他人的商品或服务区别开"的标记或符号不得注册；❹《俄罗斯商标、服务商标和商品原产地名称法》第6条规定"不具有显著性的标志"不得作为商标注册；❺《加拿大商标与反不正当竞争法》第2条则专门解释了显著性的含义，认为"当涉及商标时，它是指一个商标能够真实地将该商标所有人提供的与该商标有关的商品或服务与他人提供的商品或服务区别开来或者一个商标被改变以达到此目的"。我国现行《商标法》对显著性也有明确规定，该法第9条强调"申请注册的商标，应当具有显著特征，便于识别"。

显著性包括固有显著性和获得显著性两种情形。固有显著性是指在标记或符号本身转变为商标时就天然具备识别、区分商标来源的能力；❻ 获得显著性是指标记或符号所具备的识别、区分商品来源的能力

---

❶ 彭学龙："商标显著性新探"，载《法律科学（西北政法学院学报）》2006年第2期，第60页。

❷ 王迁：《知识产权法教程》，中国人民大学出版社2007年版，第430页。

❸ 彭学龙："商标显著性传统理论探析"，载《电子知识产权》2006年第2期，第20页。

❹ 《十二国商标法》编译组：《十二国商标法》，清华大学出版社2013年版，第151页。

❺ 同上书，第296页。

❻ 刘丽娟："显著性考（上）：写在《商标法》颁布30周年之后"，载《电子知识产权》2013年第11期，第48页。

是基于标记或符号在市场中的实际使用而后天获得的。[1] 就商标的固有显著性[2]而言，一般此类商标构成独特、富有个性，且同商标所指定使用的商品或服务之间不存在直接联系，因而能够起到有效区别商品或服务出处的作用。[3] 如"Apple"一词，其本身是指一种水果，如果将其用于水果这类商品上则难以让消费者清晰获知其来源，不具有显著性，而如果将其使用于计算机和服装等领域则会因其和商品无直接的联系而具备较强的显著性。[4] 对商标固有显著性的理解，还可以结合法律的相关反向规定来理解，如我国现行《商标法》第 11 条规定"仅有本商品的通用名称、图形、型号的，仅直接表示商品的质量、主要原料、功能、用途、重量、数量及其他特点的，其他缺乏显著特征的"不得作为商标注册；[5] 第 12 条规定"以三维标志申请注册商标的，仅由商品自身的性质产生的形状、为获得技术效果而需有的商品形状或者使商品具有实质性价值的

---

[1] 马强："论商标的基础显著性"，载《知识产权》2011 年第 8 期，第 16 页。

[2] 商标的固有显著性有强弱之分。根据固有显著性的强弱可将商标分为臆造商标、随意性商标和暗示性商标。具体可参看本书有关商标分类的内容。

[3] 杨建锋："论 TRIPs 协定下商标注册的'显著性'要求"，载《世界贸易组织动态与研究》2009 年第 10 期，第 17 页。

[4] 马强："论商标的基础显著性"，载《知识产权》2011 年第 8 期，第 16 页。

[5] 商品的通用名称、图形、型号，一般是指代表某一种、某一类或几类商品的共有名称、标记或一般图形，例如"电视机""汽车""手机"以及"用于椰子汁的椰子图形""用于棉花糖的棉花图形"等，此类名称、图形或型号可以由所有从事生产经营的人共同使用，具有普遍性特点，缺乏显著性，不能起到区别商品来源的作用，不能作为商标注册；仅直接表示商品的质量、主要原料、功能、用途、重量、数量及其他特点的标记或符号用作商标时可称为"叙述性商标"，由于同种商品的主要原料、功能、用途等特点往往是一致或相似的，所以此类标记或符号难以起到区别商品来源的作用，不具备显著性，不能注册为商标，且如果允许某人将此类标记或符号用作商标注册取得专用权也不符合公平竞争的市场要求与原则，如"纯棉"服饰、"精准"手表、"一吨"大米等；其他缺乏显著特征的情形也还有很多，如"+""-""上""下"等简单的文字也难以发挥区别商品来源的功能，缺乏显著性，不能注册为商标。参见胡开忠：《商标法学教程》，中国人民大学出版社 2008 年版，第 48 页；张耕：《商业标志法》，厦门大学出版社 2006 年版，第 38 页。

形状，不得注册"。❶

就商标的获得显著性而言，这是法律赋予某一特定类别的标记或符号一种特殊法律地位的制度，❷ 即在固有显著性条件考核下，一些不具有显著性的标记或符号（如我国现行《商标法》第 11 条列举的标记或符号），可以通过使用而取得"第二含义",❸ 从而被认为是具备了显著性，可以被核准注册为商标。典型的如"两面针""五粮液"等标记用于牙膏、白酒等商品上，其本身属于直接表示商品的主要原料，因而是不具有显著性的，但是经过在实践中的长期使用，消费者将其和具体、特定来源的商品联系在一起了，所以被认为获得了标示商品来源的"第二含义"，成为依法可被核准注册的商标。获得显著性，最早在英国法院被承认，美国法院后对其也予以了认可，世界贸易组织 TRIPs 协议则基于美国《兰汉姆法》的相关内容确立了承认"第二含义"的条款，❹ 规定即使有的标记或符号本来不能区分有关商品或服务，成员亦可根据其使用而获得的识别性，确认其是否可以注册。目前，诸多国家的商标立法都已经接受"第二含义"，如意大利《商标法》第 19 条规定"在提交注册申请之日前已经因使用而获得显著性的标志，可以作为商标注册";❺

---

❶ 理论上，将此条所描述的三维标志界定为"功能性三维标记"。由于此类标记属于同类商品所共有的形状，处于公有领域，故而不具有显著特征，不能注册为商标。仅由商品自身的性质产生的形状如生活中常用的电话机形状、打印机形状等；为获得技术效果而需有的商品形状如呈等边三角形分布的含三个旋转刀头的剃须刀形状等；使商品具有实质性价值的形状如汽车轮胎的形状、传统茶壶的形状等。参见胡开忠：《商标法学教程》，中国人民大学出版社 2008 年版，第 49 页。

❷ 刘丽娟："显著性考（下）：写在《商标法》颁布 30 周年之后"，载《电子知识产权》2013 年第 12 期，第 66 页。

❸ 一些叙述性文字、图形或其组合，经过长期使用后，产生原叙述性含义以外的新含义，这一新的含义就是所谓的"第二含义"。参见张耕："试论'第二含义'商标"，载《现代法学》1997 年第 6 期，第 55 页。

❹ 杨建锋："论 TRIPs 协定下商标注册的'显著性'要求"，载《世界贸易组织动态与研究》2009 年第 10 期，第 17~18 页。

❺ 《十二国商标法》编译组：《十二国商标法》，清华大学出版社 2013 年版，第 209 页。

《南非商标法》在第 10 条中规定，假如在申请注册之日，或在申请将商标从注册簿中注销之日，某一标志由于使用而事实上已经具备法律要求的显著性，则该标志不得以"不具备显著性或仅仅是叙述商品种类、质量、用途"等为由而被拒绝注册，已经注册的，也不得以此为由而被从注册簿中注销；❶ 等等。我国现行《商标法》也有关于获得显著性的规定，该法第 11 条在规定通用名称以及直接表示商品质量等特点的标记或符号不具有显著性的同时，规定这些标记或符号"经过使用取得显著特征，并便于识别的，可以作为商标注册"。❷

标记或符号可以通过使用获得显著性表明：显著性并非是一成不变的。在实践中，一些具有显著性的商标可能会因为使用不当等原因而导致其显著性退化甚至是丧失，从而导致一个原本有效的商标演变为商品的通用名称，进入社会公有领域，原商标权人因此而失去商标专用权。如原为美国斯特林公司所生产的药品乙酰水杨酸的商标——阿司匹林（aspirin），在 1921 年就被美国联邦法院裁定为该种药品的通用名称；❸ 原为深圳市朗科科技有限公司生产的便携式计算机移动存储产品的商标——优盘，在 2004 年 10 月被商标评审委员会认定为通用名称。❹ 无论是获得显著性，还是显著性的退化或丧失，都"取决于消费大众对商标之信赖与爱好之心理状态"，❺ 在具体的案例中需要结合相关实际情况来判断。

---

❶ 《十二国商标法》编译组：《十二国商标法》，清华大学出版社 2013 年版，第 325 页。

❷ 获得显著性的典型案件，如北京市高级人民法院审理的昔阳县大寨工贸园区带露保健饮品有限责任公司与国家工商行政管理总局商标评审委员会、第三人河北养元智汇饮品股份有限公司第 5127315 号"六个核桃"商标异议复审行政纠纷案，北京市高级人民法院行政判决书（2012）高行终字第 256 号。

❸ 彭学龙："商标显著性新探"，载《法律科学（西北政法学院学报）》2006 年第 2 期，第 65 页。

❹ 吴新华："商标与商品通用名称辨析——第 1509704 号'优盘'商标争议办案札记"，载《中华商标》2007 年第 10 期，第 59~61 页。

❺ 曾陈明汝：《商标法原理》，中国人民大学出版社 2003 年版，第 131 页。

二、商标注册之消极条件

商标注册之消极条件,包括不得违反法律禁止作为商标使用的要求(一般表现为不得违反商标法规定的禁用条款)和不得违反法律明确禁止作为商标注册的要求(包括不得侵犯他人在先合法权利以及法律所不允许的其他情形)。

(一) 商标法规定的禁用条款

商标不仅关乎商标权人的利益,而且关乎消费者利益、其他商标权人利益以及社会公共利益,因此,《巴黎公约》第6条之第3款规定:对于同盟成员国的国徽、国旗、军事纹章、官方用以表明管制和保证的标记或官方检验印记,以及政府间国际组织的军事纹章、旗帜、其他证章、缩写和名称,同盟成员国同意采取适当措施拒绝或使其注册无效并禁止使用。这一规定成为世界上多数国家尤其是《巴黎公约》成员国商标立法时遵循的一项原则。❶ 如《法国知识产权法典》第711-3条直接规定"保护工业产权巴黎公约第六条之三中的标记不得作为商标的一个部分";❷《日本商标法》第4条规定"与经济产业大臣指定的巴黎公约成员国、世界贸易组织成员方或商标法条约缔约国的国家性纹章及其他徽章相同或近似的商标,与经济产业大臣指定的表示联合国及其他国际组织的标志相同或近似的商标……即使符合规定条件亦不能取得商标注册";❸《巴西知识产权法》第124条规定"具有政府、官方、公众、民族、国家特征的军章、徽章、标记、旗帜、纹饰等,不管其是国内、国外还是国际的,不得注册为商标"❹;等等。

我国现行《商标法》第10条遵循了《巴黎公约》第6条之第3款的

---

❶ 丁丽瑛:《知识产权法》,厦门大学出版社2002年版,第312页。
❷ 《十二国商标法》编译组:《十二国商标法》,清华大学出版社2013年版,第50页。
❸ 同上书,第236页。
❹ 同上书,第7页。

规定，并且从维护社会公共秩序等角度增加了一些内容。

首先，为落实《巴黎公约》的要求，该条细化规定下列标志不得作为商标使用：同中华人民共和国的国家名称、国旗、国徽、国歌、军旗、军徽、军歌、勋章等相同或者近似的，以及同中央国家机关的名称、标志、所在地特定地点的名称或者标志性建筑物的名称、图形相同的；❶ 同外国的国家名称、国旗、国徽、军旗等相同或者近似的，但经该国政府同意的除外；同政府间国际组织的名称、旗帜、徽记等相同或者近似的，但经该组织同意或者不易误导公众的除外；❷ 与表明实施控制、予以保证的官方标志、检验印记相同或者近似的，但经授权的除外。❸

其次，从国际惯例以及维护社会公共秩序角度出发，该条细化规定下列标志不得作为商标使用：同"红十字""红新月"的名称、标志相同或者近似的；❹ 带有民族歧视性的；❺ 带有欺骗性，容易使公众对商品的质量

---

❶ 其中，"国歌""军徽""军歌"和"中央国家机关的名称、标志"为《商标法》第三次修订新增加的内容，这些内容的增加进一步加强了对涉及国家形象、军队形象的标记或符号的管理和规范，能有效防止商标使用或注册有损国家形象、军队形象等情况的发生。

❷ 我国商标法在落实《巴黎公约》相关内容时，充分考虑到对各国以及相关国际组织的尊重，除一般性规定这些主体相关的标记或符号不能作为商标使用外，又作了"该国政府同意的除外""经该组织同意或者不易误导公众的除外"等例外性规定。

❸ 此内容为我国《商标法》第二次修订时所增加的内容。之所以增加这一内容，一方面是为了落实《巴黎公约》的要求；另一方面也是从维护国家行政管理体系统一性角度出发，防止因将官方标志、检验标记注册为证明商标或集体商标而导致国家相关认证标志管理和商标管理、保护产生矛盾。

❹ 红十字会，作为一个志愿的、国际性救护、救济组织，其在全球范围内受到广泛的尊重，各国商标立法大多将红十字会所使用的标记确定为禁用标志。"红十字"为红十字会标记，"红新月"为伊斯兰教国家内与红十字会相对应的组织红新月会所使用的标记。此外，2007年1月14日，红十字会设立"红水晶"新标记，并于"红十字""红新月"享同等地位。

❺ 这一内容是我国各民族平等政策在商标法中的落实和体现。在历史上，曾出现过"王回回"等涉嫌民族歧视性的商标被禁止使用的案例。

等特点或者产地产生误认的;❶ 有害于社会主义道德风尚或者有其他不良影响的。❷ 此外,该条还规定:县级以上行政区划的地名或者公众知晓的外国地名,不得作为商标。但是,地名具有其他含义或者作为集体商标、

---

❶ 此内容是《商标法》第三次修订对原有"夸大宣传并带有欺骗性的"的修改。有分析评论指出:这一修改十分必要。"夸大宣传并带有欺骗性的"的适用条件非常严格,范围很窄,而实践中由于法律规定不够明确,存在大量易产生误认的标志,在法律适用上产生了很多争议。在商标授权确权实践中,申请注册的商标易使相关公众对产品的功能、用途、质量、原料、价格等特点或者产地产生误认的,商标确权机关一般是根据《商标法》中另一禁用条款——"其他不良影响"的规定予以驳回或者不予核准注册。司法机关对此法条在具体适用上与行政机关有不同的理解。2010年最高人民法院发布的《关于审理商标授权确权行政案件若干问题的意见》(以下简称《意见》)第三点规定:"人民法院在审查判断有关标志是否构成具有其他不良影响的情形时,应当考虑该标志或者其构成要素是否可能对我国政治、经济、文化、宗教、民族等社会公共利益和公共秩序产生消极、负面影响。如果有关标志的注册仅损害特定民事权益,由于商标法已经另行规定了救济方式和相应程序,不宜认定其属于具有其他不良影响的情形。"由于该《意见》的表述较为原则,在一些评审案件的诉讼中,有些判决以该《意见》为依据,认为使相关公众产生误认的标志并不属于"其他不良影响"的范围,从而认定商评委适用法律错误。据统计,2010年,商评委因"其他不良影响"认定问题而败诉的案件比率达到全部败诉案件的13%,2011年为8%,2012年为6%。《商标法》第三次修订将"夸大宣传并带有欺骗性的"修改为"带有欺骗性,容易使公众对商品的质量等特点或者产地产生误认的",使"对商品的质量等特点或产地产生误认的情形"有了明确的法律依据,可以部分消除目前关于"其他不良影响"在理解和适用上的争议。参见臧宝清:"完善评审程序 制止恶意抢注——解读新《商标法》关于商标评审的内容",载《中国工商报》2013年11月21日,第B3版。

❷ 依据国家工商行政管理总局《商标审查标准》等的内容,社会主义道德风尚,是指我国人们共同生活及其行为的准则、规范以及在一定时期内社会上流行的良好风气和习惯;其他不良影响,是指商标的文字、图形或者其他构成要素对我国政治、经济、文化、宗教、民族等社会公共利益和公共秩序产生消极的、负面的影响。有害于社会主义道德风尚或者具有其他不良影响的判定应考虑社会背景、政治背景、历史背景、文化传统、民族风俗、宗教政策等因素,并应考虑商标的构成及其指定使用的商品和服务。举例而言,有害于社会主义道德风尚或者具有其他不良影响的情形如:具有政治隐喻的数字等构成的;与恐怖主义组织、邪教组织、黑社会名称或者其领导人物姓名相同或近似的;有害于种族尊严或者感情的;等等。

证明商标组成部分的除外；已经注册的使用地名的商标继续有效。❶

(二) 不得侵犯他人在先合法权利

民法中民事权利理论要求他人尊重民事主体依法获得的权利，作出一定行为或被禁止作出一定行为；当民事权利受到侵害时，权利人有权依法获得相应的补偿。❷ 有鉴于此，不得侵犯他人在先合法权利成为商标注册的一项基本要求。如就商标保护相关国际条约而言，《巴黎公约》第 6 条规定"申请注册的商标不得侵犯被请求保护的国家中第三人的既得权利，否则，不予核准注册，已经核准注册的予以撤销"；TRIPs 协议第 16 条规定"商标权不得损害任何已有的在先权利"；就各国商标立法而言，《法国

---

❶ 对于这项规定可从以下几个方面予以理解：第一，该规定并非适用于所有地名，只有县级以上行政区划的地名或公众知晓的外国地名，方适用此规定。依据国家工商行政管理总局《商标审查标准》等的内容，商标由公众知晓的县级行政区划以下的我国地名构成或含有此类地名，使用在其指定的商品上，容易使公众发生商品产地误认的，判定具有不良影响。第二，县级以上行政区划的地名或公众知晓的外国地名不得作为商标使用属于国际惯例。因为地名属于标示地理区域或自然形态的符号，是归属于社会公共资源的通用的名称，不具有显著性。如果允许地名注册为商标，不仅会导致消费者对商品产地的误认，而且可能会使该地区其他竞争主体正当标注商品产地的行为受限，从而对市场竞争产生不利影响。第三，依据该规定，并非所有的县级以上行政区划的地名或公众知晓的外国地名都不能注册为商标，如果地名具有其他含义或者作为集体商标、证明商标组成部分的则可以作为商标使用，即构成地名的词汇本身有特殊含义的，如"长寿""凤凰"等词语在日常生活中代表有着特定的含义，而且人们对其的理解一般先以其特定的含义为主，那么可以作为商标使用或申请商标注册；地名作为商标已经使用多年，获得显著性，消费者对其的理解一般先以商标为主，如"贵州茅台""香槟"酒等，则法律允许其申请商标注册；集体商标或证明商标为了实现其特定的功能或价值，往往会包含地名，如"金华火腿"等，这也是法律所允许的。第四，我国禁止使用地名作为商标始于 1988 年 1 月 13 日颁布的《商标法实施细则》，在该细则禁止使用地名作为商标之前，实践中已经存在不少地名商标，如上海牌手表、北京牌电视，等等。为了解决现实与立法相抵触问题，该细则规定禁止使用地名作为商标之前已经注册的使用地名的商标继续有效，该规定沿用至今。参见胡开忠：《商标法学教程》，中国人民大学出版社 2008 年版，第 55～56 页；储育明："试析我国商标立法中的'地名禁用条款'"，载《河北法学》1991 年第 2 期，第 17～18 页。

❷ 陈智伦、韩云浦、严跃："论与注册商标有关的在先权利"，载《四川大学学报（哲学社会科学版）》2001 年第 2 期，第 13 页。

知识产权法典》第711—4条规定"侵犯在先权利的标记不得作为商标";❶《俄罗斯商标、服务商标和商品原产地名称法》第7条规定与"受俄罗斯联邦保护的同类商品上的商号名称（含其组成部分）、工业外观设计和认证标记"等相同的标记不得作为商标注册;❷等等。

作为《巴黎公约》、TRIPs协议的成员方，我国现行《商标法》明确保护他人在先合法权利，该法第9条规定"申请注册的商标……不得与他人在先取得的合法权利相冲突";第32条规定"申请商标注册不得损害他人现有的在先权利，也不得以不正当手段抢先注册他人已经使用并有一定影响的商标"。不过，我国现行《商标法》以及《商标法实施条例》并没有对"在先取得的合法权利"或"在先权利"作出具体解释。

有理论研究指出，按照世界知识产权组织的意见，"他人合法的在先权利"至少包括以下权利：已经受保护的厂商名称权（即商号权）；已经受保护的工业品外观设计权；版权；已经受保护的原产地名称权；姓名权；肖像权。按照《德国商标和其他标志保护法》的规定，"他人合法的在先权利"至少包括以下权利：他人已经取得的商标权、未注册商标权、姓名权、肖像权、植物新品种权、地理标志权以及其他工业产权。❸我国2001年6月颁布的《最高人民法院关于审理专利纠纷案件适用法律问题的若干规定》第16条规定，《专利法》第23条所称的在先取得的合法权利包括商标权、著作权、企业名称权、肖像权、知名商品特有包装或者装潢使用权等。❹参照这些相关的解释，结合2008年3月1日起施行的最高人民法院《关于审理注册商标、企业名称与在先权利冲突的民事纠纷案件若干问题的规定》以及我国商标权法律保护实践，学界一般认为商标法中"在先

---

❶ 《十二国商标法》编译组：《十二国商标法》，清华大学出版社2013年版，第50页。

❷ 同上书，第297页。

❸ 同上书，第82页。

❹ 应振芳："商标法中'在先权利'条款的解释适用问题"，载《政治与法律》2008年第5期，第118页。

取得的合法权利""在先权利"主要包括：他人已经取得的商标权、未注册商标权（主要为已经使用并有一定影响的未注册商标）、姓名权、肖像权、著作权、外观设计专利权、商号权等权利。

（三）法律所不允许的其他情形

商标注册除不得侵犯他人在先取得的合法权利外，也不得出现侵犯相关主体的合法利益、侵犯消费者合法权益等有违诚实信用原则的情形。我国《商标法》的第三次修订不仅在第 7 条原则性规定了"申请注册和使用商标，应当遵守诚实信用原则"，而且在有关商标注册的规定中对其予以具体化，更全面地规定了商标注册条件，以更好地保护相关主体的合法利益，保障商标注册工作健康有序发展。具体来讲，主要表现在两个方面：

第一，禁止恶意抢注行为。在商标注册的相关实践中，一些代理机构、代理人和代表人利用其在业务上的优势，自己或帮助他人恶意抢注商标的现象时有发生。❶ 针对此，《商标法》第三次修订除在第 15 条第 1 款保留"未经授权，代理人或者代表人以自己的名义将被代理人或者被代表人的商标进行注册，被代理人或被代表人提出异议的，不予注册并禁止使用"的规定外，还在第 15 条新增第 2 款规定"就同一种商品或者类似商品申请的商标与他人在先使用的未注册商标相同或者近似，申请人与该他人具有前款规定以外的合同、业务往来关系或者其他关系而明知他人商标存在，该他人提出异议的，不予注册"；新增第 19 条第 1 款规定"商标代理机构应当遵循诚实信用原则，遵守法律、行政法规，按照被代理人的委托办理商标注册申请或者其他商标事宜；对在代理过程中知悉的被代理人的商业秘密，负有保密义务"。

第二，禁止虚假地理标志注册。虚假地理标志可能会导致社会公众无法准确掌握相关商品的基本信息，从而可能会因发生误认而利益受损，但

---

❶ 毛磊、徐隽："商标法修改呈现六大亮点"，载《人民日报》2013 年 9 月 4 日，第 18 版。典型案件如重庆正通药业有限公司、国家工商行政管理总局商标评审委员会与四川华蜀动物药业有限公司商标行政纠纷案，最高人民法院行政判决书（2007）行提字第 2 号。

为了防止出现虚假地理标志注册、防止给社会公众造成误导，我国现行《商标法》遵循诚实信用原则在第16条规定"商标中有商品的地理标志，而该商品并非来源于该标志所标示的地区，误导公众的，不予注册并禁止使用；但是，已经善意取得注册的继续有效"。

三、典型现实问题之分析

（一）形式要件之"可视性"要求

我国商标法在完成第三次修订之前对商标构成要素还有"可视性"要求。所谓"可视性"，就是指作为商标的标记或符号应当具备能够被视觉所感知的属性，❶ 如文字、图形、字母等构成要素均可以被人们视觉所感知。"可视性"要求的存在主要是由于商标必须和商品联系起来才具有价值，而可被视觉直接感知的商标更容易附着于商品且成本较为经济，也更容易为消费者识别。❷

实际上，将"可视性"用于商标构成要素的限定并不少见，如《巴西知识产权法》第122条规定"所有视觉可见的区别性标志，如果不被法律所禁止，皆可注册为商标"。❸《埃及知识产权保护法》第63条第2款规定"所有情况下，商标应该是可被视觉感知的符号"。❹ 将"可视性"用于商标构成要素的限定也并不违反TRIPS协议等国际条约的要求，如TRIPs协议第15条规定"成员可以将视觉上可感知作为注册条件"。

我国在商标法第三次修订时之所以删除"可视性"要求，最直接的原因是此次修法增加了"声音"为商标的构成要素之一。声音商标，是2006年世界知识产权组织《商标法新加坡条约》予以认可的一类非传统类型商标，目前全球已经有几十个国家和地区的商标主管机关表示接受声音作为

---

❶ 王华："论商标可视性的局限及其突破"，载《江苏警官学院学报》2011年第2期，第49页。
❷ 李扬：《知识产权法基本原理》，中国社会科学出版社2010年版，第719页。
❸ 《十二国商标法》编译组：《十二国商标法》，清华大学出版社2013年版，第7页。
❹ 同上书，第27页。

商标进行注册。❶ 我国商标法第三次修订接受了声音可以申请注册商标，这被认为符合声音商标已走入现实生活的实际情况，也符合商标立法国际化发展趋势。❷ 虽然在注册时声音商标被要求以五线谱或者简谱加以描述并附加文字说明，但很显然声音商标本身并不能为人们的视觉所感知，人们对声音商标的感知主要依赖于听觉。

由于立法的变化，商标法学理论研究不再将"可视性"作为商标注册之形式要件，但如前文所述，各国立法对商标的构成要素的规定并不一致且处在不断扩展与变化的状态，所以如何在理论上进一步准确概括和描述商标注册之形式要件还有待创新。目前，有学者用"可感知性"来描述商标注册之形式要件，认为：文字、图形、颜色组合等具备可视性，可以被视觉所感知，而非可视性的声音、气味等也可以通过人们的听觉、嗅觉等被感知，因此也可以被认为是具有可感知性的。❸

（二）商标构成要素之单一颜色

和声音商标、气味商标等一样，颜色商标也是属于非传统类型商标。我国在商标法第二次修订时增加了"颜色组合商标"，2012年12月发布的商标法第三次修订草案拟增加"在商品、商品包装上使用的单一颜色，通过使用取得显著特征，能够将该商品与其他的商品区别开来的，可以作为商标申请注册"，但最终商标法的第三次修订还是删除了单一颜色可注册商标的这一规定。据新闻报道，之所以"单一颜色可注册为商标"的规定被删除，是因为在草案征求社会公众意见时，一些地方、专家和企业提出"单一颜色资源有限，常人可识别的颜色只有100多种，如果允许注册单一颜色商标可能造成商标注册人对颜色的垄断，同时通过单一颜色区别商品

---

❶ 何炼红、何文桃："声音商标注册保护的域外考察及启示"，载《法学杂志》2011年第5期，第42页。

❷ 杨延超："面对声音商标，我们准备好了吗"，载《检察日报》2013年1月18日，第5版。

❸ 吴汉东：《知识产权法学（第六版）》，北京大学出版社2014年版，第204~205页。

来源的难度也较大，实践中容易产生混淆"，同时，全国人大法律委员会经研究也认为，"实践中我国企业还没有将单一颜色作为商标注册的需求，且在商标注册、管理等环节也缺少相应实践，可暂不在法律中明确"。[1]

理论上来讲，虽然注册单一颜色商标可能遇到的困难比颜色组合商标要大很多，而且原色和单色的数量是有限的，但是并没有理由绝对排斥单一颜色商标的注册。[2] 目前，单一颜色商标在美国、澳大利亚、欧盟等国家或地区都已经被接受，可以申请注册为商标。[3] 如在美国，早在1949年美国第三巡回上诉法院曾在 Campbell Soup Co. v. Armour & Co. 案[4]中明确"颜色不能注册为商标，不支持 Campbell Soup 公司将食品包装标签上的红、白颜色注册为商标"，但1985年美国联邦巡回上诉法院在 In re Owens – Corning Fiberglas Corp. 案[5]中首次允许将粉红色注册到玻璃纤维绝缘材料上，认为粉红色能够表明上诉人商品的来源，该粉红色于1987年在美国专利商标局正式获准注册，不过此后仍有部分巡回上诉法院没有接受该案的结论，坚持"颜色本身不能作为商标而被占有"的原则，后在1995年 Qualitex Co. v. Jacobson Products Co., Inc. 案[6]中，美国联邦最高法院推翻了第九巡回法院在该案中作出的"《兰汉姆法》不允许注册纯粹的颜色商标"的结论，[7] 认为"《兰汉姆法》并不绝对禁止注册单纯由颜色组成的商标，颜色组成的商标只要符合商标构成的一般要求，就可以注册为商标"，

---

[1] 席锋宇："删除单一颜色注册商标的规定"，载法制网 http://www.legaldaily.com.cn/index/content/2013 – 06/26/content_ 4594270. htm? node = 20908，2013年6月26日发布。

[2] 黄晖：《商标法》，法律出版社2004年版，第42页。

[3] 湛茜："单一颜色商标的注册问题研究"，载《暨南学报（哲学社会科学版）》2012年第10期，第116页。

[4] Campbell Soup Co. v. Armour & Co., 175 F. 2d 795, 798（CA3 1949）.

[5] In re Owens – Corning Fiberglas Corp., 774 F2d 1116, 227 USPQ 417（CAFC 1985）.

[6] Qualitex Co. v. Jacobson Products Co., Inc., 514 U. S. 159（1995）.

[7] Qualitex Co. v. Jacobson Products Co., Inc., 13 F. 3d 1297（9th Cir. 1994）. 参见杜颖："单一颜色商标注册问题研究——以美国法为中心的比较分析"，载《法学评论》2009年第1期，第136~137页。

至此，美国最高法院以判决的形式确认了单一颜色商标的法律地位；[1] 在澳大利亚，英国石油公司的单一颜色商标（绿色）获得了在液压流动石油传送、工业用石油和油脂等类别的注册；[2] 在欧盟，欧洲法院 2003 年 5 月于 Libertel 一案[3]中确立了单一颜色商标的注册标准。[4]

（三）"兰贵人"商标行政纠纷案评析——商品通用名称判断的几个问题

2002 年 4 月 9 日，海南澄迈万昌苦丁茶场在茶叶代用品、茶等商品类别申请了"兰贵人"文字商标，并于 2003 年 5 月 28 日获准注册。2003 年 7 月 16 日，海南省茶叶协会受多家茶场委托以"兰贵人"属于茶品通用名称为由，向国家工商行政管理总局商标评审委员会提出撤销"兰贵人"商标的申请。2008 年 6 月 25 日，商标评审委员会裁定撤销"兰贵人"商标在茶叶代用品、茶等商品上的注册。2008 年 9 月，海南澄迈万昌苦丁茶场对商标评审委员会撤销"兰贵人"商标的裁定不服，将商标评审委员会诉至北京市第一中级人民法院，法院审理后判决维持商标评审委员会的裁定。[5] 2009 年 1 月 19 日，海南澄迈万昌苦丁茶场又向北京市高级人民法院提出上诉。2009 年 5 月，北京市高院人民法院作出终审判决认为，"兰贵人"是一种拼配茶的通用名称，驳回上诉、维持原判的判决。[6] 该案历时多年，在多次庭审中，双方争议的焦点主要是"兰贵人"是否可以被认定为通用名称。在该案中，法院对商品通用名称判定相关的几个问题进行了

---

[1] 郭建广："美国单一颜色商标制度简介"，载《中华商标》2012 年第 12 期，第 25 页。

[2] 李长宝："单一颜色的可注册行"，载《中华商标》2005 年第 10 期，第 17 页。

[3] Libertel Groep BV v. Benlux Merkenbureau, C-104/01, 2003.

[4] 郑延峰："颜色商标的注册与保护——在欧洲主要法域的新进展"，载《重庆科技学院学报（社会科学学报）》2008 年第 11 期，第 64 页。

[5] 袁伟："'兰贵人'商标争议案审结 判决维持商评委裁定"，载中国法院网 http://www.chinacourt.org/article/detail/2009/01/id/339477.shtml，发布时间：2009 年 1 月 5 日。

[6] 谢环东："法院终审判决'兰贵人'是通用名称而非注册商标——'兰贵人'商标案尘埃落定"，载中国知识产权报资讯网 http://www.cipnews.com.cn/showArticle.asp?Articleid=11883，发布时间：2009 年 5 月 22 日。

分析。

首先，就商品通用名称的功能而言，法院强调商品的通用名称反映的是某一类别商品的本质特征，而并非是反映特定商品与其他商品的本质区别。在该案中，法院调查后认为，海南澄迈万昌苦丁茶场曾在题为"椰仙兰贵人——藏不住的美丽"的广告中提到："椰仙兰贵人"茶属于多种具有保健功效植物拼配而成的现代茶饮。该广告可以在一定程度表明海南澄迈万昌苦丁茶场实际上将"椰仙"作为区别他人生产的"兰贵人"茶（如康加牌、致合牌）的标识来使用，即"椰仙"是用来反映其生产的"兰贵人"茶品与他人生产的"兰贵人"茶品在主料与配料方面可能存在的差异，海南澄迈万昌苦丁茶场对此没有作出进一步的合理解释。因此，法院认为海南澄迈万昌苦丁茶场所做的广告已经表明"兰贵人"是其用于形容一类商品———一种采取主料与配料相拼配的茶品———与其他茶类商品的区别的，而非特定商品与其他商品的区别。❶

其次，就通用名称是否存在地域性问题，法院认为依据商品流通具有地域性特点，商品通用名称并不必然是全国范围内公众知晓的。在该案中，法院经调查发现，"兰贵人"这类茶品最早出现在我国台湾地区以及福建省，后又延伸到在广东、广西、云南、海南等南方省份流行，其具有一定的地方性特色。虽然从全国范围来看，"兰贵人"并没有被全国范围内的广大消费者均知晓，北方部分地域也很少见到"兰贵人"这类茶品，但这并不必然可以推断认为"兰贵人"不是商品的通用名称。❷ 结合"兰贵人"这类茶品的流通地域主要为南方相关省份的特点，在确认南方相关省份的消费者普遍认可"兰贵人"为一种拼配茶品的通用名称情况下，可以判定"兰贵人"作为一类拼配茶品的代称是具有广泛性的，符合通用名称的要求。

---

❶ 袁伟："'兰贵人'：通用名称不能作为茶叶商标"，载《检察日报》2009 年 1 月 7 日，第 7 版。

❷ 陈晓峰："地域特点的商品通用名称的认定和分析"，载《中华商标》2011 年第 5 期，第 68 页。

最后，就国家或行业标准作为判断商品通用名称的依据而言，法院认为国家或行业标准中是否存在相关名称不是判断是否构成商品通用名称所不可或缺的法律依据。在该案中，相关证人证言表明：相关国家标准和行业标准中并没有明确文字记载"兰贵人"是否属于某一种茶品的通用名称，但法院认为，国家或行业标准是源于生活变化和发展的事物，商品通用名称可以从无到有，也可以从有到无，一般情况下，国家或行业标准的更新往往要迟于实践生活，故不能单纯地以相关国家标准和行业标准为确认商品通用名称的法定依据。❶ 国家或行业标准中存在的名称可以帮助确认商品的通用名称，但是国家或行业标准中尚不存在的名称并不一定就不是商品的通用名称。❷

---

❶ 袁伟："关于商品通用名称认定的问题——'兰贵人'商标行政纠纷案评析"，载《中国知识产权报》2009年10月16日，第7版。

❷ 与国家或行业标准相似，权威词典的收录往往也有助于确认商品的通用名称，正因此，对于商标权人而言，商标被权威词典收录是一件需要慎重对待的事情。一个商标能够被权威词典收录，一定程度上表明该商标具有较高的社会认知度，是商标权人值得骄傲的事情，但是，如果处理不当，被权威词典收录也可能导致商标沦为某类商品的通用名称，从而使商标权人丧失商标专用权。历史上，"Band－Aid""Rollerblade"等实例对此已给予了充分的证明。有鉴于此，当《韦氏大辞典》于2006年发布新版本时，针对该版本收录了"google"一词，有媒体分析指出：虽然公司的名字或者商标成为一个动词是一件名存青史的事件，但同时也将公司置于商标权益受到"侵蚀"的风险状态。当然，对于"google"一词被权威词典收录的这一具体实例而言，由于《韦氏大辞典》的具体解释内容始终围绕"Google搜索引擎"而展开，故Google公司对《韦氏大辞典》的收录并未表示异议。据悉，《韦氏大辞典》对于"google"做的解释为：小写开头的"google"为一个动词，表示"利用Google搜索引擎在互联网获取信息"；大写开头的"Google"被解释为一个公司的商标；相关词汇"googling"为"利用Google搜索引擎（而不是其他搜索引擎）在网上搜索信息。"具体可参见朱彦荣："Google被收入英语词汇 引发商标淡化危机？"，载新华网http：//news. xinhuanet. com/newmedia/2006－07/11/content_ 4818055. htm，发布时间：2006年7月11日；李燕博："'google'被收入新版《韦氏大词典》 谷歌很头疼"，载新华网http：//news. xinhuanet. com/tech/2006－07/09/content_ 4809360. htm，发布时间：2006年7月9日；徐逸鹏："'转正'只用5年 'google'正式成英语词汇"，载新华网http：//news. xinhuanet. com/newmedia/2006－07/09/content_ 4809830. htm，发布时间：2006年7月9日。

（四）关于"中南海"商标是否该被撤销的争论

"中南海"是上海烟草集团北京卷烟厂的注册商标。20世纪70年代，北京卷烟厂在中南海东侧成立132车间专为中央首长生产特供香烟，80年代北京卷烟厂为其生产的曾作为特供香烟的卷烟起名为"中南海"。后来，北京卷烟厂将"中南海"申请注册为商标。目前，"中南海"香烟已经是我国卷烟销售市场中的一个常见商标。❶ 近年来，有关该商标是否应当被撤销的争论较多，争论双方的观点可概括如下。

主张撤销"中南海"商标的观点认为："中南海"是我国国务院和国家主席两个中央国家机关所在地特定地点的名称，我国现行商标法明确规定"同中央国家机关的名称、标志、所在地特定地点的名称或者标志性建筑物的名称、图形相同的"标记或符号不得作为商标使用；在日常生活中，"中南海"商标容易导致人们对该商标所指商品形成"受中央国家机关认可""权威""高品质"等错误和不良影响，其不仅有损于中央国家机关的尊严，而且极其容易误导消费者；❷"中南海"商标不仅可能涉嫌"有害于社会主义道德风尚或者有其他不良影响"，而且违反了世界卫生组织《烟草控制框架公约》中烟草制品包装和标签不得以"可能对其特性、影响、危害或释放物产生错误印象的手段推销"的规定。❸

对于主张撤销"中南海"商标的观点，反驳者认为：我国商标法于2001年修改后明确规定"本法施行前已经注册的商标继续有效"，1993年国家工商行政管理总局发布的"对《关于修改〈中华人民共和国商标法〉的决定》的时间效力问题的意见"也规定"根据我国的立法原则、法律、法规除有特别规定外，一般没有溯及既往的效力"，因此不能依照现行商标法的规定来否认"中南海"商标的合法性；由于商标法中"有害于社会主义道德风尚或者有其他不良影响的"的规定是一个柔性条款而非刚性条

---

❶ 王欢："'中南海'烟标是否当撤"，载《中华商标》2009年第6期，第26页。
❷ 同上，第27页。
❸ 刘高岩："民间组织状告工商总局 要求撤销'中南海'香烟商标"，载《北京日报》2011年10月13日，第7版。

款,"中南海"商标是否"有害于社会主义道德风尚或者有其他不良影响"难以认定;❶我国现行商标法虽然规定了商标权有效期为10年,期限届满前应当办理相应的续展手续,但续展只是一种形式审查,而非实质性审查,因此,没有法律依据拒绝"中南海"商标的续展。❷

目前,"中南海"商标仍是受到我国现行商标法保护的一个注册商标,但关于该商标是否应被撤销的争论也仍在继续。有评论指出:除"中南海"外,国内还有很多香烟商标都假托了公共资源之名,如"中华""南京"等,这在世界范围内都是少有的怪事情。由于烟草有害于健康,没有哪个国家会允许烟草企业利用公众对名川大山、稀有动物、民族象征的热爱心理来打广告的,在我国,此类商标却普遍存在,难被撤销,值得反思,有待改变。❸

(五)"国酒茅台"商标注册所引发的争议

自2001年起,贵州茅台酒厂有限责任公司就"国酒茅台"商标先后申请了8次均未获得初审通过,2010年6月9日,贵州茅台酒厂有限责任公司第9次申请注册"国酒茅台"商标,指定于果酒、葡萄酒、开胃酒、含酒精液体、酒精饮料等商品类别。2012年7月20日,国家工商行政管理总局商标局发布公告:贵州茅台酒厂有限责任公司申请的"国酒茅台"商标已通过初步审查。该公告一经发布,立刻在全国范围内引发热议,山西汾酒、杜康酒、五粮液、泸州老窖等白酒企业更是纷纷表示激烈反对,因为依照我国现行的商标法律制度,如3个月内无异议,贵州茅台酒厂即可合法拥有"国酒"身份,这被认为是显然会对其相关竞争者带来相当不利影响的。❹

---

❶ 赵衡:"'中南海'商标是否该撤销",载《检察日报》2009年4月18日,第3版。

❷ 王欢:"'中南海'烟标是否当撤",载《中华商标》2009年第6期,第28页。

❸ 毕诗成:"撤销'中南海'香烟品牌为什么这样难",载《法人》2009年第5期,第11页。

❹ 王永娟、胡佳渝:"茅台能否成法定国酒3个月后见分晓",载《重庆商报》2012年7月29日,第10版。

对"国酒茅台"商标,有反对者认为:从"国酒"的含义来分析,首先,"国酒"通常可以理解为"国内最好的""国家级的"或者"代表国家级的",具有较为明确的描述白酒质量和特点的褒奖意义,因此,其应该属于共有领域资源,只要达到某种特定品质的白酒都应该可以使用"国酒"二字;其次,"国酒"也可以理解为国产的意思,表示国货,与"洋酒"相对应,在此层面上,"国酒"属于酒类行业的公共资源,不应被注册为商标而转化为一种绝对性的垄断资源;最后,"国酒"也有"国民喝的酒"之意思,而如果采此意,作为自身定位为高端白酒的茅台则更不应获得"国酒"商标。[1] 不过,对此,也有反驳者认为茅台被称为"国酒"是有历史渊源的。早在 1975 年,时任国务院副总理的王震就曾在一次全国性会议上正式宣布过"贵州茅台酒是国酒";1984 年,时任全国人大副委员长的朱学范为茅台酒题词"国酒茅台,玉液之冠"。[2] 据此,将"国酒茅台"注册为商标并无不可,其含义与指向明确,不会给消费者带来误解、造成欺骗,也不会给同业竞争者造成额外的竞争负担。

对"国酒茅台"商标,还有反对者认为:为了规制搭"国"字头商标便车的行为,国家工商行政管理总局曾于 2010 年颁发施行《含"中国"及首字为"国"字商标的审查审理标准》,其中第三部分规定,对"国+商标指定商品名称"作为商标申请,或者商标中含有"国+商标指定商品名称"的商标申请,以其"构成夸大宣传并带有欺骗性""缺乏显著特征"和"具有不良影响"为由予以驳回;对带"国"字头但不是"国+商标指定商品名称"组合的申请商标,如果使用在指定商品上直接表示了商品质量特点或者具有欺骗性,甚至有损公平竞争的市场秩序,或者容易产生政

---

[1] 姚泓冰:"'国酒茅台'商标注册的法律问题",载《中华商标》2013 年第 1 期,第 34 页。

[2] 马远超:"'国酒茅台'商标注册的五大争议",载《电子知识产权》2012 年第 10 期,第 36 页。

治上不良影响的，应予驳回。❶ 显然，"国酒"如果用于酒类商品作为商标使用，就是属于"国+商标指定商品名称"商标，按照国家工商行政管理总局发布的审查审理标准应该以其"构成夸大宣传并带有欺骗性""缺乏显著特征"和"具有不良影响"为由，予以驳回。❷ 不过，也有反驳观点认为：《含"中国"及首字为"国"字商标的审查审理标准》主要规制的是"国+商标指定商品名称"，是"国+酒"这一组合，而此次通过初审的则是"国酒+茅台"，因"茅台"已经为广大消费者所熟知，这四个字组合的商标可以依法律认定为通过长期使用而获得显著性，应予以注册。❸

（六）商品化权属于商标法中的"在先权利"❹

2006年6月6日，美国梦工场动画影片公司（DreamWorks Animation SKG, Inc., 以下简称"梦工场公司"）申请注册了第5400891号"KUNG FU PANDA"商标，核定使用在第9类"计算机外围设备"等商品上（引证商标一）；申请注册了第5400892号"KUNG FU PANDA"商标，核定使用在第28类"活动玩偶玩具"等商品上（引证商标二）。2008年12月22日，自然人胡晓中向国家工商行政管理总局商标局提出在第12类"方向盘罩"等商品上使用"KUNG FU PANDA"（被异议商标，注册号为第6806482号）的商标注册申请。

梦工场公司认为被异议商标不仅与其在先申请注册的引证商标构成使用在同一种或类似商品上的近似商标，而且侵犯了其在先著作权、在先商品化权，故向国家工商行政管理总局商标局提出异议申请，但未获支持。随后，梦工场公司又向商标评审委员会申请复审。

---

❶ 黄武双："'国'字头商标使用的底线"，载《中国知识产权报》2012年11月9日，第6版。
❷ 李顺德："'国酒茅台'商标注册引发的思考"，载《中国知识产权报》2012年10月19日，第6版。
❸ 姚泓冰："'国酒茅台'商标注册的法律问题"，载《中华商标》2013年第1期，第34页。
❹ 梦工厂动画影片公司与国家工商行政管理总局商标评审委员会商标异议复审行政纠纷案，北京市高级人民法院行政判决书（2015）高行（知）终字第1969号。

2013年11月11日，商标评审委员会作出《关于第6806482号"KUNG FU PANDA"商标异议复审裁定书》[1]裁定对被异议商标予以核准并认定：被异议商标指定使用的商品与引证商标一、引证商标二各自核定使用的商品在功能、用途、销售渠道等方面具有较大差异，不属于同一种或类似商品，被异议商标与引证商标并存使用尚不会使消费者对商品来源产生混淆，未构成商标法所指的使用在同一种或类似商品上的近似商标；"商品化权"在我国并非法定权利或者法定权益类型，且梦工场公司并未指出其请求保护的"商品化权"的权利内容和权利边界，也不能意味着其对"KUNG FU PANDA"名称在商标领域享有绝对的、排他的权利空间；"KUNG FU PANDA"作为梦工场公司美术作品的名称，其不属于著作权法关于美术作品的保护范畴，故梦工场公司有关被异议商标的注册损害其在先著作权的理由不成立。

梦工场公司对商标评审委员会所作裁定不服，向北京市第一中级人民法院提起诉讼，请求撤销被诉裁定，并判令商标评审委员会重新作出复审裁定。在诉讼中，梦工场公司明确其仅主张被异议商标损害其"在先商品化权"。北京市第一中级人民法院审理认为：法定权利是指法律明确设定，并对其取得要件、保护内容等均作出相应明确规定的权利，法律未明确设定的权利均不被认定为法定权利。鉴于现有的法律中并未将所谓"商品化权"设定为一种法定权利，故其并不属于商标法所规定的在先权利中的法定权利。此外，"商品化权"亦非法律所保护的民事权益，其权益内容和权益边界均不明确，也难以认定梦工场公司对"KUNG FU PANDA"名称在商标领域享有绝对、排他的权利空间。因此，被异议商标的申请注册并未违反商标法保护在先权利的规定。

北京市高级人民法院审理认为：商标法中"申请商标注册不得损害他人现有的在先权利"中的"在先权利"不仅包括现行法律已有明确规定的在先法定权利，也包括根据《中华人民共和国民法通则》和其他法律的规

---

[1] 商评字〔2013〕第105133号。

定应予保护的合法权益。梦工场公司主张的其对"功夫熊猫（KUNG FU PANDA）"影片名称享有的"商品化权"确非我国现行法律所明确规定的民事权利或法定民事权益类型，但当电影名称或电影人物形象及其名称因具有一定知名度而不再单纯局限于电影作品本身，与特定商品或服务的商业主体或商业行为相结合，电影相关公众将其对于电影作品的认知与情感投射于电影名称或电影人物名称之上，并对与其结合的商品或服务产生移情作用，使权利人据此获得电影发行以外的商业价值与交易机会时，则该电影名称或电影人物形象及其名称可构成适用商标法"在先权利"予以保护的在先"商品化权"。

如将上述知名电影名称或知名电影人物形象及其名称排斥在受法律保护的民事权益之外，允许其他经营者随意将他人知名电影名称作品、知名电影人物形象及其名称等作为自己商品或服务的标识注册为商标，藉此快速占领市场，获取消费者认同，不仅助长其他经营者搭车抢注商标的行为，而且会损害正常的市场竞争秩序。这显然与商标法的立法目的相违背。因此，将知名电影作品名称、知名电影人物形象及其名称作为民事权益予以保护，将鼓励智慧成果的创作激情与财产投入，促进文化和科学事业的发展与繁荣，亦符合相关法律规定及知识产权司法保护的本意。

北京市高级人民法院在判决书中明确：商标评审委员会和原审法院有关"商品化权"并非法定权利或法定权益类型，故不构成商标法规定的在先权利的认定有误，对此予以纠正。同时，根据梦工场公司提交的证据可以认定其是动画电影《功夫熊猫》（KUNG FU PANDA）的出品单位，且在被异议商标申请日前该影片已经在中国大陆地区进行了广泛宣传，并已公映，"功夫熊猫（KUNG FU PANDA）"作为梦工场公司知名影片及其中人物形象的名称已为相关公众所了解，具有较高知名度。而且，该知名度的取得是梦工场公司创造性劳动的结晶，其所带来的商业价值和商业机会也是梦工场公司投入大量劳动和资本所获得。因此，"功夫熊猫（KUNG FU PANDA）"作为在先知名的电影名称及其中的人物形象名称应当作为在先"商品化权"得到保护。

此外，在该案判决书中，北京市高级人民法院还进一步指出：虽然"功夫熊猫（KUNG FU PANDA）"作为梦工场公司知名电影名称及知名电影人物形象名称的商品化权应受到保护，但其保护范围仍需明确。在判断他人申请注册与该商品化权所指向的名称相同或近似的商标是否侵害该商品化权益时，需要综合考虑如下因素：（1）知名度高低和影响力强弱。知名电影名称及知名电影人物形象名称的商品化权范围，与其知名度及影响力相关。该商品化权的保护范围与知名度、影响力成正比，知名度越高、影响力越强，保护范围越宽，且随着知名度增高、影响力增强，该商品化权的保护范围亦随之扩大，反之亦然。（2）混淆误认的可能性。商标的主要功能在于标识商品或服务的来源，尽可能消除商业标志混淆误认的可能性。在目前的商业环境下，电影作品衍生品已涵盖多类商品，但商品化权的保护范围并不当然及于全部商品和服务类别，仍应根据诉争商标指定使用的商品或服务与电影衍生商品或服务是否密切相关，是否彼此交叉或者存在交叉可能，容易使诉争商标的权利人利用电影的知名度及影响力获取商业信誉及交易机会，从而挤占了知名电影权利人基于该电影名称及其人物形象名称而享有的市场优势地位和交易机会等因素综合判断。

第四节　商标注册程序

商标注册程序几乎是各国商标法律制度中都有所涉及的内容之一，如美国《兰汉姆法》第1051条对"已使用商标的申请""有真诚使用意图的商标的申请"等问题予以了规定，第1062条对商标注册申请的审查、公告、注册的驳回、申请的修改等予以了规定，第1063条对注册的异议也予以了规定；《法国知识产权法典》在"商标权利的取得"一章详细规定了商标注册应当提交的材料、商标注册过程中他人如何提出异议以及异议如何处理等程序问题；《德国商标和其他标志保护法》从申请的要件、申请日、申请要件的审查、加速审查、申请的撤回与更正、注册、异议、异议裁定等方面对商标注册程序进行了规定。由于各国国情、商标法律制度的发展历史均有所差异,故各国商标注册程序也并不完全一致。本节主要围绕我国现行商标法的相关规定来介绍商标注册程序。

一、商标注册的申请

商标注册程序的启动始于商标注册的申请,即自然人、法人或其他组织根据自身的需要依法向商标行政主管机关提交申请。依据我国现行《商标法实施条例》第13条的规定,申请商标注册,应当按照公布的商品和服务分类表填报。每一件商标注册申请应当向商标局提交《商标注册申请书》1份、商标图样1份。以颜色组合或者着色图样申请商标注册的,应当提交着色图样,并提交黑白稿1份;不指定颜色的,应当提交黑白图样。商标图样应当清晰,便于粘贴,用光洁耐用的纸张印制或者用照片代替,长和宽应当不大于10厘米,不小于5厘米。以三维标志申请商标注册的,应当在申请书中予以声明,说明商标的使用方式,并提交能够确定三维形状的图样,提交的商标图样应当至少包含三面视图。以颜色组合申请商标注册的,应当在申请书中予以声明,说明商标的使用方式。以声音标志申请商标注册的,应当在申请书中予以声明,提交符合要求的声音样本,对申请注册的声音商标进行描述,说明商标的使用方式。对声音商标进行描述,应当以五线谱或者简谱对申请用作商标的声音加以描述并附加文字说明;无法以五线谱或者简谱描述的,应当以文字加以描述;商标描述与声音样本应当一致。申请注册集体商标、证明商标的,应当在申请书中予以声明,并提交主体资格证明文件和使用管理规则。商标为外文或者包含外文的,应当说明含义。

商标注册申请人可以通过一份申请就多个类别的商品申请注册同一商标。每件商标每申请办理任何一项注册事宜都视为一件申请,应提交办理相应事宜的申请书件,并按规定缴纳费用。商标注册申请等有关文件,可以以书面方式或者数据电文方式提出。

依据我国现行《商标法》第18条第1款规定,国内的申请人办理国内商标注册的途径有两种：一是自行办理，即由申请人直接办理商标注册申请；二是委托依法设立的商标代理机构办理。比较而言，商标注册的自行办理和委托商标代理机构办理的区别主要表现在发生联系的方式、提交的书件和文件递交方式等方面：（1）在发生联系的方式方面，申请人直接到商标局办理的，在办理过程中申请人与商标局直接发生联系；委托商标代理机构办理的，在办理过程中申请人通过商标代理机构与商标局发生联系，而不直接与商标局发生联系。（2）在提交的书件方面，申请人直接到商标局办理的，申请人除应提交的其他书件外，应提交经办人本人的身份证复印件；委托商标代理机构办理的，申请人除应提交的其他书件外，应提交委托商标代理机构办理商标注册事宜的授权委托书，且授权委托书应当载明代理内容及权限。❶（3）在文件递交方式方面，申请人直接到商标局办理的，由申请人或经办人直接将申请文件递交到商标注册大厅受理窗口；委托商标代理机构办理的，商标代理机构可以将申请文件直接递交、邮寄递交或通过快递企业递交商标局，也可以通过网上申请系统提交商标注册申请。❷

另外，我国现行《商标法》第 17 条规定："外国人或者外国企业在中国申请商标注册的，应当按其所属国和中华人民共和国签订的协议或者共同参加的国际条约办理，或者按对等原则办理。"其中，国际条约主要是指《巴黎公约》、TRIPs 协议等，只要属于《巴黎公约》成员方或世界贸易组织成员方的自然人、法人等适格主体都可以依法在我国申请商标注册。❸依据我国现行《商标法》第 18 条第 2 款的规定"外国人或者外国企业在

---

❶ 我国现行《商标法实施条例》第 5 条第 1 款规定"当事人委托商标代理机构申请商标注册或者办理其他商标事宜，应当提交代理委托书。代理委托书应当载明代理内容及权限；外国人或者外国企业的代理委托书还应当载明委托人的国籍"。该条第 2 款规定"外国人或者外国企业的代理委托书及与其有关的证明文件的公证、认证手续，按照对等原则办理"。

❷ 国家工商行政管理总局商标局："商标注册申请须知"，载 http://sbj.saic.gov.cn/sbsq/sqzn/201404/t20140430_144508.html，发布时间：2014 年 5 月 1 日。

❸ 吴汉东：《知识产权法学（第五版）》，北京大学出版社 2011 年版，第 266 页。

中国申请商标注册和办理其他商标事宜的，应当委托依法设立的商标代理机构办理"。但依据我国现行《商标法实施条例》第5条规定"商标法第18条所称外国人或者外国企业，是指在中国没有经常居所或者营业所的外国人或者外国企业"，也就是说，在中国有经常居所或者营业所的外国人或外国企业，可以自行办理商标注册。

二、商标注册的审查与核准

（一）形式审查

申请人依法向商标局提交申请文件后，商标局对商标注册申请人是否具备商标注册的主体资格、商标申请文件是否齐全以及填写是否符合要求、是否交纳了相关费用等进行形式审查，并依法确定申请日，编写申请号。依照我国现行《商标法》第27条的规定，为申请商标注册所申报的事项和所提供的材料应当真实、准确、完整，若商标局通过形式审查认为相关申请文件填写符合法定要求、手续齐备的即予以受理，发给"受理通知书"。

在形式审查中，商标局对申请手续不齐备或者未按照规定填写申请书件材料的，予以退回，不保留申请日期；如果商标局认为申请手续基本齐备或者申请基本符合要求的，如存在申请人名称与章戳或证件不一致、申请书未附商标图样等非实质性问题的，将要求申请人补正，限其在收到补正通知之日起30日内按照指定内容补正并交回商标局。申请人接到商标局补正通知后，在规定期限内补正并交回商标局的，保留申请日期；逾期不补正的或者未按照要求补正的，退回申请，申请日不保留。

（二）实质审查

经形式审查符合要求的申请进入实质审查阶段。实质审查是对申请商标注册的标记或符号是否符合商标注册条件进行审查。依据我国现行商标法，实质审查即是全面审查前文所述的商标注册之积极条件和消极条件。经过实质审查，对符合规定或者在部分指定商品上使用商标的注册申请符合规定的，予以初步审定，并予以公告。

经实质审查，被认为申请不符合规定或者在部分指定商品上使用商标的注册申请不符合规定的，商标局依法予以驳回或者驳回在部分指定商品上使用商标的注册申请，并应当书面通知商标注册申请人，并说明理由。❶ 申请人对商标局的驳回申请或驳回在部分指定商品上使用商标的注册申请决定不服的，可以自收到通知之日起15日内向商标评审委员会申请复审；申请人对商标局的驳回申请决定不提出复审要求的，商标注册申请终止；申请人对商标局驳回在部分指定商品上使用商标的注册申请决定不提出复审要求的，商标局对核准部分进行初步审定并公告。

在商标注册申请活动中，商标注册申请人可能会因相关专业知识的不足、实践经验的缺乏或者是粗心大意等原因而未能保证商标注册申请文件内容填写的准确性和清楚性，为了避免商标局对此一刀切地驳回商标注册申请、提高商标审查工作的效率、适当降低商标注册申请和商标审查工作的成本等，《商标法》第三次修订新增规定，在对商标注册进行审查过程中，商标局认为商标注册申请内容需要说明或者修正的，可以要求申请人作出说明或者修正。当然，为了保证商标注册审查工作的公平性，商标注册申请人应当自收到商标局通知之日起15日内作出说明或者修正，且其所作的说明或者修正不能超出原有的申请范围，不得对商标注册申请进行实质性的变更；在规定期限内，商标注册申请人未做出说明或者修正的，不影响商标局作出审查决定。

（三）初步审定和公告

初步审定和公告是商标注册申请在通过形式审查与实质审查之后所必

---

❶ 我国现行《商标法实施条例》第22条规定：商标局对一件商标注册申请在部分指定商品上予以驳回的，申请人可以将该申请中初步审定的部分申请分割成另一件申请，分割后的申请保留原申请的申请日期。需要分割的，申请人应当自收到商标局《商标注册申请部分驳回通知书》之日起15日内，向商标局提出分割申请。商标局收到分割申请后，应当将原申请分割为两件，对分割出来的初步审定申请生成新的申请号，并予以公告。

经的程序。申请注册商标的标记或符号进入初步审定和公告阶段则意味着该标记或符号通过了商标局的形式审查和实质审查。

依据我国现行商标法律制度,商标局会在其编印、定期出版的"专门用以公告有关商标注册事项及其他相关信息"的刊物——《商标公告》❶上刊登初步审定的商标,将商标注册及其审查信息向社会公众公开,并征询社会公众的意见,以便确保商标局核准商标注册行为的准确性。初步审定,仅仅表示商标局对商标注册申请依法作出初步核准的决定,而并不表明商标局已经最终核准申请注册的商标,初步审定公告也并非申请人取得商标专用权的凭证,而仅是取得商标专用权所需经历的程序之一。

(四) 异议

商标注册申请一经初步审定公告后便进入了异议阶段:自公告之日起3个月内,任何人均可依法对初步审定的商标提出反对注册的意见。设立异议程序,主要是为了提高商标审查的质量,将商标注册申请的审查工作置于社会公众的监督之下,以便及时发现问题,纠正错误,避免或减少审查工作的失误,及时给予在先权利人或者利害关系人维护自身权益的机会。

异议程序在我国《商标法》第三次修订中得到了较好的完善。第三次修订前的《商标法》规定"对初步审定的商标,自公告之日起三个月内,任何人均可以提出异议",依照该规定,任何公民和法人,不管其是否属于在先权利人或与申请注册的商标是否存在任何利害关系,都可以提出反对注册的意见。实践中,这一规定在发挥其有助于商标审查的功效之外也发

---

❶ 为加强与公众的交流,方便社会各界查阅《商标公告》,进一步提高商标确权的透明度和准确性,自 2003 年 12 月 26 日起,国家工商行政管理总局商标局在继续出版纸质《商标公告》的同时,开始在"中国商标网"发布《商标公告》。"中国商标网"滚动发布最新出版的 12 期《商标公告》,包括 3 个月异议期内的全部初步审定的商标以及商标注册、续展、变更、转让、撤销、注销、异议、评审、商标使用许可合同备案、送达等公告信息。公众可以随时上网查阅,及时了解和监督商标注册情况。查阅网址为 http://sbj.saic.gov.cn/sbgg/。

生了异化，异议权常在市场竞争活动中被滥用，❶ 成为恶意阻止他人商标申请的手段，甚至还直接导致针对一个商标申请频繁发生异议的情况，从而使制度成本上升，反而影响了商标审查工作的效率。❷ 为此，《商标法》的第三次修订对异议申请主体作出了适当的限制，根据不同的异议理由规定："在先权利人、利害关系人认为违反本法第 13 条第 2 款和第 3 款❸、第 15 条、第 16 条第 1 款、第 30 条❹、第 31 条、第 32 条规定的，可以向商标局提出异议；任何人认为违反本法第 10 条、第 11 条、第 12 条规定的，也可以向商标局提出异议。"

此外，《商标法》的第三次修订还删除了部分异议复审程序，商标局不再针对异议裁定核准注册的决定设立异议复审和司法审查程序。❺ 依据我国现行商标法，如果自公告之日起 3 个月内无人提出异议，商标局予以核准注册。如果有人在异议阶段提出异议，异议申请由商标局受理。在听取异议人和被异议人陈述事实和理由以及调查核实后，商标局应当自公告期满之日起 12 个月内作出是否准予注册的决定，并书面通知异议人和被异议人。有特殊情况需要延长的，经国务院工商行政管理部门批准，可以延长 6 个月。商标局作出准予注册决定的，发给商标注册证，并予公告。异议人不服的，可以依法向商标评审委员会请求宣告该注册商标无效。商标局作出不予注册决定（包括在部分指定商品上不予注册决定），被异议人

---

❶ 张德芬："我国商标确权程序的反思与重构"，载《郑州大学学报（哲学社会科学版）》2006 年第 5 期，第 110 页。

❷ 吴汉东：《知识产权法学（第六版）》，北京大学出版社 2014 年版，第 227 页。

❸ 该条第二款规定：就相同或者类似商品申请注册的商标是复制、摹仿或者翻译他人未在中国注册的驰名商标，容易导致混淆的，不予注册并禁止使用。该条第三款规定：就不相同或者不相类似商品申请注册的商标是复制、摹仿或者翻译他人已经在中国注册的驰名商标，误导公众，致使该驰名商标注册人的利益可能受到损害的，不予注册并禁止使用。

❹ 申请注册的商标，凡不符合本法有关规定或者同他人在同一种商品或者类似商品上已经注册的或者初步审定的商标相同或者近似的，由商标局驳回申请，不予公告。

❺ 梁慧："《商标法修正案（草案）》修改要点"，载《中国专利与商标》2013 年第 2 期，第 81 页。

不服的，可以自收到通知之日起15日内向商标评审委员会申请复审。

依据我国现行商标法和《商标法实施条例》等的规定，异议人向商标局提出异议申请的，应当提交商标异议材料一式两份并标明正、副本，具体包括有明确的请求和事实依据并附有关证据材料的商标异议申请书、异议人的身份证明以及异议人为在先权利人或者利害关系人的证明。商标局收到商标异议申请书后，经审查，符合受理条件的，予以受理，向申请人发出受理通知书。商标局对"未在法定期限内提出的""申请人主体资格或异议理由不符合商标法第33条规定的""无明确的异议理由、事实和法律依据的""同一异议人以相同的理由、事实和法律依据针对同一商标再次提出异议申请的"商标异议申请，不予受理，书面通知申请人并说明理由。对已经受理的商标异议申请，商标局应当将商标异议材料副本及时送交被异议人，限其自收到商标异议材料副本之日起30日内答辩。被异议人不答辩的，不影响商标局作出决定。当事人需要在提出异议申请或者答辩后补充有关证据材料的，应当在商标异议申请书或者答辩书中声明，并自提交商标异议申请书或者答辩书之日起3个月内提交；期满未提交的，视为当事人放弃补充有关证据材料。但是，在期满后生成或者当事人有其他正当理由未能在期满前提交的证据，在期满后提交的，商标局将证据交对方当事人并质证后可以采信。

（五）核准注册

初步审定并公告的商标，公告期满无异议或异议不成立的，由商标局核准注册，将核准注册商标和核定使用的商品在《商标注册簿》上予以登记、编号，在《商标公告》上刊登注册公告，商标局向申请人颁发商标注册证。公告期满无异议的，申请人自商标被核准注册之日起成为商标专用权人；经审查异议不成立而准予注册的商标，商标注册申请人取得商标专用权的时间自初步审定公告3个月期满之日起计算。自该商标公告期满之日起至准予注册决定作出前，对他人在同一种或者类似商品上使用与该商标相同或者近似的标志的行为不具有追溯力；但是，因该使用人的恶意给商标注册人造成的损失，应当给予赔偿。

商标注册证是商标局依据商标法颁发给商标专用权人用以证明其商标专用权范围的法律文书，其主要记载的内容包括商标（图样）、商标注册号、商标注册人名义及地址、注册商标核定使用的商品或服务项目及其类别、商标专用权的有效期。直接办理的商标注册申请的，商标注册申请人到商标注册大厅领取商标注册证；委托代理机构办理的，商标局将商标注册证发给代理机构，商标注册申请人到代理机构领取。商标注册证遗失或者破损的，商标注册人应向商标局提出补发商标注册证的申请，及时申请补发。商标注册证遗失的，如补证申请书件齐备并符合规定，经审查核准后，商标局在《商标公告》上刊登遗失声明，发出《领取商标注册证通知书》；商标注册证破损的，申请人在提交补发申请时应将《商标注册证》交回商标局，如补证申请书件齐备并符合规定，经审查核准后，商标局发出《领取商标注册证通知书》。❶

三、商标注册程序中的商标评审

我国现行《商标法》第 2 条规定"国务院工商行政管理部门商标局主管全国商标注册和管理的工作。国务院工商行政管理部门设立商标评审委员会，负责处理商标争议事宜"。依据该条，商标评审委员会与商标局一样，同为国务院工商行政管理部门下设的机构，商标评审委员会的主要职责为处理"商标争议"。一般来讲，商标评审委员会处理的"商标争议"所涉商标在商标注册申请与审查过程中已经由商标局处理过，所以其对商标的审查属于再次审查，也称为商标评审。在商标法律制度中，设置商标评审程序主要是为了在保护当事人合法利益的同时，加强对商标局确权工作的内部监督。❷

依据我国现行商标法，商标评审委员会处理的商标争议事宜主要包括商标注册申请人对商标局"驳回申请、不予公告"的决定不服的案件，即

---

❶ 注册商标的所有人可以向商标局申请出具商标注册证明。商标注册证明是为了方便商标注册人使用而出具的书面证明，与《商标注册证》具有同等的法律效力。
❷ 吴汉东：《知识产权法学（第六版）》，北京大学出版社 2014 年版，第 228 页。

驳回复审；对商标局作出的异议裁定不服的案件，即不予注册复审；❶ 对商标局作出宣告注册商标无效的决定不服的或者依法向商标评审委员会请求宣告注册商标无效的案件，即前者为无效宣告复审，后者为商评委的无效宣告；依法对商标局撤销或者不予撤销注册商标的决定不服的案件，即撤销复审。后两大类案件所涉商标为已经为商标局核准注册的商标，其直接影响商标权的变化，故本章暂不讨论。前两大类所涉及的为尚处于注册审核状态的商标，属于商标注册流程中的重要组成部分。

就驳回复审而言，依据我国现行《商标法》第34条规定，商标注册申请人对商标局驳回申请、不予公告的决定不服的，可以自收到商标局的书面通知之日起15日内向商标评审委员会申请复审。商标评审委员会应当自收到申请之日起9个月内做出决定，并书面通知申请人。有特殊情况需要延长的，经国务院工商行政管理部门批准，可以延长3个月。当事人对商标评审委员会的决定不服的，可以自收到通知之日起30日内向人民法院起诉。

就不予注册复审而言，依据我国现行《商标法》第35条规定，在异议阶段，被异议人对商标局作出不予注册决定不服的，可以自收到通知之日起15日内向商标评审委员会申请复审。商标评审委员会应当自收到申请之日起12个月内作出复审决定，并书面通知异议人和被异议人。有特殊情况需要延长的，经国务院工商行政管理部门批准，可以延长6个月。被异议人对商标评审委员会的决定不服的，可以自收到通知之日起30日内向人民法院起诉。人民法院应当通知异议人作为第三人参加诉讼。❷

---

❶ 依照现行《商标法》第35条第2款规定："商标局做出准予注册决定的，发给商标注册证，并予公告。异议人不服的，可以依照本法第44条、第45条的规定向商标评审委员会请求宣告该注册商标无效。"故商标注册流程中的"对商标局作出的异议裁定不服的案件"主要是指被异议人对商标局作出不予注册决定不服的案件，异议人对商标局作出准予注册决定不服而引发的案件，本质上属于依法向商标评审委员会请求宣告注册商标无效的案件。

❷ 现行《商标法》第35条第4款规定：商标评审委员会在依照前款规定进行复审的过程中，所涉及的在先权利的确定必须以人民法院正在审理或者行政机关正在处理的另一案件的结果为依据的，可以中止审查。中止原因消除后，应当恢复审查程序。

依据现行《商标评审规则》，一般情况下，商标评审委员会审理商标评审案件实行合议制度，由 3 名以上的单数商标评审人员组成合议组进行审理。合议组审理案件，实行少数服从多数的原则。当事人参加商标评审活动，可以以书面方式或者数据电文方式办理。商标评审委员会审理商标评审案件实行书面审理，但依照现行《商标法实施条例》第 60 条规定决定进行口头审理的除外。❶

四、典型现实问题之分析

（一）商标注册审查时限

早在 20 世纪 80 年代，我国商标确权效率被认为是高效的。当时，我国从当事人递交商标注册申请到获准注册一般只需要 8～9 个月（见图 2-1），而美国、日本等发达国家则一般需要 20 多个月。正是由于商标确权的高效，我国较为顺利地加入了《商标国际注册马德里协定》，推动了我国商标制度与国际商标制度的协调发展。❷ 不过，由于我国经济快速发展以及商标制度的国际化水平不断提升等原因，商标申请数量已呈不断攀升趋势，自 2001 年起，我国开始出现大量的商标确权案件积压问题，2008 年，商标审查与审理周期曾一度达到平均 30 多个月，最长的甚至有七八年。❸ 商标审查与审理周期过长，不仅影响社会公众对于我国商标制度的

---

❶ 现行《商标法实施条例》第 60 条规定：商标评审委员会根据当事人的请求或者实际需要，可以决定对评审申请进行口头审理。商标评审委员会决定对评审申请进行口头审理的，应当在口头审理 15 日前书面通知当事人，告知口头审理的日期、地点和评审人员。当事人应当在通知书指定的期限内作出答复。申请人不答复也不参加口头审理的，其评审申请视为撤回，商标评审委员会应当书面通知申请人；被申请人不答复也不参加口头审理的，商标评审委员会可以缺席评审。

❷ 日本曾因对商标注册申请审理的时间超过《商标国际注册马德里协定》规定的必须在 12 个月内作出审查结论的要求，而经数年调整后，于 1999 年才加入该协定。参见杨叶璇："试论我国商标确权效率应当如何提高"，载《知识产权》2008 年第 3 期，第 43 页。

❸ 余瀛波："商标审查时限被压缩至 9 个月"，载法制网 http://www.legaldaily.com.cn/index_article/content/2013-09/05/content_4824404.htm?node=5955，访问时间：2014 年 8 月 30 日。

第二章 商标权的取得

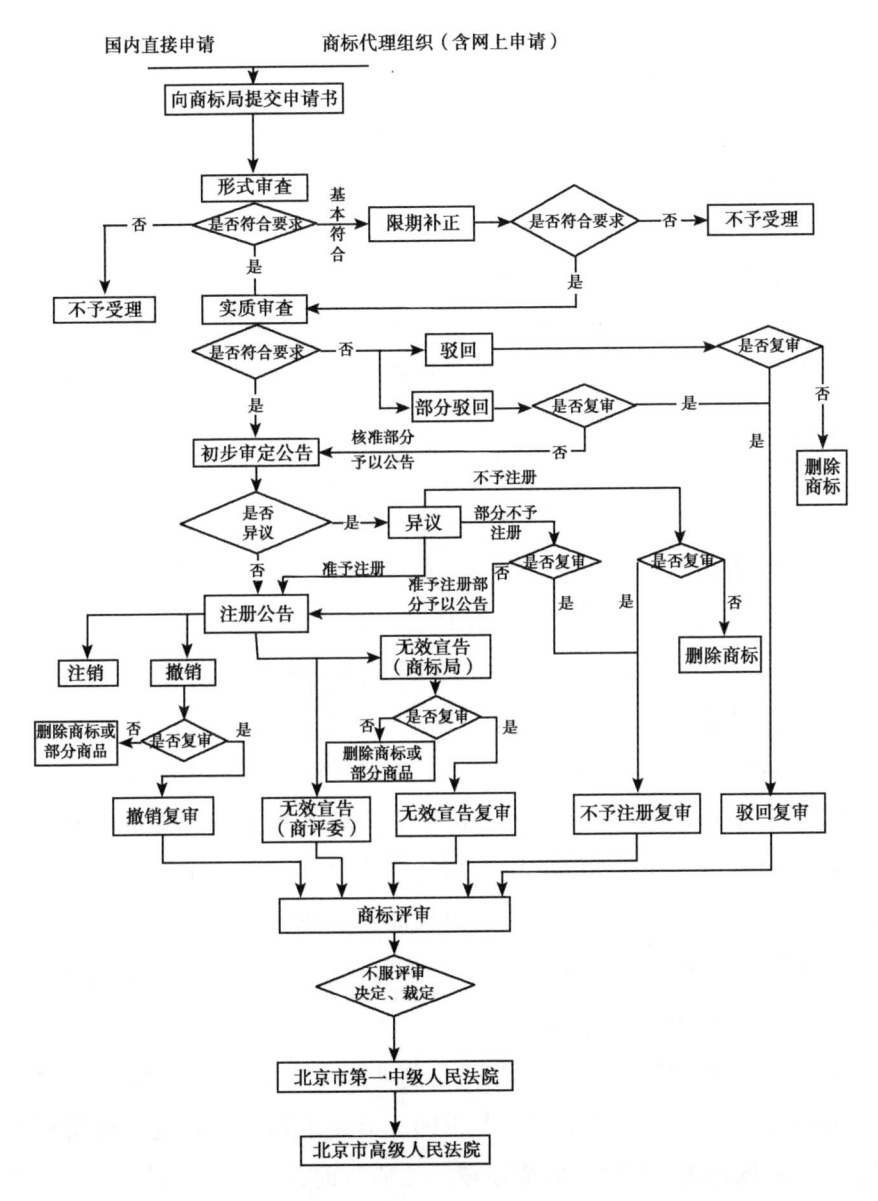

图 2-1 商标注册流程简图

注：本流程图来源于国家工商行政管理总局商标局网站，http://sbj.saic.gov.cn/sbsq/zclct/，访问日期为：2014年8月30日。

信任与信心，而且实质上影响企业商标权益的获取与保护。为此，《商标法》第三次修订增加了关于商标注册审查时限的规定。

我国现行《商标法》第 28 条规定："对申请注册的商标，商标局应当自收到商标注册申请文件之日起九个月内审查完毕，符合本法有关规定的，予以初步审定公告。"同时，现行《商标法实施条例》第 11 条明确"商标局、商标评审委员会文件公告送达的期间""当事人需要补充证据或者补正文件的期间以及因当事人更换需要重新答辩的期间""同日申请提交使用证据及协商、抽签需要的期间""需要等待优先权确定的期间""审查、审理过程中，依案件申请人的请求等待在先权利案件审理结果的期间"不计入商标审查、审理期限。

通过立法明确商标注册审查时限，本意是为了提高商标确权的效率，其也被普遍认为是《商标法》第三次修订的亮点之一，不过，这一做法在实践中也引发了关于"其能否真正实现"以及"是否会导致较多错误的审查结果"的担忧。（1）从域外经验来看，鉴于商标确权工作本身具有一定的复杂性，很少有国家能确保商标注册审查时限稳定处于一个较短的时间。（2）商标申请数量不断增加之趋势目前来看并不会停止，而商标局商标审查人员数量的增加往往很难保证同步，实现商标注册审查时限的要求势必使得商标审查人员将承受较大的工作压力。（3）由于商标构成要素日趋丰富，图形商标、声音商标等的审查相对较为复杂，在法定的时间内完成审查工作具有较大难度。综上，立法明确商标注册审查时限，是否能够在实践中真正实现，是否会导致一些不利影响，还有待实践的经验和证明。

（二）商标国际注册简介

伴随着全球经济一体化和知识产权制度国际化进程，一国民事主体的商标使用需求往往不再局限于本国范围内，但由于知识产权地域性特征的限制，商标的域外使用与保护需要以域外注册为前提。一般来讲，一国民事主体到国外申请注册商标主要有两种途径：一种是逐一国家注册，即分别向各国商标行政主管机关申请注册；另一种是马德里商标国际注册，即根据《商标国际注册马德里协定》或《商标国际注册马德里协定有关议定书》的规定，在马德里联盟成员方❶间进行商标注册。相比较而言，马德里商标国际注册因比逐一国家注册更省力、省钱和省时而被申请人所青睐。❷

我国于1989年加入《商标国际注册马德里协定》，于1995年加入《商标国际注册马德里协定有关议定书》。2003年，国家工商行政管理总局发布《马德里商标国际注册实施办法》明确：商标国际注册，是指根据《商标国际注册马德里协定》和《商标国际注册马德里协定有关议定书》及《商标国际注册马德里协定及该协定有关议定书的共同实施细则》规定办理的商标国际注册。具体而言，商标国际注册，是指根据《商标国际注册马德里协定》和《商标国际注册马德里协定有关议定书》的规定，由其成员方的法人或者自然人等适格主体通过商标行政主管部门向设立于瑞士日内瓦的世界知识产权组织提交的，可以同时在除申请人所在国之外的其他成员方要求取得领土延伸保护的商标注册申请。❸

在我国，办理马德里商标国际注册申请的，申请人应在我国设有真实有效的工商营业场所；或在我国境内有住所；或拥有我国国籍。❹ 申请国际注册的商标也必须已经在我国启动一定的商标注册申请程序，即申请人指定保护的国家或地区是纯"马德里协定"缔约方，申请国际注册的商标必须是在我国已经获得注册的商标；申请人指定保护的国家和地区是纯"马德里议定书"缔约方，或是同属"马德里协定"和"马德里议定书"缔约方，申请国际注册的商标可以是已在我国提出注册申请并被受理的商标，也可以是已经注册的商标。就办理途径而言，申请人可以委托国家认可的商标代理机构办理，也可以通过自行向商标局提交申请。❺

---

❶ "马德里联盟"是指由"马德里协定"和"马德里议定书"所适用的国家或政府间组织所组成的商标国际注册特别联盟。截至2015年6月5日，马德里联盟共有95个缔约方。

❷ 杜颖：《商标法（第二版）》，北京大学出版社2014年版，第214页。

❸ 王莲峰：《商标法学（第二版）》，北京大学出版社2014年版，第78页。

❹ 台湾地区的法人或自然人均可通过商标局提出国际注册申请。但香港特别行政区和澳门特别行政区的法人或自然人目前还不能通过商标局提出国际注册申请。

❺ 马德里商标国际注册申请的相关事项可参见国家工商行政管理总局商标局网站的相关介绍，http：//sbj.saic.gov.cn/sbsq/mdlsq/。

第三章 商标权的变化

第一节 商标权变化的一般理论

一、商标权变化的概念

商标权并非一经产生就一成不变，相反，商标权变化是实践中经常发生的事情。所谓的商标权变化，就是指随着客观环境和商标使用情况的不断发展变化，基于特定的法律事实或法律行为，商标权的主体、客体以及权利状态可能发生一些变化。如就商标权主体来讲，基于商标权人的转让、继承、承继等行为或事实，原商标权人失去商标权主体地位，受让人或继承人依法成为新的商标权人。就商标权客体而言，商标权人可以依法对其注册商标的标志、符号或注册事项予以变更，商标权注册信息变更致使原商标权变为新的商标权。就商标权的权利状态而言，基于商标权期限届满、注册不当、使用不当等原因，商标权可能发生从有到无的变化。

二、商标权变化的类别

商标权主体与客体的变化都将影响商标权权利状态的变化，故以商标权权利状态的变化为线索，可以将商标权变化的类型概括为两大类：商标权的绝对消灭和商标权的相对消灭。

所谓商标权的绝对消灭，是指商标权的权利状态发生了从有到无的变化，原本受到法律承认和保护的商标权，被视为自始无效或终止。依据各国现行商标法律制度的规定，商标权的绝对消灭一般包括商标权人的放弃、商标权的注销、商标权的撤销以及商标权的无效等情形。如《德国商标和其他标志保护法》第三章"放弃权利、撤销和无效；注销程序"第 48 条规定："在任何时候应商标所有人的请求，可以注销注册簿上注册商标的某些或全部商品或服务的注册"；❶《巴西知识产权法典》第六章"权利的丧失"第 142 条规定：注册商标可因商标权人部分或全部放弃所注册的产品或服务上的商标权而丧失、可因被撤销而丧失；❷ 法国《知识产权法典》第四章"商标权利的移转和灭失"第 714-3 条规定：商标注册可以依司法决定被判决无效，无效决定具有绝对效力；❸ 等等。

所谓商标权的相对消灭，是指商标权的权利状态先后经历了从有到无和从无到有的连续过程，原有的商标权并未彻底终止，而是发生了一些法律认可的转变，成为新的商标权。依据各国现行商标法律制度的规定，商标权的相对消灭一般包括商标注册信息依法变更、商标权续展、商标权转让和商标权移转等制度。如《德国商标和其他标志保护法》第二章"更正；分割；保护期和续展期"第 45 条规定可以通过更正来修正注册簿上的注册，更正过的注册也应当予以公告，第 47 条规定可以以 10 年为期续展；❹《法国知识产权法典》第四章"商标权利的移转和灭失"第 714-1 条规定商标权可进行全部或部分转让；❺ 等等。

三、典型现实问题之分析

常见的商标法学教材中往往并没有明确使用商标权变化为章节标题，大多是在商标权终止、商标权行使等章节介绍商标权变化制度，但商标权

---

❶《十二国商标法》编译组：《十二国商标法》，清华大学出版社 2013 年版，第 94 页。

❷ 同上书，第 11~12 页。

❸ 同上书，第 54 页。

❹ 同上书，第 93~94 页。

❺ 同上书，第 54 页。

变化和商标权终止、商标权行使是有区别的。

（一）商标权变化与商标权终止

商标权终止主要描述的是商标权权利状态从有到无的情形，其内容主要涉及商标权注销、商标权撤销和商标权的无效。正如前文所述，这三项内容归属于商标权的绝对消灭。商标权变化的范围要比商标权终止广泛很多，除商标权的绝对消灭，还包括因商标注册信息依法变更、商标权续展、商标权转让和商标权移转等使已有商标权转化为新的商标权的情形。

（二）商标权变化与商标权行使

商标权行使主要是指商标权人依法行使和利用其商标权的情况，是商标权财产价值实现的途径。商标权权利行使与利用行为一般不会导致商标权权利状态发生变化，而且为了保障商标权行使的健康进行，商标权应保持权利状态的稳定，否则可能在商标权许可和质押等活动中给被许可人、质权人等带来风险。商标权变化是商标权权利状态的变化，也会涉及商标权主体与客体的变化，和商标权行使差异较大。

第二节 商标权的绝对消灭

一、注册商标的注销

商标权是一种私权，具有财产权属性，商标权人有权自由处分其依法享有的财产权，因此，商标权人可以根据自己的意愿主动放弃其商标权。德国、巴西以及美国等国家的商标法均有此相关规定。依据我国现行商标法律制度，商标权人也可以自愿放弃其商标权，并应当到商标局办理注册商标的注销手续。申请注销注册商标无需缴纳规费。

除商标权人自愿放弃其商标权外，注册商标还可能因为两种原因而被注销，其一是商标权人消亡而又在法律规定的期限内无人要求继承该商标权，商标局可以依法注销该注册商标；其二是商标权人在注册商标有效期届满后的宽展期内没有提出商标续展申请或者续展申请没有获得批准的，商标局注销该注册商标。

依照国家工商行政管理总局商标局商标申请指南，商标权人申请注销注册商标的，需要提交《商标注销申请书》，并交回商标注册证原件。质押查封中的商标，须经质权人同意才可注销；冻结中的商标、专用期已届满但尚在宽展期内的商标以及异议、异议复审、诉讼中的商标不能被核准注销。注册商标被注销的，原商标注册证作废，并予公告；商标注册人申请注销其商标在部分指定商品上的注册的，重新核发商标注册证，并予公告。注销申请被不予核准的，商标局发出《不予核准通知书》。

二、注册商标的撤销

商标权的撤销是商标主管机关实现商标使用管理的一种行政制裁手段，即对于违反商标法有关规定使用注册商标的行为，商标局可以通过撤销注册商标、终止注册商标专用权来予以处罚。注册商标被撤销后，原商标权人彻底丧失基于该商标而享有的商标专用权，而且依据法律规定，注册商标被撤销的，自被撤销之日起1年内，商标局对于该商标相同或相似的商标注册申请，不予核准。

依据我国现行《商标法》第49条规定，以下几种情形将导致商标权被撤销。

（一）自行改变注册商标标记或符号的

注册商标专用权的范围是在核定使用的商品和服务上使用核准注册的商标，商标权的保护以核准注册的商标和核定使用的商品为限。自行改变经核准注册的商标的标记或符号在事实上超过商标权保护的范围，而且不利于消费者对于注册商标的准确了解和认知，有可能会有碍于市场竞争秩序的健康发展，故为了实现对注册商标专用权地有效保护，商标权人不能擅自改变注册商标标记或符号，否则可能会因"导致原注册商标的主要部分和显著特征发生变化。改变后的标志同原注册商标相比，易被认为不具

有同一性"❶ 而被依法予以撤销。❷

（二）自行变更注册商标相关注册事项的

注册商标的各个注册事项都是不能随意变动的，注册人名义、地址或者其他注册事项一并构成注册商标的完整信息，任何一个注册事项的变更都可能导致社会公众对注册商标产生误认，无法获得注册商标的完整信息，因此，自行改变注册商标注册人名义、地址或者其他注册事项等自行变更注册商标的行为属于违法使用注册商标的行为，由地方工商行政管理部门责令限期改正；期满不改正的，由商标局撤销其注册商标。

（三）注册商标退化为通用名称的

显著性是注册商标的必备要求，但商标的显著性是动态变化的，注册商标的显著性可能因使用不当而丧失。注册商标如果退化为其核定使用的商品的通用名称，则失去了显著性，商标权因此也就丧失了存在的基础，注册商标应当被撤销。依据我国现行《商标法》第49条、《商标法实施条例》第65条的规定以及商标局商标申请指南的相关内容，注册商标一旦成为其核定使用商品或服务的通用名称，任何单位或者个人可以向商标局申请撤销该注册商标。

申请人办理撤销成为商品或服务通用名称注册商标申请时，应当基于明确的事实依据，提交《撤销成为商品或服务通用名称注册商标申请书》，并附送相关证据材料。商标局收到撤销申请后，经审查符合受理条件的，予以受理，向申请人发出撤销申请受理通知书，向商标注册人发出撤销答

---

❶ 国家工商行政管理总局商标局、商标评审委员会：《商标审查及审理标准》"第二部分商标审理标准"，2005年发布，第30页。

❷ 我国现行《商标法》第24条规定：注册商标需要改变其标志的，应当重新提出注册申请。国务院法制办在解释此条时指出：文字、图形、字母、数字、三维标志等标志都是商标专用权的客体部分，在经过法定程序获得商标专用权之后，这些客体部分是不允许改变的。如果作了改变，那么改变后的商标就不再能按原有的注册商标使用，这是法律上的一个限制条件，也是商标是否合法使用的一条界限。参见：国务院法制办公室：《中华人民共和国商标法（含商标法实施条例）注解与配套》，中国法制出版社2014年版，第27页。

辩通知书，限其自收到通知之日起 2 个月内答辩。商标局收到商标注册人提供的答辩材料后，将对答辩材料进行审查，作出是否予以撤销该注册商标的决定，并向注册人和申请人发出是否予以撤销注册商标的决定书。期满未答辩的，不影响商标局作出决定。

（四）注册商标连续 3 年不使用的

理论上来讲，如果仅仅将商标储备起来而不予以使用的话，那么商标就得不到社会的承认，也就没有了价值，❶ 而且商标资源并非一种无限的资源，储备而不使用商标在实质上导致有限资源的浪费，因此，我国现行商标法规定，注册商标在没有正当理由的情况下连续 3 年不使用的，任何单位或者个人可以向商标局申请撤销该注册商标。我国现行《商标法实施条例》第 67 条规定不会因连续 3 年不使用而导致商标被撤销的正当理由包括不可抗力、政府政策限制、破产清算以及其他不可归责于商标注册人的正当事由。国家工商行政管理总局商标局、商标评审委员会 2005 年发布的《商标审查及审理标准》规定："连续 3 年"的计算，应当自申请人向商标局申请撤销该注册商标之日起，向前推算 3 年。

申请人以无正当理由连续 3 年不使用为由申请撤销注册商标的，应当自该注册商标注册公告之日起满 3 年后，向商标局递交《撤销连续 3 年停止使用注册商标申请书》，并应在撤销理由中说明被申请商标连续 3 年不使用的有关情况。商标局收到撤销申请后，经审查符合受理条件的，将向申请人发出撤销申请受理通知书，向商标注册人发出《关于提供注册商标使用证据的通知》，限其自收到通知之日起 2 个月内提交该商标在撤销申请提出前使用的证据材料❷或者说明不使用的正当理由。商标局收到商标注册人提供的注册商标的使用证据后，将对证据材料进行审查，作出是否予以撤销该注册商标的决定，并书面通知商标注册人和撤销申请人。期满未提

---

❶ 张耕：《商业标志法》，厦门大学出版社 2006 年版，第 162 页。

❷ 我国现行《商标法实施条例》第 66 条规定，此处所称之"使用的证据材料"包括商标注册人使用注册商标的证据材料和商标注册人许可他人使用注册商标的证据材料。

供使用的证据材料或者证据材料无效并没有正当理由的，由商标局撤销其注册商标。

为了保障相关当事人的权利，我国现行《商标法》第54条规定了对撤销或不予撤销注册商标决定的复审制度：对商标局撤销或者不予撤销注册商标的决定，当事人不服的，可以自收到通知之日起15日内向商标评审委员会申请复审。商标评审委员会应当自收到申请之日起9个月内作出决定，并书面通知当事人。有特殊情况需要延长的，经国务院工商行政管理部门批准，可以延长3个月。当事人对商标评审委员会的决定不服的，可以自收到通知之日起30日内向人民法院起诉。

三、注册商标的无效

注册商标的无效，是各国商标法律制度中保证注册商标质量、减少相关权利冲突、解决商标注册不当等问题的一种常见的法律补救制度，其指依法不得作为商标使用、注册但已经注册的商标，或者以非法手段获得注册的商标，由商标局宣告注册商标无效，从而使商标权消灭。

我国在1993年《商标法》修订时，设置了注册商标无效的裁定程序，并在此后的修法中对注册商标无效制度不断完善。《商标法》第三次修改在对注册商标的无效制度上作出了诸多调整，不仅正式引入"商标无效"的概念，明确区分商标无效与商标撤销，❶ 而且有效协调了商标注册异议制度与商标无效制度的衔接。依据我国现行商标法律制度，注册商标无效宣告的事由及其法定程序如下。

（一）以注册不当为由的商标权无效

现行《商标法》第44条规定：已经注册的商标，如果存在注册不当的情形，由商标局宣告该注册商标无效；其他单位或者个人可以请求商标评审委员会宣告该注册商标无效。所谓注册不当的情形主要包括违反《商标

---

❶ 聂国春："'无效'概念首次引入《商标法》"，载《中国消费者报》2014年7月4日第C3版。

法》第 10 条的规定，使用了禁止作为商标使用的标志；违反《商标法》第 11 条的规定，使用了欠缺显著特征的标志；违反《商标法》第 12 条的规定，以三维标志作为注册商标时违反了功能性特征的限制；以欺骗手段或者其他不正当手段取得注册的。

商标局作出宣告注册商标无效的决定，应当书面通知当事人。当事人对商标局的决定不服的，可以自收到通知之日起 15 日内向商标评审委员会申请复审。商标评审委员会应当自收到申请之日起 9 个月内作出决定，并书面通知当事人。有特殊情况需要延长的，经国务院工商行政管理部门批准，可以延长 3 个月。当事人对商标评审委员会的决定不服的，可以自收到通知之日起 30 日内向人民法院起诉。

其他单位或者个人请求商标评审委员会宣告注册商标无效的，商标评审委员会收到申请后，应当书面通知有关当事人，并限期提出答辩。商标评审委员会应当自收到申请之日起 9 个月内作出维持注册商标或者宣告注册商标无效的裁定，并书面通知当事人。有特殊情况需要延长的，经国务院工商行政管理部门批准，可以延长 3 个月。当事人对商标评审委员会的裁定不服的，可以自收到通知之日起 30 日内向人民法院起诉。人民法院应当通知商标裁定程序的对方当事人作为第三人参加诉讼。

（二）以违法损害他人合法权益为由的商标权无效

现行《商标法》第 45 条规定：已经注册的商标，存在违法损害他人合法权益的情形的，自商标注册之日起 5 年内，❶ 在先权利人或者利害关系人可以请求商标评审委员会宣告该注册商标无效。存在违法损害他人合法权益的情形主要包括违反《商标法》第 13 条第 2 款和第 3 款的规定，复制、摹仿或者翻译他人驰名商标的；违反《商标法》第 15 条的规定，恶意注册他人商标的；违反《商标法》第 16 条第 1 款的规定，在商标中含有商品的地理标志，而该商品并非来源于该标志所标示的地区，误导公众的；

---

❶ 对恶意注册的，驰名商标所有人不受 5 年的时间限制。

违反《商标法》第30条的规定，申请注册的商标不符合商标法有关规定或同他人在同一种商品或类似商品上已经注册的或初步审定的商标相同或近似的；违反《商标法》第31条的规定，违反了商标申请在先原则的；违反《商标法》第32条的规定，损害他人现有的在先权利或以不正当手段抢先注册他人已经使用并有一定影响的商标的。

商标评审委员会收到宣告注册商标无效的申请后，应当书面通知有关当事人，并限期提出答辩。商标评审委员会应当自收到申请之日起12个月内作出维持注册商标或者宣告注册商标无效的裁定，并书面通知当事人。有特殊情况需要延长的，经国务院工商行政管理部门批准，可以延长6个月。当事人对商标评审委员会的裁定不服的，可以自收到通知之日起30日内向人民法院起诉。人民法院应当通知商标裁定程序的对方当事人作为第三人参加诉讼。

商标评审委员会在依照前款规定对无效宣告请求进行审查的过程中，所涉及的在先权利的确定必须以人民法院正在审理或者行政机关正在处理的另一案件的结果为依据的，可以中止审查。中止原因消除后，应当恢复审查程序。

实践中，商标权无效是一种典型的商标权纠纷。2015年，最高人民法院发布具有司法解释性质的"14起北上广知识产权法院审结的典型案例"，其中，"开滦（集团）有限责任公司诉商标评审委员会、第三人张宏彬商标权无效宣告请求行政纠纷案"就是该类纠纷的一个典型：❶ 开滦集团公司针对第三人张宏彬申请注册的第5667073号"开滦"商标，以诉争商标侵犯其"开滦"企业字号权、张宏彬具有恶意抢注行为且未实际使用诉争商标为由，提出无效宣告请求。商标评审委员认为，开滦集团公司提供的证据未涉及美容院、公共卫生浴服务，不能证明在诉争商标申请注册之前，开滦集团公司将"开滦"作为商号或商标使用在诉争商标指定的美容院、

---

❶ 最高人民法院：《最高人民法院发布14起北京、上海、广州知识产权法院审结的典型案例》，2015年9月9日，北大法宝，引证码：CLI.3.256762。

公共卫生浴服务或与之类似的服务上并具有一定知名度。遂裁定维持争议商标的注册。开滦集团公司不服被诉裁定，向北京知识产权法院提起行政诉讼。

北京知识产权法院审理认为：诉争商标"开滦"的注册损害了开滦集团公司的在先商号权。商标评审委员会对此认定有误，应予以纠正。遂判决撤销商标评审委员会作出的商评字〔2014〕第71444号关于第5667073号"开滦"商标无效宣告请求裁定，责令商标评审委员会重新作出裁定。本案宣判后，当事人未提出上诉，本判决已生效。

最高人民法院认为该案的典型意义在于：作为商标无效宣告请求行政纠纷，该案中请求权基础为商标法规定的"申请商标注册不得损害他人现有的在先权利"，涉及的在先权利为在先商号权。本案判决从原告商号的形成时间（"开滦"字号形成于1912年）、原告商号的知名度（开滦集团公司系世界500强企业，其字号享誉中外）、原告经营范围与诉争商标核定使用服务比较、混淆可能性、诉争商标注册人对原告商号的知晓情况和诉争商标的实际使用情况等方面对"损害他人现有的在先权利"的要件进行了逐条分析论述，认定诉争商标的注册损害了开滦集团公司的在先商号权，应予无效。本案判决体现了维护知名品牌权益，制止恶意抢注商标，维护市场诚信竞争的司法导向。

四、典型现实问题之分析

注册商标的注销、撤销和无效均导致商标权的绝对消灭，原商标权人不再享有注册商标专用权，而且依据我国现行《商标法》第50条的规定：注册商标被撤销、被宣告无效或者期满不再续展的，自撤销、宣告无效或者注销之日起1年内，商标局对于该商标相同或相似的商标注册申请，不予核准。

注册商标的注销、撤销和无效共同构成商标权绝对消灭制度的主要内容，比较来看，三者之间的主要区别如下。

(一) 注册商标的注销与撤销、无效之间的区别

首先,商标权人的意思愿望与诉求有所差别。不管是因商标权人主动放弃而引起的注销,还是因无人继承或没有提出续展请求而导致的注销,商标权人均没有或被拟定认为没有表达希望其商标权继续受到保护的意愿;注册商标的撤销和无效则不然。一般情况下,在注册商标的撤销或无效程序中,商标权人不仅不会主动表达其放弃商标权的意愿,而且会积极提供证据证明其注册商标不应被撤销或无效,希望其注册商标能够继续获得法律的保护。

其次,法律是否设置了专门的复审制度不同。注册商标的注销一般不存在复审的问题,即使商标局作出不予核准注册的决定,往往事实与原因也很明确,故而争议发生的可能性较小,我国现行商标法没有专门设置注册商标注销的复审制度。但注册商标的撤销和无效往往相对较为复杂,相关主体往往会对注册商标的撤销、无效裁定不服,故而我国现行《商标法》第54条、第55条规定了对注册商标撤销或不予撤销决定的复审制度以及撤销注册商标决定的生效制度;《商标法》第44~46条规定了对商标局宣告注册商标无效的决定或商标评审委员会相关裁定不服的复审制度以及商标局、商标评审委员会有关宣告注册商标无效或者维持注册商标的决定、裁定生效制度。

(二) 注册商标的撤销与无效之间的区别

首先,所涉主管机关不同。依照我国现行商标法的规定,注册商标的无效决定既可以是由商标局依据自身职权作出的,也可以是由商标评审委员会依其他单位或者个人的请求作出的;注册商标的撤销主要是由商标局依据自身职权或任何单位、个人的申请作出,商标评审委员会在注册商标的撤销程序中主要承担对商标局决定的复审职责。

其次,产生的法律后果不同。依照我国现行《商标法》第55条第2款的规定"被撤销的注册商标,由商标局予以公告,该注册商标专用权自公告之日起终止"。与注册商标撤销所产生的法律后果不同,注册商标无效的决定一般是具有追溯力的,即被宣告无效的注册商标视为自始无效,该

注册商标专用权在法律上被视为自始即不存在。❶ 这是因为被撤销的商标在其商标权产生之时一般并不存在缺陷,其被撤销主要是因为权利产生后权利人的不当使用或不使用;而被宣告无效的商标往往在商标权产生之初就存在不应该被核准注册的自身缺陷,在被宣告无效前注册商标的核准注册决定因此需要被改正。

第三节　商标权的相对消灭

一、注册商标的变更

商标注册事项的明确与稳定是商标权得以存续和受到保护的基础,商标注册事项的变更实质上使得原有的商标权丧失,新的商标权产生,因而商标注册事项的变更一般需要履行一定的法定程序并受到适当的限制,如美国《兰汉姆法》第1057条(e)规定注册商标的修改应由注册人申请和缴纳规定的费用,并经专利商标局局长基于合理的理由予以准许,且修改不得在实质上改变该商标的性质;❷《英国商标法》规定在注册或者续展期间,注册商标所有人要求对含有注册商标所有人名称或地址的商标予以变更的,而该变更仅限于上述名称或地址,且没有在实质上影响该商标特性的,注册局长可以允许其变更;❸ 等等。

我国现行《商标法》第41条规定:注册商标注册人的名义、地址或者

---

❶ 《商标法》第47条除明确了宣告无效的商标视为自始不存在外,还规定:宣告注册商标无效的决定或者裁定,对宣告无效前人民法院作出并已执行的商标侵权案件的判决、裁定、调解书和工商行政管理部门作出并已执行的商标侵权案件的处理决定以及已经履行的商标转让或者使用许可合同不具有追溯力。但是,因商标注册人的恶意给他人造成的损失,应当给予赔偿;不返还商标侵权赔偿金、商标转让费、商标使用费,明显违反公平原则的,应当全部或者部分返还。

❷ 《十二国商标法》编译组:《十二国商标法》,清华大学出版社2013年版,第486页。

❸ 该法还规定要制定"对变更的公告以及任何人因该变更受到影响而提出反对"的细则规定。参见《十二国商标法》编译组:《十二国商标法》,清华大学出版社2013年版,第431页。

其他注册事项是可以依法提出变更申请的。实践中，变更商标注册人名义、地址或者其他注册事项的，申请人应当向商标局提交变更申请书。变更商标注册人名义的，还应当提交有关登记机关出具的变更证明文件，包括：注册人是企业的，应当出具工商行政管理机关登记部门的变更证明；注册人是事业单位的，应当出具事业单位主管机关的变更证明；注册人是自然人的，应当出具户口所在地派出所出具的变更证明。证明上的变更前名义和变更后名义应当与申请书上变更前名义和申请人名称相符。外国企业或外国人仅需变更其中文译名的，应提供该外国企业或外国人申请变更中文译名的声明。

申请人提交变更申请后，对符合受理条件的变更申请，商标局予以受理；不符合受理条件的，不予受理。商标局核准变更申请的，发给商标注册人相应证明，并予以公告；不予核准的，应当向申请人发出《不予核准通知书》，并说明理由。变更商标注册人名义或者地址的，商标注册人应当将其全部注册商标一并变更；未一并变更的，由商标局通知其限期改正；期满未改正的，视为放弃变更申请，商标局将向申请人发出《视为放弃通知书》。

二、注册商标的续展

与专利权、著作权相比，商标权的时间性具有一定的特殊性，即为了保护商标权人的利益，鼓励和促使商标权人通过努力经营来增加价值；为了维护市场交易秩序的稳定，各国商标法虽然规定了商标权的有效期限，但同时规定了一种特殊的商标权变化制度，即商标权的续展制度。

商标权的续展，是指商标权人如果在其注册商标有效期届满后还需要继续享有该注册商标专用权，则可依照法律规定申请并经批准延续其注册商标有效期的一种制度。如 TRIPs 协议第 18 条规定"商标的首次注册及其每次续展的期限均不得少于 7 年。商标的注册应可无限续展"。❶ 我国现行《商标法》第 39 条规定"注册商标的有效期为十年，自核准注册之日起计算"，第 40 条规定："注册商标有效期满，需要继续使用的，商标注册人应当在期满前十二个月内按照规定办理续展手续；在此期间未能办理的，可以给予六个月的宽展期。每次续展注册的有效期为十年，自该商标上一届有效期满次日起计算。期满未办理续展手续的，注销其注册商标。"

从表面上看，商标权人通过商标权续展可以使其享有的商标专用权的有效期不断得以延续，商标权似乎并未发生任何变化，但实际上已经期限届满的商标权已经消灭，续展后取得的商标权是经过法律确认的新商标权，虽然后者以前者为前提和基础，但两者并非同一权利，也并不共存。商标权续展制度，与商标注册制度一样，都应归属于商标权确权制度，只不过商标权续展制度下的特定商标已经经历过一次初始注册，因而在没有特殊事由的情况下，法律对其再次取得商标权简化了审查与核准程序。商标权人办理续展手续并非均能成功获得新的商标专用权有效期。我国现行《商标法实施条例》第 33 条规定：注册商标需要续展注册的，应当向商标局提交商标续展注册申请书。商标局核准商标注册续展申请的，发给相应证明并予以公告。依据此规定，只有经过商标局的审查与核准，商标权的续展方能成功，并使得商标权的有效期限得以延续。

依据国家工商行政管理总局商标局发布的商标申请指南，办理商标权续展，需要提交《商标续展注册申请书》，并按照规定缴纳续展规费。❷ 商标局收到续展申请后，经过审查，如果认为符合法律规定的，应当予以核准，并发给申请人续展证明；如果认为续展申请需要补正的，商标局将向申请人发出补正通知，要求申请人限期补正，规定期限内未按要求补正的，

---

❶ 中国人民大学知识产权教学与研究中心、中国人民大学知识产权学院：《知识产权国际条约集成》，清华大学出版社 2011 年版，第 375 页。

❷ 续展申请按类别收费，一个类别续展注册申请需缴纳规费为 2 000 元人民币，如果在宽展期内提出续展注册申请的，还需缴纳 500 元人民币的延迟费。

商标局有权对续展申请不予核准；如果认为申请存在超过宽展期、自行改变注册商标的构成要素以及其他违反商标法规定的行为，商标局将作出不予核准决定，并发出《不予核准通知书》。

三、注册商标的转让

注册商标转让制度是国际范围内常见的一种法律制度，商标权人可以依法将其商标转让给他人。注册商标转让的目的和后果是商标权权属发生变动，❶即原商标权人丧失权利主体地位，受让人依法成为注册商标的权利人。在注册商标的转让过程中，商标权的主体发生变化，因此也可以说商标权经历了权利的消失和权利的产生两个状态。注册商标的转让属于商标权相对消灭的一种典型情形。

（一）注册商标转让的原则

在理论上，注册商标转让的原则有两种类型，其一是连同转让原则；其二是自由转让原则。

所谓连同转让原则，就是注册商标的转让应当和营业一并转让。如一些国家的法律曾规定"商标转让是否有效须视其所属企业是否同时或一起转让而定"。❷在商标法发展早期，一般认为商标作为指明商品来源的识别性标识，商标权的转让会割裂特定商标与特定经营者之间的联系，而这可能会误导消费者，导致消费者利益受损以及市场秩序遭遇破坏，因而商标权必须连同应用一起转让。❸

所谓的自由转让原则，即是注册商标的转让既可以和营业一起转让，也可以分别转让。这一原则符合现代商标法学将商标视为一种独立的财产

---

❶ 曲天明："注册商标转让合同效力与商标权属变动的关系研究——由'老榆树'商标转让纠纷引发的思考"，载《青岛科技大学学报（社会科学版）》2011年第4期，第85页。

❷ [奥]博登浩森著，汤宗舜、段瑞林译：《保护工业产权巴黎公约指南》，中国人民大学出版社2003年版，第286~288页。

❸ 张玉敏：《知识产权法学》，中国检察出版社2002年版，第263页。

权的理论，维护了商标权人自由处分财产的权利。❶ 因此，绝大多数国家的立法以及相关国际条约均采纳或承认了自由转让原则。如 TRIPs 协议第 21 条规定"各成员可对商标许可和转让规定条件，但这应理解为不允许商标的强制许可，而且注册商标的所有人有权把商标与该商标所属业务一起或不一起转让"；《欧洲共同体商标条例》第 17 条第一款规定"共同体商标可以独立于企业转让，就其注册的部分或全部商品或服务进行转让"。目前，我国现行商标法采纳的是自由转让原则。

（二）注册商标转让的程序

我国现行《商标法》第 42 条规定，转让注册商标的，转让人与受让人应当签订转让协议，并共同向商标局提出申请。转让注册商标经核准后，予以公告。受让人自公告之日起享有商标专用权。❷ 依据此规定，注册商标转让程序主要由三部分组成：首先，转让人与受让人要签订注册商标转让协议。其次，转让人与受让人应当共同提出申请转让注册商标。提出申请的，应提交《转让注册商标申请书》、转让人和受让人的经盖章或签字确认的主体资格证明文件复印件等材料。最后，商标局依法对转让申请予以受理、进行审查，并作出是否予以核准的决定。

转让申请提交后，对符合受理条件的转让申请，商标局给申请人发出《受理通知书》；不符合受理条件的，不予受理，并向申请人发出《不予受理通知书》；如果转让申请需要补正的，商标局给申请人发出补正通知，要

---

❶ 国内学者彭学龙教授从商标实质上是一种符号的角度分析和论证了自由转让原则的合理性。他认为：连同转让原则是希望商标与商誉一同转让，而法官无法认定无形的商誉是否已和商标一同转让，所以不得不将注意力集中在与商誉有密切联系的营业之上。但在实践中，刚刚注册、并未实际使用的"商标"，不仅尚未负载商誉，而且就那些专事商标注册和转让业务的转让人来说，其根本就不拥有任何相关的营业，实际上也没有营业的打算。在这种情况下，如果硬性规定商标只能连同营业一起转让，则不啻无视市场实际的"痴人说梦"。故在商标转让的基本规则上，法律只能采取自由转让的原则。彭学龙："商标转让的理论建构与制度设计"，载《法律科学（西北政法大学学报）》2011 年第 3 期，第 133~136 页。

❷ 自 2002 年 9 月 15 日起，已经申请但尚未获准注册的商标，也可以申请转让。

求申请人限期补正，申请人未在规定期限内按要求补正的，商标局有权对转让申请视为放弃或不予核准。转让申请经审查予以核准后，商标局发给受让人转让证明，并将该商标的转让事宜刊登公告。证明上的落款日期为公告之日，受让人自该日起享有商标专用权。转让申请被视为放弃或不予核准的，商标局发出《视为放弃通知书》或《不予核准通知书》。

（三）注册商标转让的限制

虽然注册商标的转让是商标权人依法享有的权利，但是注册商标的转让除涉及商标权人利益外，还涉及受让人、消费者、其他市场主体的利益，因此，注册商标的转让应当依法受到一定的限制。

首先，注册商标的转让应当遵循"一并转让"的原则。即转让注册商标的，注册商标人对其在同一种商品上注册的近似的商标，或者在类似商品上注册的相同或者近似的商标，应当一并转让。只有一并转让，才能有效保障受让人获得应有利益，也才能保障消费者不会因商标转让而发生误认。我国现行《商标法实施条例》第31条规定：转让注册商标，商标注册人对其在同一种或者类似商品上注册的相同或者近似的商标未一并转让的，由商标局通知其限期改正；期满未改正的，视为放弃转让该注册商标的申请。

其次，注册商标的转让不应有其他不良影响。如当注册商标已经许可他人使用时，未经被许可人同意，商标权人将其商标予以转让的，可能会对被许可人的利益造成损害，因此，商标权人在此情况下应当先行征得被许可人的同意或先与被许可人协商解除许可关系。

最后，转让注册商标的，受让人应当保证使用该注册商标的商品质量。由于消费者基于消费体验和消费习惯而对商标和商品的质量形成关联认识，所以，为了保护消费者不因注册商标的转让而受利益损失，我国现行商标法明确规定受让人有义务保证使用该注册商标的商品质量。

四、注册商标的移转

注册商标的移转，是指注册商标专用权因转让以外的事由而由新的主体享有、原商标权人失去权利主体身份的情形。一般而言，注册商标的移转主要包括三大类：其一是注册商标的继承；其二是因企业合并、兼并或改制等事由而引发的注册商标的承继；其三是依法院判决而发生的商标权的移转。

我国现行《商标法实施条例》第 32 条规定，注册商标专用权因转让以外的继承等其他事由发生移转的，接受该注册商标专用权的当事人应当凭有关证明文件或者法律文书到商标局办理注册商标专用权移转手续。实践中，办理注册商标移转的，应当填写《移转注册商标申请书》。❶ 如果转让人不能盖章，受让人应提交其有权接受该商标的证明文件或者法律文书。例如，企业因合并、兼并或者改制而发生商标移转的，应提交合并、兼并或者改制文件和登记部门出具的证明。❷ 因法院判决而发生商标移转的，应提交法院出具的法律文书，法律文书上的被执行人名称和接受该注册商标专用权的企业名称应当与申请书中的转让人名称和受让人名称相符。

注册商标的移转和注册商标的转让一样，应当受到一定的限制。如注册商标专用权移转的，注册商标专用权人在同一种或者类似商品上注册的相同或者近似的商标，应当一并移转；未一并移转的，由商标局通知其限期改正；期满未改正的，视为放弃该移转注册商标的申请，商标局应当书面通知申请人。

商标移转申请经核准的，予以公告。接受该注册商标专用权移转的当事人自公告之日起享有商标专用权。

五、典型现实问题之分析

（一）宽展期内商标权的效力问题

注册商标的续展涉及续展期和宽展期两个期限。由于法律规定注册

---

❶ 自 2002 年 9 月 15 日起，已经申请但尚未获准注册的商标，也可以申请移转。

❷ 合并、兼并或者改制文件应证明商标权由受让人继受，登记部门应证明原注册人与受让人的关系、原注册人已经不存在的现实状态。

商标续展注册被核准的自该商标上一届有效期满次日起计算，故而一般认为，在注册商标保护期届满前的续展期内提出续展申请并被核准的商标权是连续的。但如果是在商标保护期届满后的宽展期内又提出续展申请并被核准的，那么，商标权的保护期限是否也当然是连续的，或在效力范围上是否有特殊限制呢？这个问题的关键在于应当如何认定宽展期内商标权的效力。概括而言，对于宽展期内商标权的效力问题有以下几种常见的观点。

第一种观点认为，不论是在商标保护期届满前的续展期内还是在商标保护期届满后的宽展期内，只要商标注册人提出商标续展申请，不管注册商标的续展证书是否发到商标注册人的手中，该商标专用权的保护不受影响。❶ 这种观点强调"商标续展申请"，只要商标注册人提出了商标续展申请，那么宽展期内商标权就是继续有效的。但依据商标法的规定，商标权保护期限为10年，商标续展申请并不当然会被核准，那么，如果商标续展申请未被核准，认为商标权在宽展期内继续有效则相当于使得商标权的保护期限超过了10年，这显然是与法不符的，此种观点不宜在实践中被采纳。

第二种观点认为，宽展期内的商标仍然是注册商标，但其注册商标专用权具有不确定性，即在宽展期内注册商标所有人提出续展申请之前，注册商标有效期已满，注册商标专用权处于待定状态；宽展期内注册商标所有人提出商标续展注册申请之后，获得核准之前，由于商标续展注册程序较为简化、时间短，而且在一般情况下都能获得核准，因而，注册商标专用权处在潜在的确定状态；宽展期内提出续展注册申请并获得核准之后，商标专用权处在现实的确定状态。❷ 这种观点将宽展期内的商标定位为注册商标，但把注册商标专用权定性为效力待定，难免有前后矛盾之嫌，而且提出所谓的"潜在的确定状态"这一界定，难免使得实践中在处理相关

---

❶ 王太平：《商标法原理与案例》，北京大学出版社2015年版，第210页。
❷ 同下书，第211页。

问题时难以判断和把握。

第三种观点认为宽展期内商标权效力有限。如果在商标有效期届满后的宽展期内发生了续展，若续展申请被核准，尽管商标权仍然连续有效，其效力要受到限制，续展申请人不能制止商标有效期届满后、续展申请提出之前侵害注册商标的行为。❶ 这种观点认为对续展申请人通过续展获得的商标专用权予以限制，能够在一定程度上督促商标权人积极、及时进行续展申请。不过，这种观点也存在可商榷之处，既然承认了商标权连续有效，又在法律没有明确规定的情况下，对商标权进行限制，难免让人难以信服。

正如前文所述，商标权的续展是商标权相对消灭的一种情形，故而，商标权的续展本身并不会对通过初始注册而获得的商标专用权构成任何影响，即一旦注册商标的有效期届满，商标权就丧失，商标也不再是原来的注册商标。当然，商标权的续展还是一种商标确权方式，在这种确权方式下，商标权专用权保护期的计算方式没有采纳商标注册确权方式下的"自核准注册之日起计算"标准，而是采取了"自该商标上一届有效期满次日起计算"标准。在宽展期内，如果发生了续展，且续展被核准，那么就产生了新的受法律保护的商标权，且其保护期自该商标上一届有效期满次日起计算。或许也正因此，1999年《国家工商行政管理总局关于商标行政执法中若干问题的意见》❷ 才明确"请求保护处于宽展期的商标的，投诉人应当提出续展申请证明……在注册商标的宽展期内，商标注册人提出续展申请且被核准的，商标专用权连续存在，他人在此期间使用与该商标相同或者近似商标的，属于商标侵权行为"。

（二）受让人的保证商品质量义务

由于消费者基于消费体验和消费习惯而对商标和商品的质量形成关联

---

❶ 杜颖、王国力：“商标法中宽展期内商标权的定位研究”，载《知识产权》2008年第5期，第69页。

❷ 虽然该意见已经被废止，但其能够反映出当时国家工商行政管理总局对宽展期商标权效力的理解。

认识，所以，为了保护消费者不因注册商标的转让而受利益损失，我国现行商标法明确受让人有义务保证使用该注册商标的商品质量。而与法律规定相对应，我国商标法学理论研究也长期认为这一规定是合适的，并对此作出注解："商标具有标志商品或服务相对稳定的质量水平的功能，注册商标经长期使用，便会以其所代表的商品或服务的质量档次在消费者心目中形成印象，从而成为消费者选择商品或服务的一个重要依据。由此可见，商标转移也涉及消费者的利益。为了维护商标的信誉，保护消费者利益，客观上要求受让人必须保证商品或服务质量与转让人原有的一致，在转让合同或其他有关文件中要有保证商品质量的条款和措施，并在转让注册核准后切实实行。"❶

诚然，商标具有品质保证功能，但是否应当通过立法来规定注册商标受让人应承担保证商品品质的义务可能还有待商榷。商标具有品质保证功能，这是商标的基础功能之一，是商标和商品或服务联系在一起并进入市场之后而自然产生的功能。使用同一商标的商品之所以会在商品质量上能够保证连贯和一致，不是商标使用的必然结果或商标管理机关的强制要求所致，而是因为商品的生产者为了维护其客户资源、使消费者愿意继续购买其商品所作出的选择。如果商品生产者降低商品的质量，势必导致消费者在购买后改变对使用该商标商品的认识，甚至会放弃继续购买使用该商标的商品，最终受损者也终将是商品生产者。对于注册商标的转让而言，受让人降低商品质量，似乎会对消费者的利益造成一定的损害，但同时其也面临失去消费者的风险。在现代市场经济环境下，"只有在危害到社会公益时，政府才有出面干涉的必要"。❷ 注册商标的受让人降低商品质量而对消费者利益造成的损害可能并不必然构成危害社会公益。只有当商品生产者的商品"没有达到产品质量法、食品安全法和消费者权益保护法等的强制性标准时"，其才危害到社会公益，但

---

❶ 李永明：《知识产权法》，浙江大学出版社2003年版，第570页。
❷ 李茂堂：《商标新论》，元照出版公司2006年版，第127页。

"由此引发的法律责任与是否使用商标、是否涉及商标转让毫无关系"。❶因此,通过立法来明确要求注册商标转让活动中的受让人承担保证商品质量义务或许并无必要。

---

❶ 彭学龙:"商标转让的理论建构与制度设计",载《法律科学(西北政法大学学报)》2011年第3期,第140页。

第四章 商标权的行使

第一节 商标权行使的一般理论

一、商标权行使的概念

商标权的行使就是指商标权人基于其依法获得的商标权而依法实施相关的行为。商标权的行使是商标权人获取商标的最直接目的，保护商标权能够有效正常地行使也是商标法律保护制度最直接的目的。

商标权的行使包括多种方式，既包括商标权人自己使用其注册商标，也包括商标权人依法委托代理人行使以及许可他人使用其注册商标，还包括商标权人依法利用商标权进行质押融资、出资等。

二、商标权行使的原则

(一) 依法行使原则

商标权的行使，不仅是与商标权人利益攸关的事情，而且会影响消费者的利益以及市场竞争秩序，因此，商标权的行使应当遵循依法行使原则。所谓依法行使原则，主要包括三方面的要求：首先，商标权人必须是在法定的权能范围内行使其商标权。作为知识产权的一种，商标权的权能由相关法律明确规定，权利人行使商标权时只能在法律规定的权能范围内行使。其次，商标权人行使商标权必须符合法律规定的程序和要求。为了确保商标权的行使不损及消费者的利益和市场竞争秩序，各国商标法一般都会对商标权的行使规定一些程序和要求，而这是商标权人应当遵守和落实的。

最后，商标权人行使其商标权应当符合相关法律的特别规定。商标权的行使可能会涉及商标法以外的一些法律制度，如担保法、公司法等，商标权人在行使其权利时应当遵守这些相关法律的特别规定。

（二）诚实信用原则

我国现行商标法已经明确规定诚实信用原则，而诚实信用原则也是一切民商事行为理应遵循的一项基本原则。商标权人行使商标权，属于民商事领域的一种行为，其行使不能背离诚实信用这一民事权利行使的基本原则，即商标权人行使商标权，必须诚实守信、真诚善意，不得损害对方当事人利益、社会公共利益和第三人的利益。

商标权的行使应当遵循诚实信用原则，实际上就是要求：商标权人在行使商标权时应当是基于正当的目的；商标权人在行使其权利时不得有欺诈的行为；必要时，商标权人需要履行相关协助、通知和告知义务；商标权人行使商标权时不得危害竞争、不得损害消费者的利益。

（三）利益平衡原则

商标权的行使应当遵循利益平衡原则是指商标权人在遵循其意思自治来行使商标权时还应当接受一定的限制。商标权作为一项财产权，属于民事权利的一种，法律保障商标权人在行使权利时能够实现意思自治。但保障商标权人在行使商标权时的意思自治不代表商标权的行使不需要其他限制。商标权人在商标权行使时，应当遵循法律对商标权行使的限制性规定。对商标权行使的限制既可能是来源于商标法的规定，也可能是来自反不正当竞争法、反垄断法等相关法律的规定。

三、典型现实问题之分析

（一）行使商标权是商标权人依法享有的一项权利

商标，在本质上仅仅是一种标记或符号，在其和具体的商品或者服务联系在一起之前，其本身一般并不具有商业上的价值，也无法实现其识别来源、广告宣传等功能。商标权人之所以通过注册申请取得商标权，就是为了确保其在商标联系商品或服务方面的努力得到保护，从而获取经济利益。在商标法上，商标权人行使商标权是其法定的权利。如《韩国商标法》第50条规定，"商标权人享有在指定商品上独占使用其注册商标的权利"；❶《法国知识产权法典》第 L.713-1 条规定，"商标注册就该商标和指定商品及服务赋予其注册人以所有权"；❷《德国商标和其他标志保护法》第14条规定：获得商标保护的所有人原有商标专用权，有权将该标志附着于商品或其包装或包裹上、将含有该标志的商品投放入市场或者为此目的进行储存、以该标志进口或者出口商品，第29条规定商标权可以作为担保或者作为物权的标的；❸ 等等。

依据我国现行商标法，商标权人有权在核定使用的商品上使用其经核准注册的商标，有权禁止他人未经许可的、容易导致混淆的在相同或者类似的商品上使用相同或者近似的商标。为了明确商标权人行使商标权的方式与边界，我国现行《商标法》第48条还专门界定了商标的使用，即商标的使用，是指将其商标与用于商品、商品包装或者容器以及商品交易文书上，或者将商标用于广告宣传、展览以及其他商业活动中，用于识别商品的来源。

（二）行使商标权是商标权人依法应当履行的义务

由于商标权在本质上是一种垄断权，商标权的取得可能会导致一些本处于公共领域的资源被商标权人所独占享有，故而为了防止非正当地抢占商标资源，商标法往往也将行使商标权明确界定为商标权人依法应当履行的义务。只有商标权人行使商标权，才能保证商标资源发挥其应有的市场价值。如果商标权人囤而不用，商标权本身就失去了价值，也会对市场竞争等造成不利影响。

在商标立法中，商标权人承担行使商标权的义务，主要体现在商标法

---

❶ 《十二国商标法》编译组：《十二国商标法》，清华大学出版社2013年版，第377页。

❷ 同上书，第53页。

❸ 同上书，第83~88页。

规定如果商标权人在一定时期内连续不使用商标的话,则可能导致商标权被撤销,丧失商标权利。如我国现行商标法规定注册商标在没有正当理由连续 3 年不使用的,任何单位或者个人可以向商标局申请撤销该商标;《法国知识产权法典》第 L.714-5 条规定,"无正当理由连续 5 年没有在注册时指定的商品或者服务上实际使用商标的,其所有人丧失商标权利";❶《英国商标法》规定自注册程序完成之日起 5 年内,注册商标所有人或者经其同意者未在英国在其注册商标所及的商品或者服务上真正使用的,将导致商标注册被撤销;❷ 美国商标法律制度也要求商标注册后 5 年内应当提供使用证明,如果没有提供使用证明,商标局将撤销该注册商标。

第二节 商标权人的自我使用

一、自我使用的界定

商标权人的自我使用就是商标权人依法行使其商标权,主要表现为商标权人依法使用其注册商标。商标权人自我使用注册商标应当满足以下几项条件。

首先,注册商标的自我使用是在特定商品或服务上的使用。商标权之使用权赋予商标权人有权在经核定的商品或服务上使用经核准的商标。因此,商标权实际上是以特定的商品或服务上的专有使用为限的。❸ 从商标识别商品来源功能的实现角度来看,也只有当注册商标使用于特定的商品或服务时,才能在消费者和商品或服务之间建立联系,从而通过识别来源功能形成商誉。

---

❶ 《十二国商标法》编译组:《十二国商标法》,清华大学出版社 2013 年版,第 54 页。

❷ 同上书,第 432 页。

❸ 赵建蕊:《商标使用在 TRIPs 中的体现及在网络环境下的新发展》,中国政法大学出版社 2014 年版,第 13 页。

其次，注册商标的自我使用应当属于是商业性使用。商业性使用是指为了追求商业上的利益而在商业活动中使用商标。商标法赋予商标权人自我使用注册商标的权利就是为了保障商标能够在商业活动中帮助商人获取商业利益，如果对商标的使用是非商业性使用，那么则不属于商标法范畴的使用，也不归商标法所调整。

最后，注册商标的自我使用应当以法定的方式来进行。注册商标的使用方式多种多样，但只有能够为公众所感知的使用方式，才能够让消费者在市场活动中知晓该商标，并将该商标作为识别商品或服务来源的标记。只有可以被公众所感知的方式才能够构成商标法意义上的使用方式。[1] 目前，我国现行商标法已经对"商标使用"做了界定，明确了商标使用的方式。

实践中，商标权人在指定商品上自我使用注册商标的具体表现形式有：（1）采取直接贴附、刻印、烙印或者编织等方式将商标附着在商品、商品包装、容器、标签等上，或者使用在商品附加标牌、产品说明书、介绍手册、价目表等上；（2）将商标使用在与商品销售有联系的交易文书上，包括使用在商品销售合同、发票、票据、收据、商品进出口检验检疫证明、报关单据等上；（3）将商标使用在广播、电视等媒体上，或者在公开发行的出版物中发布，以及以广告牌、邮寄广告或者其他广告方式为商标或者使用商标的商品进行的广告宣传；（4）将商标在展览会、博览会上使用，包括在展览会、博览会上提供的使用该商标的印刷品以及其他资料；以及（5）其他符合法律规定的商标使用形式。商标权人在指定服务上自我使用注册商标的具体表现形式有：（1）将商标直接使用于服务场所，包括使用于服务的介绍手册、服务场所招牌、店堂装饰、工作人员服饰、招贴、菜单、价目表、奖券、办公文具、信笺以及其他与指定服务相关的用品上；（2）将商标使用于和服务有联系的文件资料上，如发票、汇款单据、提供

---

[1] 赵建蕊：《商标使用在TRIPs中的体现及在网络环境下的新发展》，中国政法大学出版社2014年版，第14页。

服务协议、维修维护证明等；(3) 将商标使用在广播、电视等媒体上，或者在公开发行的出版物中发布，以及以广告牌、邮寄广告或者其他广告方式为商标或者使用商标的服务进行的广告宣传；(4) 商标在展览会、博览会上使用，包括在展览会、博览会上提供的使用该商标的印刷品及其他资料；以及 (5) 其他符合法律规定的商标使用形式。

二、自我使用的注意事项

从有效保护商标权、维护自身利益的角度出发，商标权人在自我使用注册商标时，应当有所注意。

(1) 使用注册商标应避免不规范使用情形的出现。据新闻媒体报道，2012年1月15日，泰国驻华使馆商务处向成都市工商行政管理局商标分局发函称："在成都开会时看到了一家名为WOWO的连锁经营店，标记两侧使用的颜色排列顺序以及外观样式，同泰国的国旗一模一样。"根据"同外国的国家名称、国旗、国徽、军旗相同或近似的标志，非经该国政府同意的，不能作为商标使用"规定，泰国商务部知识产权厅要求成都该企业取消此图案样式的使用，尊重泰国对其本国国旗的使用特权。2012年3月27日，国家工商行政管理总局商标局基于泰方的要求作出《关于拟撤销第4982344、5785094号注册商标的通知》，❶ 并于2012年7月12日作出《关于撤销第4982344、5785094号注册商标的决定》，❷ 决定撤销四川WOWO超市连锁管理有限公司涉案的第5785094号及第4982344号注册商标。❸ 虽然四川WOWO超市连锁管理有限公司后来基于其注册的商标并不会在实践中被联想到泰国国旗等理由而于2014年最终胜诉，继续依法享有相关商标的商标权，但是该案提醒商标权人在自我使用商标时，应当注重商标使用的规范问题，因为该案的发生实际上就是因为商标权人在店面门牌使用注

---

❶ 商标监字〔2012〕49号。
❷ 商标监字〔2012〕92号。
❸ 尹婷婷："我国首例与国旗近似的商标争议案件尘埃落定——WOWO打赢商标'保卫战'"，载《成都日报》2014年5月6日，第28版。

册商标时未能充分注意到和重视作为注册商标构成要素的颜色在历经风吹日晒后发生褪色问题。

（2）使用注册商标应避免商标显著性的退化。由于商标显著性并非一成不变的，一旦出现显著性退化，注册商标就有可能转化为商品的通用名称，因此商标权人在使用注册商标时应当保持警惕，注意将商标和商品名称区分开来，及时有效防止相同商品生产者在市场中以自己的商标作为商品的别称。在实践中，商标退化为商品通用名称的事例并不少见，如2002年10月23日，华旗公司针对朗科公司注册在第9类计算机存储器等商品上的第1509704号"优盘"商标向国家工商局商标评审委员会提出撤销申请，商标评审委员会依法予以受理，并最终撤销了"优盘"注册商标，认定"优盘"为一种便携式计算机移动存储产品的通用名称。❶

三、典型现实问题之分析

商标权人使用注册商标既是其法定的权利，也是其应当履行的义务。我国现行商标法明确规定没有正当理由连续3年不使用的注册商标可以由任何单位或个人向商标局申请撤销。这一规定意在防止商标资源的浪费、避免商标注册而不用的情形。涉及注册商标连续3年不使用而被撤销的实践中存在多个关于描述商标使用的用语，常见的如商标法意义上的使用、真实意图的使用、公开真实合法的使用、象征性使用等。其中，象征性使用是商标权人通常采取的防止注册商标被撤销的一种特殊行为。从表面上看，象征性使用是商标权人自我使用商标的一种；但从本质上来看，象征性使用并非属于商标法意义上的商标权人自我使用注册商标的行为。

（一）象征性使用的实例及其含义

在我国，"象征性使用"一词系人民法院在商标撤销复审案件中提出

---

❶ 曹中强、黄晖：《中国商标报告（2005年第2卷）》，中信出版社2006年版，第140页。

的一个概念。❶

1997年10月13日,湖州市南浔恒大建材商行申请注册了第1240054号"大桥DAQIAO及图"商标,并于1999年1月21日获准注册,经续展后的商标专用权期限至2019年1月20日,核定使用在第19类胶合板、非金属建筑物涂料等商品上。2007年1月21日,金连琴依法受让成为复审商标的专用权人。

杭州油漆有限公司以"大桥DAQIAO及图"商标连续3年停止使用为由,请求国家工商行政管理总局商标局撤销"大桥DAQIAO及图"商标在非金属建筑物涂料商品上的注册。国家工商行政管理总局商标局于2006年11月16日受理该撤销请求,其经审查于2008年4月14日作出撤销200602456号《关于第1240054号"大桥DAQIAO及图"注册商标连续三年停止使用撤销申请的决定》,以金连琴在规定期限内提交了使用证据且该使用证据合法有效为由,决定复审商标在非金属建筑物涂料商品上的注册继续有效。

杭州油漆有限公司不服国家工商行政管理总局商标局作出的200602456号决定,于2008年5月6日向国家工商行政管理总局商标评审委员会申请复审。杭州油漆有限公司申请复审的主要理由为,金连琴提交的证据材料相互矛盾,不符合常理且真实性难以确定,不能证明"大桥DAQIAO及图"商标在非金属建筑材料涂料商品上的使用情况,故"大桥DAQIAO及图"商标在非金属建筑材料涂料商品上的注册应予撤销。

金连琴在复审程序中向国家工商行政管理总局商标评审委员会提供了如下证据用以证明复审商标的使用行为:证据1,"大桥DAQIAO及图"商标原注册人湖州市南浔恒大建材商行与金连琴于2006年8月30日签订的《商标使用许可合同》及《商标使用许可合同备案通知书》,该合同中所涉被许可使用的商标为"大桥DAQIAO及图"商标,商标许可期限为2006

---

❶ 杭州油漆有限公司与国家工商行政管理总局商标评审委员会等第1240054号"大桥DAQIAO及图"商标撤销复审行政纠纷案,北京市高级人民法院行政判决书,(2010)高行终字第294号。

年6月5日至2006年12月6日；证据2，金连琴与上海圣丹化工涂料有限公司于2006年8月31日签订的《委托加工合同》，以及杭州市余杭国家税务局于2006年9月1日开具的销售发票，该合同中显示金连琴委托上海圣丹化工涂料有限公司加工大桥牌涂料，该发票中显示销售人为金连琴，销售商品为"大桥"牌内外墙涂料，销售金额为1800元；证据3，刊登于2006年8月21日《湖州日报》上的"大桥DAQIAO及图"商标广告及相关广告专用发票，该广告的投放者为"大桥DAQIAO及图"商标原注册人湖州市南浔恒大建材商行，该广告中明确显示有"大桥牌内外墙涂料"字样，并完整显示了相应的商标图样；证据4，"大桥DAQIAO及图"商标使用标贴、宣传资料、商品成品照片。

2009年6月22日，国家工商行政管理总局商标评审委员会经审理作出第17136号决定，认定：本案的焦点问题为"大桥DAQIAO及图"商标是否于2003年11月16日至2006年11月15日进行了使用；金连琴提交的证据能够证明"大桥DAQIAO及图"商标于2003年11月16日至2006年11月15日在非金属建筑物涂料商品上进行了商业使用，杭州油漆有限公司的撤销理由不能成立。商标评审委员会依法决定：第1240054号"大桥DAQIAO及图"商标在非金属建筑物涂料商品上的注册予以维持。

杭州油漆有限公司不服商标评审委员会作出的第17136号决定，依法向北京市第一中级人民法院起诉，请求撤销第17136号决定。北京市第一中级人民法院认为，《商标许可合同》《授权委托加工合同》及发票等证据无法证明金连琴实施了真实的销售行为；《湖州日报》上登载的广告及广告费发票可以证明在2006年8月21日，"大桥DAQIAO及图"商标当时的注册人在湖州日报进行了广告宣传。虽然"大桥DAQIAO及图"商标原注册人所实施的广告投放行为属于"商标意义上的使用行为"，但鉴于其仅为一次性的广告投放行为，未达到一定规模，在无其他证据佐证的情况下，无法认定该使用行为属于"真实的、善意的商标使用行为"；金连琴提交的发票即便可以证明该销售行为真实存在，其亦仅为一次性的销售行为，未达到一定销售规模，在金连琴未提交其他证据佐证的情况下，亦无法认定该使用行为属于"真实的、善意的商标使用行为"。因此，本案证据无法证明"大桥 DAQIAO 及图"商标在涉案 3 年期限内进行了符合《中华人民共和国商标法》规定的使用，商标评审委员会在第 17136 号决定的认定有误，故判决撤销国家工商行政管理总局商标评审委员会作出的第 17136 号《关于第 1240054 号"大桥 DAQIAO 及图"商标撤销复审决定书》。

商标评审委员会与金连琴均不服北京市第一中级人民法院的判决并向北京市高级人民法院提起上诉，请求撤销原审判决。北京市高级人民法院审理认为：商标使用应当具有真实性和指向性，即商标使用是商标权人控制下的使用，该使用行为能够表达出该商标与特定商品或服务的关联性，能够使相关公众意识到该商标指向了特定的商品或服务。对于仅以或主要以维持注册效力为目的的象征性使用商标的行为，不应视为在商标法意义上使用商标。判定商标使用行为是否属于仅以或主要以维持注册效力为目的的象征性使用行为，应综合考察行为人使用该商标的主观目的、具体使用方式、是否还存在其他使用商标的行为等因素。本案杭州油漆有限公司主张"大桥 DAQIAO 及图"商标在 2003 年 11 月 16 日至 2006 年 11 月 15 日未进行符合商标法规定的使用，而金连琴所主张的对"大桥 DAQIAO 及图"商标的使用主要是指"大桥 DAQIAO 及图"商标的广告出现在 2006 年 8 月 21 日的《湖州日报》及发生在 2006 年 9 月初使用"大桥 DAQIAO 及图"商标的内外墙涂料商品的销售行为。在 2003 年 11 月 16 日至 2006 年 11 月 15 日这一期间，现有证据无法证明"大桥 DAQIAO 及图"商标存在其他使用行为，且金连琴及商标评审委员会也未提供至今仍在使用"大桥 DAQIAO 及图"商标的证据。这就是说，在 2003 年 11 月 16 日至 2006 年 11 月 15 日这 3 年里，使用"大桥 DAQIAO 及图"商标的商品销售额仅为 1800 元，期间也仅有一次广告行为投放于在全国发行量并不大的《湖州日报》上，且上述广告行为与使用"大桥 DAQIAO 及图"商标的商品销售行为均发生在杭州油漆有限公司主张"大桥 DAQIAO 及图"商标未使用的 3 年期间后期，故"大桥 DAQIAO 及图"商标的上述使用系出于规避商标法相关规定以维持其注册效力目的的象征性使用行为，而不是出于真实商业目的使用。因此,"大桥 DAQIAO 及图"商标的上述使用不符合商标法规定的使用行为,一审法院有关金连琴提交的证据无法证明复审商标在涉案 3 年期间已进行了符合《商标法》第 44 条第(四)项规定的使用行为的认定是正确的,商标评审委员会与金连琴的上诉理由均不能成立。

基于实践的发展,商标法学理论研究也关注到了商标的象征性使用,并通常将其界定为"未将商标使用于商品或服务上,未能区分商品或服务来源的商业使用,包括公布商标注册信息或者声明对其注册商标享有专有权等注册商标宣传行为,以及为保留商标权利所作的商标转让或许可行为等"。❶

(二)象征性使用的定位

象征性使用不是商标权人自我使用注册商标的一种正常行为,很多国家的商标法律制度对此都有明确的规定与规制。如美国《兰汉姆法》规定"仅仅为对一个商标保有权利而进行的使用"不属于商标在"商业活动中的使用";❷ 欧盟内部市场协调局在有关商标使用的裁定文书中也曾明确商标真正使用并不包括仅出于保留商标权利的目的而进行的象征性使用,并确立了一系列关于象征性使用的原则和标准。❸

为了更好地规范商标使用行为,有效防止商标权人的象征性使用,我国商标局和商标评审委员会制定的《商标审理标准》已经将"能够证明系争商标在商业活动中公开、真实、合法地使用"明确为系争商标注册人在承担"系争商标不存在连续三年停止使用情形的举证责任"时提交证据材料应当符合的要求之一;《最高人民法院关于审理商标授权确权行政案件若干问题的意见》❹ 第 20 条也规定"人民法院在审理涉及撤销连续三年停

---

❶ 王磊:"商标象征性使用的法律问题分析",载《中华商标》2013 年第 8 期,第 44 页。

❷ 《十二国商标法》编译组:《十二国商标法》,清华大学出版社 2013 年版,第 512 页。

❸ 臧宝清:"关于撤销三年不使用案件中'象征性使用'判断问题的初步思考",载《中华商标》2013 年第 7 期,第 48 页。

❹ 最高人民法院,2010 年 4 月 20 日,法发〔2010〕12 号。

止使用的注册商标的行政案件时，应当根据商标法有关规定的立法精神，正确判断所涉行为是否构成实际使用……没有实际使用注册商标，仅有转让或许可行为，或者仅有商标注册信息的公布或者对其注册商标享有专有权的声明等的，不宜认定为商标使用"。

第三节 注册商标的使用许可

一、注册商标使用许可的概念

财产法中的许可就是指在不转让财产所有权的条件下让渡基于财产而产生的权利，[1]注册商标的使用许可就是指商标权人在不转让商标权的情况下允许他人以约定的方式使用其注册商标的行为。注册商标的使用许可是现代商标法律制度广泛予以认可的商标权行使方式之一，我国现行《商标法》第43条规定：商标注册人可以通过签订商标使用许可合同，许可他人使用其注册商标。

注册商标使用许可通常是一种有偿许可，可以为商标权人带来实实在在的经济收益。但注册商标使用许可与同样能带来经济收益的商标权转让不同，其并不需要注册商标所有权发生转移。在市场经济活动中，注册商标使用许可不仅有助于商标权人经济收益的实现，而且对被许可人也是有利的，可以使得被许可人省去在新创品牌上可能需要花费的市场宣传费用，也可能有助于被许可人从许可人的市场商誉中获得收益。此外，注册商标使用许可还有利于商标促进商品生产和流通作用的充分发挥。

二、注册商标使用许可的类型

注册商标使用许可的类型比较多样，《最高人民法院关于审理商标民

---

[1] ［美］德雷特勒著，王春燕等译：《知识产权许可（上）》，清华大学出版社2003年版，第1页。

事纠纷案件适用法律若干问题的解释》❶ 第三条明确我国商标法所规定的注册商标使用许可包括三类。

(一) 独占使用许可

注册商标的独占使用许可，是指商标注册人在约定的期间、地域和以约定的方式，将该注册商标仅许可一个被许可人使用，商标注册人依约定不得使用该注册商标。在这类注册商标使用许可情况下，被许可人在特定地域内享有特定期限的注册商标独占使用权，市场上不存在其他的任何主体可以使用该注册商标，被许可人可以在该注册商标专用权被侵害时依法独立向人民法院提起诉讼，要求市场上侵犯该商标权的当事人停止侵权并承担赔偿责任。由于独占使用许可中被许可人所获得的权利范围涉及面很宽泛，因此，通常被许可人需要支付的许可费用也较高。❷

(二) 排他使用许可

注册商标的排他使用许可，是指商标注册人在约定的期间、地域和以约定的方式，将该注册商标权仅许可给一个被许可人使用，商标注册人依约定可以使用该注册商标，但不得另行许可他人使用该注册商标。在这类注册商标使用许可情况下，如果注册商标在市场中遭遇侵权，被许可人可以和商标注册人共同起诉，也可以在商标注册人不起诉的情况下，自行提起诉讼。注册商标的排他使用许可，在商标注册人自己不使用注册商标的情况下，可以实现像独占使用许可下那样在特定市场内仅有一个使用该注册商标的主体，其也属于获得较宽泛权利范围的一种商标使用许可。

(三) 普通使用许可

注册商标的普通使用许可，是指商标注册人在约定的期间、地域和以约定的方式，许可他人使用其注册商标，并可自行使用该注册商标和许可

---

❶ 最高人民法院，2002 年 10 月 12 日，法释〔2002〕32 号。

❷ ［英］杰里米·菲利普斯著，马强等译：《商标法实证分析》，中国人民大学出版社 2014 年版，第 459 页。

他人使用其注册商标。在这类注册商标使用许可情况下，如果发生注册商标专用权被侵害，被许可人只有经商标注册人明确授权方能提起诉讼。注册商标的普通使用许可，可以使商标注册人自己在该许可期限内继续有权使用该注册商标，也可以保证其在该许可期限内仍然有权继续许可其他人使用，因而也不失为商标注册人的一种较佳选择。

三、注册商标使用许可的法定要求

一般而言，商标法律制度在设置注册商标使用许可制度时，会对注册商标使用许可提出一些要求，如《意大利商标法》第 15 条规定商标的许可在任何情况下均不得在商品或服务的基本评判特征方面误导公众；❶《韩国商标法》第 55 条规定被许可人应当在其商品上标明自己的姓名或名称；❷ 等等。依据我国商标法律制度，注册商标使用许可应当遵循以下一些要求。

第一，注册商标使用许可情况下，许可人应当监督被许可人使用其注册商标的商品品质，被许可人应当保证使用该注册商标的商品质量。这一规定是商标立法为维护商标品质保证功能而设立的，是希望通过对许可人和被许可人义务的加设来防止消费者因注册商标使用许可而购买到品质低下的商品。不过，与前文讨论的"商标权转让中商标立法要求受让人承担品质保证义务"问题相似，品质保证功能是商标的内在功能，对于商标权人而言，商标品质保证功能能为其带来利益，换而言之，商标品质保证功能能够激励商标权人注意商品质量，但商标立法是否应当强制要求商标权人承担质量监督与保障义务则有待商榷。

第二，注册商标使用许可情况下，被许可人必须在使用该注册商标的商品上标明被许可人的名称和商品产地。在注册商标使用许可已经日益普遍的情况下，消费者获取商品信息的渠道是有限的，为了保障消费

---

❶ 《十二国商标法》编译组：《十二国商标法》，清华大学出版社 2013 年版，第 207 页。

❷ 同上书，第 379 页。

者的信息获取,也为了便于依据商品上的信息来查找到商品真实来源,商标立法有必要要求被许可人必须在商品上真实标明自己的名称和商品产地。

第三,注册商标使用许可情况下,许可人与被许可人应当签订《商标使用许可合同》。国家工商行政管理总局商标局1997年发布的部门规章《商标使用许可合同备案办法》❶明确要求"订立商标使用许可合同,应当遵循自愿和诚实信用原则。任何单位和个人不得利用许可合同从事违法活动,损害社会公共利益和消费者权益"。此外,该办法第6条还规定商标使用许可合同至少应包括六个方面的内容:(1)许可使用的商标及其注册证号;(2)许可使用的商品范围;(3)许可使用期限;(4)许可使用商标的标识提供方式;(5)许可人对被许可人使用其注册商标的商品质量进行监督的条款;(6)在使用许可人注册商标的商品上标明被许可人的名称和商品产地的条款。❷从注册商标使用许可实践来看,除该办法要求的六个方面外,为了保障注册商标许可使用双方当事人的利益,注册商标许可使用合同可以也应当包括其他一些内容,如注册商标许可使用费用的计算方式与付费方式;合同发生纠纷后的解决方法;被许可人是否有权再许可第三方使用该注册商标;等等。

第四,许可他人使用其注册商标的,许可人应当将其商标使用许可报商标局备案,由商标局公告。商标使用许可未经备案不得对抗善意第三人。我国《商标法》在第三次修订时,将原法中的"商标使用许可合同应当报商标局备案"修改为"商标使用许可报商标局备案",使得立法意在使得商标使用许可事项向社会公众公开的本意得以更真实体现,强调了备案对抗善意第三人的原则,不备案不得对抗善意第三人,有助于避免实践中误将合同的生效和备案联系在一起,避免将备案误认为是商标许可使用合同

---

❶ 国家工商行政管理总局商标局,商标〔1997〕39号,1997年8月1日发布并实施。

❷ 许可使用的商标应当与核准注册的商标一致;许可使用的商品范围不能超过核定使用的商品范围;许可使用的期限一般也不能超过注册商标的专用权期限。

的成立要件之一。

四、注册商标使用许可的备案

依据我国现行《商标法》、《商标法实施条例》第69条以及国家工商行政管理总局商标申请指南的内容，许可他人使用其注册商标的，许可人应当在许可合同有效期内向商标局备案并报送备案材料。备案材料应当说明注册商标许可人、被许可人、许可期限、许可使用的商品或者服务范围等事项。办理注册商标使用许可备案的，申请需要提交《商标使用许可备案表》以及许可人和被许可人的身份证明文件等材料，并缴纳规费。❶

报送注册商标许可备案后，对符合受理条件的，商标局予以受理并书面通知许可人；不符合受理条件的，商标局不予受理，书面通知许可人并说明理由；需要补正的，商标局通知许可人予以补正，许可人自收到通知之日起30日内，按照指定内容补正并交回商标局。期满未补正的或者不按照要求进行补正的，商标局不予受理并书面通知许可人。

符合《商标法》《商标法实施条例》规定的，商标局予以备案并书面通知许可人。不符合《商标法》《商标法实施条例》规定的，商标局不予备案，书面通知许可人并说明理由。需要补正的，商标局通知许可人予以补正，许可人自收到通知之日起30日内，按照指定内容补正并交回商标局。期满未补正的或者不按照要求进行补正的，商标局不予备案并书面通知许可人。

五、典型现实问题之分析

（一）"王老吉"商标纠纷背景资料

清朝道光年间，王泽邦初创"王老吉"凉茶，后经王氏后代的经营，"王老吉"凉茶不仅在国内获得了认可，而且在东南亚各国乃至美国都有

---

❶ 办理注册商标使用许可备案按类别收费，一个类别受理费为300元人民币。

了一定的市场认可度。1949年，中国大陆的"王老吉"凉茶归入国有企业；1956年，王老吉联合制药厂成立；1966年，因受时局影响，王老吉联合制药厂被改名为广州中药九厂，"王老吉"凉茶改名为广东凉茶；1982年，广州中药九厂改名为广州羊城药厂；1986年，"王老吉"商标被重新注册；1987年，广州羊城药厂将凉茶制成颗粒冲服剂，并取名"王老吉牌冲服凉茶"；1992年，广州羊城药厂转为股份制企业；1996年，广药集团正式成立，"王老吉"商标归广药集团持有。1997年，香港鸿道集团和广州羊城药厂签订"王老吉"商标使用许可合同，鸿道集团取得截至2003年1月的"王老吉"商标使用权，随后，鸿道集团通过其在大陆设立的加多宝集团生产红罐装"王老吉"凉茶，并逐渐扩大了市场。2000年，广药集团和鸿道集团再次签署商标使用许可合同，广药集团许可鸿道集团使用"王老吉"商标的权利有效期为2010年5月2日，后来，2002年和2003年，双方又签署了两份补充协议，将"王老吉"商标租赁期分别延长至2013年和2020年。

2010年8月，广药集团向鸿道集团发出律师函，声称两份补充协议的签订系因时任广药集团总经理的李益民受贿而成，主张无效。双方围绕"王老吉"商标的纠纷战自此开始。2011年4月，广药集团向中国国际经济贸易仲裁委员会提出仲裁申请，要求裁定两份补充协议无效、双方商标使用许可合同应终止于2010年5月。2012年5月，中国国际经济贸易仲裁委员会作出裁定支持广药的主张，对此，加多宝集团向北京市第一中级人民法院提起撤销中国国际经济贸易仲裁委员会裁决的申请，双方围绕"王老吉"商标的纠纷战升级。

"王老吉"商标纠纷引发了极为广泛的关注和讨论，甚至被认为是中国知识产权问题的"活教材"，"该纠纷的解决是对我国法治水平的一个考验"。❶"王老吉"商标纠纷案持续时间颇久、牵涉问题颇多，就商标使用

---

❶ 刘春田、范传贵："王老吉纠纷影响远超知识产权领域"，载《法制日报》2012年9月4日，第4版。

许可问题而言，该纠纷展现了商标使用许可的风险；促使相关理论研究提出了"后发商誉"理论；等等。

（二）商标使用许可的风险

由于在商标使用许可中，被许可人实际上并不能完全控制其通过商标使用许可合同而获得使用权的商标，因此其面临"断头许可"等风险。所谓断头许可，就是指商标权利人基于商标使用许可期满等原因，决定不再许可。断头许可可能使被许可人前期的经营投入和商业努力都付之一炬，甚至还可能"为他人作嫁衣裳"，让权利人或者后来的被许可人不劳而获地接续前一被许可人打拼出来的品牌声誉和市场份额。❶

在"王老吉"商标纠纷中，加多宝集团生产红罐装"王老吉"凉茶之前，"王老吉"商标因历史原因而致使其市场知晓度、认可度已极为有限，加多宝公司通过其强大的营销渠道，将"王老吉"推到了社会公众的眼前，在2009年实现销售额突破160亿元的盛况，但是由于加多宝集团并不享有商标权，所以当广药集团终止商标使用许可合同时，其难以在短期内保证其改用"加多宝"商标的相同商品仍然为消费者所熟知，其新使用的自有商标"加多宝"在消费者心目中的印象还远无法和"王老吉"相比，加多宝集团之前在"王老吉"商标上所付出的努力面临付之东流的极大风险。虽然加多宝集团通过诉讼、广告等行为极力地希望告知消费者现在的红罐或金罐"加多宝"就是当年的红罐"王老吉"，但是短期内的经济损失还是明显和难以弥补的。

（三）"后发商誉"理论的提出

在"王老吉"商标纠纷中，学术界关注和讨论的焦点问题之一就是商标使用许可中增值利益在商标使用许可到期后的分配问题，即加多宝集团在"王老吉"商标增值中作出了主要贡献，那么在商标使用许可终止后，加多宝集团是否能够要求继续分享这一商标的增值利益。这一问题的讨论

---

❶ 袁真富："断头许可的风险"，载《中国知识产权》2012年第5期，第22页。

观点诸多，在此就不一一列举，❶但值得关注的是，在相关问题的讨论中，学界提出了"后发商誉"这一新的理论概念。对此，作简单介绍如下。

常见的商标使用许可都是基于某一商标在市场上拥有较高的知名度和认可度，所以商标权人以外的市场主体才希望通过商标使用许可来取得商标使用权，以帮助自己生产的商品打开市场，获取收益，即一般的商标使用许可都是基于存在"先发商誉"的情形而发生的。在"王老吉"商标纠纷中，从该商标使用许可前后相关商品的市场销售额来看，其并不存在所谓的"先发商誉"。现如今，"王老吉"商标的高价值当属于"后发商誉"。所谓的"后发商誉"，是指在许可他人使用该注册商标或者他人擅自使用该注册商标的时间节点之前，该注册商标还没有较高的知名度和美誉度，即还没有显著商誉，在该时间节点之后，或者是被许可使用人在后的被许可使用过程中的贡献所致，或者是在擅自使用该注册商标者在后的擅自使用过程中的效果所致，才使得该注册商标"后发"产生了显著商誉。❷"后发商誉"的相关移植行为应当属于是正当合法的，不侵犯注册商标权，也不构成不正当竞争。❸

第四节 商标权的特殊行使方式

除商标权人自行使用注册商标、许可他人使用注册商标外，现代商标法律制度承认的商标权行使方式日趋多样化，如商标权人可以将商标权用于质押融资、投资等。

---

❶ 相关论文如：黄汇、谢申文："论被许可人增值商标的法益保护路径——以'王老吉'商标争议案为研究对象"，载《政治与法律》2013年第10期，第119~129页；于连超："商标所有权与使用权之增值利益分配的理论分析——由'王老吉商标纠纷案'引发的思考"，载《中华商标》2012年第12期，第37~38页；等等。

❷ 陶鑫良、张冬梅："被许可使用'后发商誉'及其移植的知识产权探析"，载《知识产权》2012年第12期，第4页。

❸ 同上，第3页。

一、商标权的质押

(一) 商标权质押的概念

商标权的质押,是指商标注册人以债务或者担保人身份将自己所拥有的、依法可以转让的商标专用权作为债权的担保,当债务人不履行债务时,债权人有权依照法律规定,以该商标专用权折价或以拍卖、变卖该商标专用权的价款优先受偿。目前,商标权可以出质,已经在商标立法实践中得到明确确认,如日本、韩国等国家的商标立法均有相关规定。

商标权的质押,属于权利质押的一种。我国现行《物权法》第 223 条、《担保法》第 75 条均规定依法可以转让的商标专用权可以质押。商标权质押有助于企业融资,是商标权行使方式的创新,也是金融机构支持企业与经济发展的新途径。近年来,我国商标权质押工作发展迅速,成效显著,据统计,2015 年,国家工商行政管理总局商标局办理商标质押登记 1123 件,月均办理 93 件,商标质押登记办理整体呈上升趋势。[1]

(二) 商标权质押的登记

商标权是一种无形财产权,且商标所承载的商誉会因市场因素的变化而受到影响,故而商标权质押存在一定的风险,而为降低或避免商标权质押的风险,我国现行《物权法》第 227 条规定:以注册商标专用权出质的,当事人应当订立书面合同,质权自有关主管部门办理出质登记时设立。《注册商标专用权质权登记程序规定》第 2 条也要求:自然人、法人或者其他组织以其注册商标专用权出质的,出质人与质权人应当订立书面合同,并向商标局办理质权登记。质权登记申请应由质权人和出质人共同提出。质权人和出质人可以直接向商标局申请,也可以委托商标代理机构代理。在中国没有经常居所或者营业所的外国人或者外国企业应当委托代理机构办理。

---

[1] 杨明、张敏:"2015 年全国商标质押登记情况简析",载 http://www.zhichanli.com/article/23625,最后访问日期:2016 年 2 月 20 日。

向商标局申请商标权出质登记的，应提交经申请人签字或盖章的《商标专用权质权登记申请书》、出质人与质权人的主体资格证明或自然人的身份证明复印件、主合同和注册商标专用权质权合同原件或经公证的复印件、出质注册商标的注册证复印件、出质商标专用权的价值评估报告❶等材料。

《注册商标专用权质权登记程序规定》第5条规定，注册商标专用权质权合同一般要包括以下内容：出质人、质权人的姓名及住址；被担保的债权种类、数额；债务人履行债务的期限；出质注册商标的清单，要列明注册商标的注册号、类别及专用期；担保的范围以及当事人约定的其他事项。

申请登记书件齐备、符合规定的，商标局予以受理。受理日期即为登记日期。商标局自登记之日起5个工作日内向双方当事人发放《商标专用权质权登记证》。《商标专用权质权登记证》载明出质人和质权人的名称、出质商标注册号、被担保的债权数额、质权登记期限以及质权登记日期等信息。出质人、质权人遗失《商标专用权质权登记证》的，应及时向商标局提出补发登记证申请，由商标局予以补发。

此外，《注册商标专用权质权登记程序规定》还规定，出质人名称与商标局档案所记载的名称不一致且不能提供相关证明证实其为注册商标权利人的，合同的签订违反法律法规强制性规定的，商标专用权已经被撤销、被注销或者有效期满未续展的，商标专用权已被人民法院查封、冻结的以及其他不符合出质条件的，商标局不予登记。质权登记后，发现存在应不予登记情形的、质权合同无效或者被撤销的、出质的注册商标因法定程序丧失专用权的、提交虚假证明文件或者以其他欺骗手段取得商标专用权质权登记的，商标局应当撤销登记。

---

❶ 如果质权人和出质人双方已就出质商标专用权的价值达成一致意见并提交了相关书面认可文件，申请人可不再提交出质商标专用权的价值评估报告。

二、商标权的出资

商标权出资是指商标权人将能够依法转让的注册商标专用权作价，投入标的公司以获得股东资格的一种特殊的出资方式。知识产权经济时代，商标权等无形财产权的价值已经得到广泛认可，故为了盘活社会各类型资本、鼓励市场主体的多样化发展、放宽对市场主体及其投资行为的限制，各国法律制度逐渐承认商标权人可以以商标权作价出资。我国现行《公司法》第 27 条规定股东可以用货币出资，也可以用实物、知识产权、土地使用权等可以用货币估价并可以依法转让的非货币财产作价出资；对作为出资的非货币财产应当评估作价，核实财产，不得高估或者低估作价。据此，商标权人将其依法可以转让的注册商标专用权作价出资已是我国法律制度所承认的商标权人行使权利的特殊方式之一。商标权人将注册商标专用权作价出资不仅有利于高效利用其掌握的资产，而且有利于发挥其商标在市场竞争方面的优势。

公司法 2014 年的修订对商标权等知识产权作价出资的行为予以了更为宽松的规定。首先，公司法 2014 年的修订删除了"全体股东的货币出资金额不得低于有限责任公司注册资本的 30%"的规定，该规定的删除意在鼓励和支持资金尚不充分的创业者，使之能够在现有资金规模下启动创业，同时，其也在一定程度上使得商标权人、知识产权人以注册商标专用权等知识产权出资时可以享有更大的股权比例。其次，公司法 2014 年的修订，取消了关于首次出资以及最低注册资本限制的相关规定，将注册资本"实缴"改为"认缴"，受此影响，在以注册商标专用权作价出资时，商标权人无须为了注册资本的缴纳而要在公司设立前就办理商标权的转让手续，商标权人可以在公司设立后再将其出资的商标权转让给公司，这增加了商标权出资的可操作性。[1] 最后，公司法 2014 年的修订，取消了"股东缴纳

---

[1] 陈林跃、程璇：《从实缴出资到认缴出资的模式变化——〈公司法〉修正案对出资验资条件的修改》，载《企业经济》2014 年第 12 期，第 189~192 页。

出资后，必须经依法设立的验资机构验资并出具证明"的规定，使得商标权的出资也无须在公司设立前就要经过验资机构验资环节。❶ 原来在公司设立前就要经历和完成的"商标权评估、商标权转让和验资机构验资"三个环节，现在简化为在设立前只需要完成商标权评估即可。当然，商标权的评估不得高估或者低估作价。

三、典型现实问题之分析

（一）质押中权利凭证的交付问题

依据大陆法系的一般法律规定，抵押设定于不动产或动产之上，无须交付标的物，但应登记；质押设定于不动产或权利之上，须交付标的物，否则质押不能成立，如果属于权利质押，则须交付权利凭证，有的还须登记，否则也不能成立。❷ 根据我国物权法、担保法以及商标法律制度，商标权的担保明确属于权利质押，即理论上应当交付权利凭证，否则不能成立，但实际上，我国商标权质押的合同自成立时生效，质权则自登记时设立，并不涉及权利凭证的交付问题。那么，商标权质押到底是否需要交付权利凭证呢？

对于商标权而言，商标权人享有的权利证书是商标注册证，但商标注册证并非商标权本身，其和债权证明不同，并非法律上的流通证券，商标权人在质押时交付商标注册证实际上没有意义。❸ 而且，如果商标权人想在设定质权后不当利用其商标权，那么就算商标权人交付了商标注册证，其不当行为也几乎不会受到影响。❹ 因此，在商标权质押中，无须强行要求商标权人交付其商标注册证。商标权质押在此与传统大陆法系中有关质押的理论不同，追根溯源，可能还是因为商标权是客体具有非物质性的无

---

❶ 傅寅嘉："论新《公司法》修改的主要内容及法律意义"，载《法治博览（中旬刊）》2014年第7期，第86~87页。
❷ 尚清锋："商标权质押设定制度探析"，载《知识产权》2010年第5期，第44页。
❸ 韩赤风：《知识产权法》，清华大学出版社2005年版，第97~99页。
❹ 尚清锋："商标权质押设定制度探析"，载《知识产权》2010年第5期，第48页。

形财产权，以及商标权质押实际上属于"形为质押，实为抵押"的一种特殊类型的担保。❶

（二）商标权的价值评估

商标权的价值评估是商标权转让、许可、质押、出资等活动中均可能涉及的一项重要活动。在商标权质押、出资等活动中，商标权的价值评估不仅涉及商标权人利益的实现，更涉及商标权质押与出资活动的风险，因而，有必要在此予以简单介绍。

商标权的价值评估有广义和狭义之解。广义来讲，商标权的价值评估就是指商标价值的量化，即通过一定的方法计算商标的货币化市场价值，如国际品牌集团、世界品牌实验室等机构在其各自发布的各类品牌排行榜中对各商标的货币价值计算。狭义来讲，商标权的价值评估是指由法定的商标评估机构根据一定的方法对商标的价值进行评价和估算的一种法律行为。❷ 商标法中的商标权的价值评估一般采狭义解释。

国家工商行政管理总局曾于1996年发布部门规章《商标评估机构管理暂行办法》，后于1998年进行修订。❸ 该办法第3条规定，符合条件的机构，经国家工商行政管理局评定具备资格的，方可开展商标评估业务。对属于国有资产的商标进行评估的，还应当取得国有资产管理部门颁发的资产评估资格证书。国家工商行政管理局设立商标评估机构资格评定委员会，负责商标评估机构资格的评定事宜。从该条对商标评估机构开展业务的严格要求就可以看出国家工商行政管理总局十分重视商标权价值评估业的发展，商标权的价值评估关系到商标市场秩序的健康发展。2011年，为规范注册资产评估师执行商标资产评估业务行为，维护社会公共利益和资产评

---

❶ 尚清锋："商标权质押设定制度探析"，载《知识产权》2010年第5期，第45页。

❷ 王莲峰：《商标法学（第二版）》，北京大学出版社2014年版，第101页。

❸ 1996年5月26日，国家工商行政管理局令第52号公布；1998年12月3日，国家工商行政管理局令第86号修订。现已被《国家工商行政管理总局废止〈企业商标管理若干规定〉等3件规章和8件规范性文件》（发布日期：2001年10月23日，实施日期：2001年10月23日）废止。

估各方当事人合法权益，中国资产评估协会在财政部和国家工商行政管理总局等部门指导下，制定了行业规定《商标资产评估指导意见》，❶ 该指导意见要求注册资产评估师在执行商标资产评估业务时应当要求委托方明确商标的基本状况；应当关注商标资产的法律状态；应当根据具体情况将评估对象确定为单一商标或者商标组合；应当要求委托方提供商标登记机关的备案资料或者有关商标许可约定的书面文件，应当关注商标许可形式对商标资产价值的影响；应当关注注册商标专用权的历史质押记录，以及对相同或者类似商品或者服务上注册的相同或者类似商标一并办理质权登记的情况。

随着我国知识产权事业的发展，商标权价值评估业的重要性更加凸显，也更受关注。2014年12月，国务院办公厅转发《知识产权局等单位深入实施国家知识产权战略行动计划（2014～2020年）》的通知，❷ 要求建立健全知识产权价值分析标准和评估方法，完善会计准则及其相关资产管理制度，推动企业在并购、股权流转、对外投资等活动中加强知识产权资产管理。2015年12月31日，中国资产评估协会发布行业规定《知识产权资产评估指南》，❸ 该指南第2条规定其所称的知识产权资产包括商标专用权的财产权益；第3条规定其所称知识产权资产评估，是指资产评估师依据相关法律、法规和资产评估准则，对知识产权资产的价值进行分析、估算并发表专业意见的行为和过程；第20条第2款规定：商标资产评估对象是指受法律保护的注册商标资产权益，包括商标专用权、商标许可权。评估对象为商标专用权的，应当关注商标是否已许可他人使用以及具体许可形式。评估对象为商标许可权时，应当明确该权利的具体许可形式和内容。

---

❶ 中评协〔2011〕228号，2011年12月30日发布，2012年7月1日起实施。
❷ 国办发〔2014〕64号。
❸ 中评协〔2015〕82号，2016年7月1日起实施。该指南共计8章59条。第一章为"总结"，第二章为"基本要求"，第三章为"以转让或者许可使用为目的的知识产权资产评估"，第四章为"以出资为目的的知识产权资产评估"，第五章为"以质押为目的的知识产权资产评估"，第六章为"以诉讼为目的的知识产权资产评估"，第七章为"以财务报告为目的的知识产权资产评估"，第八章为"附则"。

依据《知识产权资产评估指南》，资产评估师在执行商标资产评估业务时，应当根据评估目的、评估对象、价值类型、资料收集情况等相关条件，分析收益法、市场法和成本法三种资产评估基本方法的适用性，恰当选择一种或者多种资产评估方法。资产评估师对采用多种评估方法评估时，应当对各种方法评估形成的初步结论进行综合分析，形成最终评估结论。

第五章 商标权的限制

第一节 商标权限制的一般理论

一、商标权限制的概念

法学基础理论认为,任何权力或权利都存在滥用的可能,因此,立法应当对权力或权利设置必要的限制。商标权也不例外。在现代市场竞争环境下,"商标法的修改与发展几乎完全是商标权人权利的扩张过程",而"商标保护制度具有竞争性功能,它是规制市场经济秩序的重要法律机制"。❶ 商标法律制度的完善不能单单从商标权人利益出发来强化商标权的保护,还要从消费者利益、其他市场竞争者利益以及市场经济秩序的角度出发完善商标权的限制制度。商标权限制的概念有多种界定和表述,列举部分界定如下。

有学者将商标权限制界定为"基于商标权人义务基础上所构建的商标专用权及禁用权、续展权、转让权、许可使用权等注册商标权利的权利限制,这些限制针对的是地域性、时间性、注册商标使用范围、注册商标转让、许可使用等限制性规范"。❷ 从所列举的内容来看,这一界定主要考察的是商标权人权利行使规范问题,但其所界定的内容和权利人的权利范围

---

❶ [美]罗伯特·墨杰斯著,齐筠等译:《新技术时代的知识产权法》,中国政法大学出版社2003年版,第439页。
❷ 刘启正:"商标权利限制理论及构建",载《贵州社会科学》2009年第3期,第94页。

较为接近。

有学者将商标权限制界定为"在某些情况下他人正当使用与商标权人的注册商标相同或近似标记而不被视为商标权侵权的情形"。[1] 这一界定将商标权的限制理解为商标权侵权的例外情形,但商标权限制的内涵要比侵权例外情形更广,其所包含的内容并非就一定是那些原本侵权而被法律视之为不侵权的情形。

还有学者将商标权限制界定为:"在某种情况下,商标权人的权利与他人的正当权利或公众利益可能会产生冲突,法律为了保护他人的合法权益,协调权利人与社会公众利益的关系,对商标权人的专有权利及其法律保护做出的必要限制。"[2] 比较而言,此界定明确了商标权限制的理论基础为知识产权法理论中的利益平衡原则,明确了商标权的限制既包括对商标权权利本身的限制,又包括对商标权权利保护的限制,范围较为全面和完整,也和知识产权法基础理论中的权利限制理论相吻合,较为合理。

二、商标权限制的立法

在商标法发展的早期,商标权的限制并没有获得理论和实践的认可。相反,商标权通常被认为与专利权、著作权不同,其不具有垄断性质且还有利于自由竞争,故不应受到限制。[3] 但随着商标权的不断扩张以及利益平衡原则在知识产权法中的深入落实,商标权限制现已逐渐得到了认可,一些国际条约、地区或国家立法已对商标权限制问题予以了规定。如TRIPs协议第17条规定"各成员可对商标所赋予的权利规定有限制的例外……只要这些例外考虑到了商标所有人和第三方的合法利益"。《欧共体商标条例》第20条规定了"共同体商标效力的限制",明确共同体商标所有人无权禁止第三方在遵守在贸易过程中没有违反诚实惯例的使用"其自

---

[1] 张耕:《商业标志法》,厦门大学出版社2006年版,第127页。
[2] 吴汉东:《知识产权》,中国政法大学出版社1999年版,第340页。
[3] 杨红军:"欧美限制商标权利新动向",载《中华商标》2006年第2期,第30页。

己的名称或地址""有关品种、质量、数量、用途、价值、原产地、生产商品或提供服务的时间，或者商品或服务的其他特点的标志""需要表明产品或服务，特别是零部件用途的商标"。❶ 美国1938年《侵权法重述（第二次）》规定，如果消费者购买某一产品很大程度上是因为产品的美学价值，那么该产品的相关特征具备功能性，因为这些特征构成了产品的美学价值，有助于产品目的的实现；1952年Pagliero v. Wallace China Co. 案❷中，联邦第九巡回上诉法院认为一个商标如果具备美学功能，那么任何人都可以复制或者模范该商标。❸

据研究表明，目前，德国1995年修订完成的《商标和其他标志保护法》对商标权限制规定是较为全面和系统的。该法第二部分第四章较广义地规范了商标权的限制。具体如下：第一，该法第20条规定了侵权请求权的法定期限；第二，该法第21条规定了请求权的丧失；第三，该法第22条规定了基于在后商标注册的法律效力而产生的专用请求权；第四，该法第23条规定了名称和描述性标志的使用以及配件贸易；第五，该法第24条规定了商标权的权利用尽；第六，该法第25条规定了由于不实用的排除请求；第六，该法第26条规定了商标应当予以使用。❹

目前，我国现行《商标法》经过30余年的实践以及3次修订，已经逐步确立了商标权权利限制制度。如该法第59条规定"注册商标中含有的本商品的通用名称、图形、型号，或者直接表示商品的质量、主要原料、功能、用途、重量、数量及其他特点，或者含有的地名，注册商标专用权人无权禁止他人正当使用。三维标志注册商标中含有的商品自身的性质产生的形状、为获得技术效果而需有的商品形状或者使商品具有实质性价值的

---

❶ 张今："略论商标的权利限制"，载《中华商标》1998年第3期，第16~17页。
❷ Pagliero v. Wallace China Co. , 198 F. 2d 339（9th Cir. 1952）.
❸ 张爱国："以美国司法实践为例探讨商标的美学功能限制"，载《中华商标》2013年第5期，第39页。
❹ 《十二国商标法》编译组：《十二国商标法》，清华大学出版社2013年版，第85~87页。

形状，注册商标专用权人无权禁止他人正当使用"以及"商标注册人申请商标注册前，他人已经在同一种商品或者类似商品上先于商标注册人使用与注册商标相同或者近似并有一定影响的商标的，注册商标专用权人无权禁止该使用人在原使用范围内继续使用该商标，但可以要求其附加适当区别标识"，等等。

三、典型现实问题之分析

（一）商标权的强制许可

通常来讲，知识产权法中的权利限制包含权利的强制许可，以确保知识产权的取得与行使不会伤及社会公共利益，如专利法中涉及公共健康问题的专利强制许可，版权法中特定条件下的强制许可，等等。不过，基于商标法和专利法、版权法的差异，理论界与实践界一般均倾向于商标权不能适用强制许可，甚至有些国际条约或国家商标立法还特别强调商标权不允许实施"强制许可"，如 TRIPs 协议第 21 条规定"必须明确的是：对商标的强制许可是不允许的"。理论界认为，强制许可是基于社会公共利益而创设的一项制度，但就商标而言，其区别来源功能的正常和有效发挥亦是社会公共利益实现的需要；[1] 一旦对商标权实施强制许可，商标权的排他使用就受到了限制，依赖于商标权排他使用方能实现的商标区别来源功能也会因此难以实现，故不应对商标权实施强制许可。[2]

在商标法律制度发展历史中，商标权的强制许可并非一直不存在。美国司法实践中曾出现过商标权的强制许可。如在 FTC v Cereal Companies 一案中，联邦贸易委员会建议创建 5 个完全新设的公司，然后试图要求 Kellogg、General Mills 与 General Food 三家谷类加工食品生产商许可这些新

---

[1] 朱谢群：《创造性智力成果与知识产权》，法律出版社 2004 年版，第 174 页。
[2] Amanda Michaels：*A Practical Guide to Trade Mark Law*, Sweet & Maxwell, London, 1996, p. 80.

设的公司使用他们的商标；❶ 在 Borden Inc v. Federal Trade Commission 一案❷中，联邦贸易委员会查证，商标 REALEMON 在柠檬汁市场上享有支配性的市场份额，法院据此授予对商标 REALEMON 的强制许可。❸

（二）竞争法上商标权的限制

商标权的行使不仅是权利人财产权的实现方式，而且是权利人从事市场竞争的重要方式，因此，商标法和竞争法有着诸多共同关注的问题，商标权的限制就是其一。在市场竞争中，竞争主体利用商标权进行妨碍竞争、损害公共利益的行为较为容易实现，也并不少见，单纯依靠商标法来对商标权予以限制是不够的。竞争法也应当对商标权的限制发挥必要的作用。

对商标权予以竞争法的限制包括反不正当竞争法上的限制和反垄断法上的限制两大类。目前，绝大多数国家都认可了反不正当竞争法应对商标权予以必要的限制。如美国《不正当竞争法第三次重述》规定："在商标侵权诉讼中，如果行为人使用该商标系以描述性方式……说明行为人自身的商品、服务或营业……且行为人系以合理且善意的方式使用该商标，其目的仅仅是为了描述行为人的商品、服务或营业……"则此种情形不构成商标侵权。❹《日本不正当竞争防止法》第 2 条规定"使用和他人商品等周知表示相同或者近似的表示、并且产生混同危险的，构成不正当竞争行为"，但同时在第 19 条规定"对商品或者营业的普通名称或者惯用表示的普通使用行为、自己姓名的善意使用行为、先使用"等为混同行为的三种

---

❶ Carlos M. Correa, *Intellectual Property and Competition Law：Exploring Some Issues of Relevance to Developing Countries*, Published by International Centre for Trade and Sustainable Development, 2007, p. 21.

❷ Borden Inc v. Federal Trade Commission, 674 F. 2d 498, 1982 - 1 Trade Cases 64, 558, United States Court of Appeals, Sixth Circuit.

❸ [英] 杰里米·菲利普斯著，马强等译：《商标法：实证性分析》，中国人民大学出版社 2014 年版，第 461 页。

❹ 叶婷：《论我国商标权限制法律制度的完善》，华中科技大学硕士论文，2011 年 1 月，第 20 页。

除外情形;❶ 等等。

反垄断法对商标权的限制主要表现为反垄断法对商标权滥用的规制，其依据主要是 TRIPs 协议的相关规定。TRIPs 协议第 40 条规定："不应阻止成员在其国内立法中具体说明在特定场合可能构成对知识产权的滥用，从而在有关市场对竞争有消极影响的许可证贸易活动或条件。""成员可在与本协议的其他规定一致的前提下，顾及该成员的有关法律及条例，采取适当措施防止或控制这类活动。这类活动包括诸如独占性返授条件、禁止对有关知识产权的有效性提出异议的条件、或强迫性的一揽子许可证。"作为知识产权的重要部分之一的商标权，虽然与专利、著作权等其他类型的知识产权有着一定的区别，但其也可能在许可或转让等活动中被相关权利人滥用而对竞争产生消极影响，因此也应能够适用该条的规定。❷ 当然，TRIPs 协议的这一规定究竟如何适用于商标权相关领域目前还没有很明确的方案，美国和欧盟等国家或地区的反垄断立法中也尚难发现规制商标权滥用的规定,❸ 但相关法院或反垄断执法机构的反垄断案例中已有一些涉及商标权滥用而构成非法垄断的个案,❹ 如确认利用商标权授权分割市场的横向协议为违法的 United States v. Sealy, Inc. 案、❺ 明确搭售行为构成基本原则的 Siegel v. Chicken Delight, Inc. 案,❻ 等等。商标权滥用的反垄断法规制是商标权权利限制体系中不可或缺的一个重要组成部分，应受关注。

---

❶ 李扬："日本不正当竞争防止法对商标的保护"，载中国私法网，http://www.privatelaw.com.cn/Web_P/N_Show/? PID=5658，最后访问日期：2015 年 3 月 30 日。

❷ 潘晓宁："商标权限制理论分析"，载《华东理工大学学报（社会科学版）》2009 年第 3 期，第 71 页。

❸ 林华："商标权行使的反垄断豁免"，载《中华商标》2008 年第 2 期，第 14 页。不过此外，美国《兰哈姆法》涉及了商标权滥用的反垄断法规制问题，该法第 33（b）(7) 明确将原告违犯反托拉斯法作为注册商标权不可争议性的抗辩理由，而且在注册商标权人提起的侵权诉讼中被告也可援引作为侵权抗辩的理由。

❹ Harold R. Weinberg, "Is the Monopoly Theory of Trademarks Robust or a Bust?", Journal of Intellectual Property Law, Vol. 13, No. 1 (2005), pp. 137~178.

❺ United States v. Sealy, Inc., 388 U.S. 350 (1967).

❻ Siegel v. Chicken Delight, Inc. 448 F. 2d 43 (9th Cir. 1971).

第二节　商标合理使用

作为法律术语的"合理使用"（Fair Use），最早出现在著作权法理论之中，其主要是指"他人未经作者同意，对已公开发表的受版权保护之作品所享有的一种合理、有限的使用"。[1] 美国商标法理论研究与司法实践率先在参考借鉴著作权法理论的基础上共同构建了商标合理使用理论。近年来，我国商标法学的研究也逐渐加强了对商标合理使用的关注和研究，并且一般认为"商标合理使用是指他人未经商标所有人许可，基于正当目的使用权利人的商标，而不必支付对价的合法的事实行为"。[2] 商标合理使用行为既存在于商标的非商业性使用之中，也存在于商标的商业性使用之中。

一、商标的非商业性合理使用

商标，作为一种标记或符号，并非仅存在于商业领域。一个作为商标的标记或符号可能出现在人们日常生活中的各个方面，如"apple"不仅是商业领域中一种智能手机的商标，而且在人们日常生活中指代一种极为常见的水果。商标法赋予商标权人的权利主要是保障商标权人在商业领域对其商标的商业性使用，因此，在非商业领域非商标意义上使用作为商标的标记或符号一般不涉及商业利益，产生侵权的可能性也不大。[3] 商标的非商业性合理使用包括滑稽模仿、新闻报道与评论、词典等参考书中的使用等常见类型。

（一）商标的滑稽模仿

滑稽模仿，也成为戏仿、嘲讽表演，是一种可追溯至古希腊时期就已

---

[1] Bryan A. Garner, *Black's Law Dictionary* (*Eighth Edition*), 2004 West, Thomson Business, p.634.

[2] 傅钢："商标合理使用及其判断标准"，载《中华商标》2002年第12期，第36页。

[3] 武敏："商标合理使用制度初探"，载《中华商标》2002年第7期，第39页。

经出现的文学体裁,主要是对原作品进行批判或者达到某种幽默、讽刺的效果。❶ 美国最高法院曾将其定义为"作者利用他人作品中一些因素创作出来的新作品,该作品至少部分对他人的作品进行评论"。❷ 滑稽模仿,本属于著作权法领域的合理使用行为,但随着社会的发展,滑稽模仿也延伸至商标法领域。在社会生活中,商标不仅是消费者识别商品来源的标志,而且是社会文化的组成部分,能在一定情况下与商户、公众互动,故而社会评论家往往会将商标的使用看作阐明经济、环境、政治和社会论点的一种方式。❸

商标滑稽模仿引发的典型案件之一是1986年发生在美国的 L L Bean, Inc. v. Drake Publishers, Inc. 一案。❹ 在该案中,法院认为"商标并不是一般意义上的财产,它不能限制为思想交流或观点表达而擅自使用商标的行为""即便是那些令人不悦的滑稽模仿也能向社会公众传递某种信息,而这些信息可能仅仅是告诉我们可以自由地嘲弄与某个符号相连的图像。否定滑稽模仿者对我们日常生活紧密相关的符号和姓名进行取乐的机会,将严重地剥夺受保护的言论自由形式"。❺

虽然商标的滑稽模仿已较广泛地被认为属于商标的合理使用,但商标滑稽模仿的保护方式与水平目前还没有在各国商标法律制度实践中得以统一。❻ 美国法院认为,成功的滑稽模仿针对的一般都是广为人知的对象,该对象的特征如此明显以至于看到滑稽模仿就能联想到被模仿的对象,同

---

❶ 徐子越:"浅析商标滑稽模仿",载《宁波大学学报(人文科学版)》2010年第1期,第128页。

❷ Campbell v. Acuff – Rose Music, 510 U. S. 580 (1994).

❸ [英]杰里米·菲利普斯著,马强等译:《商标法:实证性分析》,中国人民大学出版社2014年版,第210页。

❹ L L Bean, Inc. v. Drake Publishers, Inc., 625 F. Supp. 1531, 1533 ~ 1535 (D. Me. 1986), rev. d, 811 F. 2d 29. (1st Cir, 1987).

❺ 邓宏光、周园:"滑稽模仿对商标权的限制",载《重庆工学院学报(社会科学)》2008年第3期,第26页。

❻ 邓宏光:"论商标权与言论自由的冲突",载《内蒙古社会科学(汉文版)》2006年第1期,第26页。

时滑稽模仿又明显区别于被模仿的对象，让人很清楚它是一种滑稽模仿。❶ 美国学者认为在判断商标滑稽模仿是否侵权时至少应考虑：被告是否属于滑稽模仿、被告使用的标志是否与原告的商标相同或者非常近似、被告使用商标的行为是否属于商业性使用、是否存在混淆的可能、是否将原告的商标与毒品或淫秽色情等不良东西建立了联系。❷ 德国法院认为，滑稽模仿作为一种抗辩，可以在当事人之间不存在竞争性关系，也可以存在这种竞争关系且可能在提起不正当竞争诉讼的情形下提出；但如果滑稽模仿并不好笑的话，这种抗辩则不成立。❸ 在我国，虽然据媒体报道，浙江温州报喜鸟西服公司曾认为影片《大腕》中出现"报丧鸟"是对其商标"报喜鸟"的讽刺影射，并意欲起诉影片的制作方和编导，❹ 但由于并无后续报道，故我国司法实践中对商标滑稽模仿的保护还难以察析。

（二）新闻报道与评论

从新闻报道与评论中获取信息是社会公众的一种生活方式，保障新闻报道与评论是保障言论自由的要求，也是保障消费者知情权的需要。商标不能成为妨碍言论自由、妨碍消费者知情权的障碍。新闻媒体根据需要引用某一商标进行客观报道、客观评论的行为不会构成商标侵权。

美国的商标反淡化立法规定"任何形式的新闻报道和评论都不得视为淡化"，❺ 不构成商标侵权。美国法院则进一步明确"除非新闻报道或新闻评论是为了某些不具有特权的私人目的而侵害商标，或者以侵害为目的，否则新闻报道享有基于正当的公共利益而对具有新闻价值的事件进行报道的特权"。❻ 欧盟相关立法也强调新闻报道与评论引用商标的行为"即使对

---

❶ 张耕：《商业标志法》，厦门大学出版社2006年版，第128页。

❷ Jordan M. Blanke, "Victor's Little Secret：Supreme Court Decision Means More Protection for Trademark Parody", 13 Fordham Intell. Prop. Media & Ent. L. J. 1093（2003）．

❸ ［英］杰里米·菲利普斯著，马强等译：《商标法：实证性分析》，中国人民大学出版社2014年版，第211页。

❹ 艾传涛："《大腕》侵权了吗？"，载《法制与经济》2002年第4期，第13~14页。

❺ 黄晖：《驰名商标和著名商标的法律保护》，法律出版社2001年版，第200页。

❻ Zacchini v Scripps – Howard Broading Co., 433 U. S. 562, 97S. Ct. 2849（1977）．

商标的声誉或者显著性造成损害，也只有在缺乏正当理由时才可以追究"侵权责任。❶

(三) 参考书中的使用

通过社会公众在日常生活中与商标的接触，商标的文化意义就可能得以增强和丰富，这使之可能被词典、百科全书或者类似参考书所收录。词典、百科全书或者类似参考书收录商标的行为并非是一种商业意义上对商标的使用行为，一般不会造成混淆，因而也就不太可能会构成商标侵权。对于商标权人而言，其商标被收入词典、百科全书或者类似参考书，一方面表明其商标在社会公众中的较高知名度、认可度，其商标可能会因收入而更为流行；另一方面商标权人也面临商标可能成为商品或服务的通用名称从而失去商标权的风险，如"Xerox"（施乐）现在就成了照相复印机的统称。

为充分保护商标权人的利益，词典、百科全书或者类似参考书使用他人商标时应当避免将他人的商标解释为商品的通用名称，以免造成淡化他人商标的后果。❷ 而为了避免商标因收入词典、百科全书或者类似参考书而演变成通用词汇，《欧共体商标条例》第10条规定了商标权人享有要求订正权，即"如果在词典、百科全书或类似参考书中对某位共同体成员商标的使用让人误认为该商标成为通用名称，出版社应按照商标权人的要求，确保近期再版时注明此商标是一个注册商标"。❸

(四) 其他非商业性使用情形

随着社会的发展，生活中还出现了一些新型的非商业性使用商标的情形，而这些情形一般不会造成混淆，故而也通常被认为是属于商标合理使用的范畴。如北京、天津、杭州、深圳曾于2002年试点个性化车牌的发放，于是出现了"BMW – 168""TCL – 007""IBM – 001"等借用他人驰

---

❶ 张耕：《商业标志法》，厦门大学出版社2006年版，第135页。
❷ 冯晓青："商标权的限制研究"，载《学海》2006年第4期，第143页。
❸ 张耕：《商业标志法》，厦门大学出版社2006年版，第135页。

名商标的个性化车牌，从法律的角度来看，这些车牌中对他人商标的使用应当属于非商业性使用，一般也不会导致混淆来源的后果，应当归属于商标的合理使用；❶再如，在网络环境下，一些网站在二级域名、三级域名、关键词之外使用与他人商标相同的词语，将之作为其网址路径的一部分来使用，❷一般认为，网址路径表示的是网站的信息在主机文件中的组织结构，并不反映网站信息的来源，也几乎不会发生混淆来源或导致误认，故不构成商标侵权。❸

二、商业性使用中的商标合理使用

商业性使用中的商标合理使用主要包括叙述性合理使用（Descriptive Fair Use）和指示性合理使用（Nominative Fair Use）两类典型情形。❹

1. 叙述性合理使用

叙述性合理使用最早是美国《兰汉姆法》规定的商标权抗辩理由之一，其是指"在涉及侵犯商标权的诉讼中，行为人将描述性的词汇用于说明其提供的产品、服务，或产品、服务的地理来源，或在自身的经营过程中称呼有关人员"，即当商标所有人选择某一公共领域的描述性术语作为自己的商标或商标组成部分时，商标所有人是在商标意义上"第二含义"上使用该术语，而公众有权在术语的"第一含义"上使用该词汇。❺根据美国《兰汉姆法》关于叙述性合理使用的相关规定，在商标侵权诉讼中适用叙述性合理使用进行抗辩应当满足三个条件："第一，行为人对他人享

---

❶ 袁真富："商标不是禁忌——谈个性化车牌是否侵犯商标权"，载《电子知识产权》2002 年第 10 期，第 62~64 页。

❷ 如网址 http://www.kelon.com.cn/ibm/shangpin002.htm 使用了"ibm"，但这一般不会导致混淆，不会让网民误认为该网站与 IBM 有关联。

❸ 刘润涛："商标的异化与商标权限制的现代发展"，载《嘉兴学院学报》2009 年第 1 期，第 136 页。

❹ 胡滨斌："论中国商标合理使用制度的建构"，载《北京交通大学学报（社会科学版）》2009 年第 2 期，第 81 页。

❺ 胡滨斌："论中国商标合理使用制度的建构"，载《北京交通大学学报（社会科学版）》2009 年第 2 期，第 82 页。

有商标权之描述性术语的使用,不属于商标法意义上的商标使用(used as a trademark);第二,行为人对他人享有商标权之描述性术语的使用,应当是合理和善意的(fairly and in good faith)❶使用;第三,行为人对他人享有商标权之描述性术语的使用,仅仅是为了描述、说明其所提供的产品或服务。"❷

目前,叙述性合理使用已经在诸多国际条约和国家商标立法中得到体现。如 TRIPs 协议第 17 条规定"各成员可对商标所赋予的权利规定有限制的例外,如描述性术语的适当使用,只要这些例外考虑到了商标所有人和第三方的合法利益"。《欧共体商标条例》第 12 条和《欧共体协调成员国商标立法一号指令》第 6 条规定,商标所有人无权制止第三人在贸易过程中使用:自己的姓名和地址;有关品质、质量、数量、用途、价值、产地名称、生产商品或提供服务之时间的标志,或者有关商品或服务其他特点的标志;……只要上述使用符合工商业领域的诚实惯例。再如《英国商标法》第 11 条的规定、《法国知识产权法典》第 713－6 条的规定、《日本商标法》第 26 条的规定,等等。

叙述性合理使用已被我国商标立法、执法和司法实践所接受。就商标立法而言,如现行《商标法》第 59 条第一款规定"注册商标中含有的本商品的通用名称、图形、型号,或者直接表示商品的质量、主要原料、功能、用途、重量、数量及其他特点,或者含有的地名,注册商标专用权人无权禁止他人正当使用"。就商标执法而言,如国家工商行政管理总局商标局于 1997 年在《关于"三株菌＋中草药"文字是否构成商标侵权的批

---

❶ 所谓的"合理",应当是指其使用行为符合诚实惯例;所谓的"善意",不同于民法中的善意,不是指不知情或不应当知情,而是根据是否有不正当竞争的意思进行确定,如果不知他人已经注册某商标,或者虽然知道他人已经注册商标,但未以恶意方式使用,应当认定为善意。参见张耕:《商业标志法》,厦门大学出版社 2006 年版,第 139 页。

❷ 何鹏:"商标合理使用理论之反思",载《理论界》2009 年第 4 期,第 91 页。

复》中认可了叙述性合理使用。❶ 就商标司法而言，如北京市高级人民法院2006年印发的《关于审理商标民事纠纷案件若干问题的解答》第26～27条认为"构成正当使用商标标识的行为应当具备：使用出于善意；不是作为自己商品的商标使用；使用只是为了说明或者描述自己的商品""满足以上规定要件的下列行为，属于正当使用商标标识的行为：使用注册商标中含有的本商品的通用名称、图形、型号的；使用注册商标中直接表示商品的性质、用途、质量、主要原料、种类及其他特征的标志的……规范使用与他人注册商标相同或者近似的自己的企业名称及其字号的"。❷

2. 指示性合理使用

指示性合理使用，也称为"被提及的合理使用"，最初是由美国商标司法实践所确立，❸ 指在某些特定的情形下，行为人为提及或指示商标所有人的商品或服务，而不是行为人自己的商品或服务，在不造成混淆的条

---

❶ 江苏省工商行政管理局《关于在产品包装上使用"三株菌＋中草药"文字是否构成商标侵权的请示》（苏工商标〔1997〕177号）显示：使用在药品、药酒、医用营养饮料、医用营养物品等商品上的"三株"商标由济南三株保健药品厂注册，享有商标专用权。江苏天宝药业有限公司在其"双歧天宝口服液"产品的包装上使用了"三株菌＋中草药"等说明性文字。江苏省工商行政管理局在认定对"双歧天宝口服液"产品包装是否构成商标侵权时，出现两种意见：一种认为"三株"已经核准注册，其他人不能在同类商品上将与他人注册商标相同的文字在商品装潢中使用；另一种意见认为，"三株"虽已注册，他人在介绍产品主要成分时出现"三株菌＋中草药"实质是在表述细菌构成时加了数词和量词，故应视为善意使用，其行为不构成商标侵权。故就此请示国家工商行政管理总局，国家工商行政管理总局商标局在批复（商标案〔1997〕505号）中认为：江苏天宝药业有限公司在第5类口服液商品包装上使用的"三株菌＋中草药"文字，既不是商标，又不是商品名称，而是对该商品成分进行说明的文字；因此，不构成侵犯"三株"及图形注册商标专用权的行为。参见北大法宝，引证码：CLI.4.71499。

❷ 京高法发〔2006〕68号，2006年3月7日实施。参见北大法宝，引证码：CLI.13.99759。

❸ New Kids on the Block v. News Am. Pub., Inc., 971 F. 2d 302 (9th Cir. 1992)。1992年，美国联邦第九巡回上诉法院在该案中确立了指示性合理使用。关于指示性合理使用的例外一个重要案例是 Cairns v. Franklin Mint Co. 292 F. 3d 1139, 63 U. S. P. Q. 2d 1279 (9th Cir. 2002)。

件下，可以不经权利人的许可而使用他人的商标。[1] 如汽车修理店为了说明自己修理的车型而使用他人注册商标；[2] 指示性合理使用的出发点是为了保障在商业实践中商品或服务的事实信息能够有效地传播给消费者，从而允许行为人使用与自己经营或提供的商品或服务存在某种事实上关联的他人商标。[3] 指示性合理使用一般要同时满足三个限制条件：（1）必要性，即如果不使用原告的商标，那么被告将难以清楚、有效地向消费者说明其所提供的产品或服务；（2）适度性，即被告对原告商标的使用必须限制在必需和适度的范围内，被告使用原告的商标应当仅仅以说明其产品、服务为限；（3）非暗示性，即被告的使用行为不得暗示、误导公众其与商标权人存在授权许可等关系，不能进行任何关于得到商标持有人赞助或支持暗示的行为。[4]

指示性合理使用在《欧共体商标条例》以及部分国家的商标立法中已经得到认可。《欧共体商标条例》第12条规定：商标所有人无权制止第三人在贸易过程中使用：……需要用来表明商品或服务用途的标志，特别是用来表明商品零部件用途的商标；只要上述使用符合工商业领域的诚实惯例。《德国商标和其他标志保护法》第23条规定："只要不与善良风俗相冲突，商标或商业标识所有人应无权禁止第三人在商业活动中使用……必

---

[1] 胡滨斌："论中国商标合理使用制度的建构"，载《北京交通大学学报（社会科学版）》2009年第2期，第82页。

[2] 美国法院曾在案例中认为汽车修理店为了表明自己的服务内容而使用大众汽车的标志，在没有突出显示该标志也未暗示其是大众汽车特许经营店的情况下，不构成侵权。参见：Volkswagenwerk Aktiengesellschaft v. Church, 411 F. 2d 350, 161 U.S.P.Q. 769 (9th Cir. 1969)；欧共体法院也曾认为作为经营BMW二手车并提供修理和维护汽车服务的被告，有权在经销二手车的同时使用原告的商标做广告，这是保障被告将从事该品牌汽车销售和维修信息提供给社会公众所必需的。参见黄晖：《驰名商标和著名商标的法律保护——从识别到表彰》，法律出版社2001年版，第194页。

[3] 周俊强："商标合理使用的概念内涵与运行机理"，载《云南大学学报（法学版）》2012年第5期，第33页。

[4] 何鹏："商标合理使用理论之反思"，载《理论界》2009年第4期，第92页；周俊强："商标合理使用：理论探赜与我国制度建构"，载《安徽师范大学学报（人文社会科学版）》2011年第3期，第301页。

须用该商标或商业标识表示一个产品或服务的用途，尤其是与附件或配件有关的产品或服务。"❶《法国知识产权法典》第 713-6 条规定："商标注册并不妨碍在下列情况下使用与其相同和近似的标记：……说明商品或服务用途，尤其是作为附件或者零部件的用途时必须的参照说明，只要不导致产源误认。但是，这种使用损害注册人权利的，注册人得要求限制或禁止其使用。"❷

我国现行商标法中并没有关于指示性合理使用的规定，但指示性合理使用在实践中已经被接受。如国家工商行政管理总局商标局于 1999 年发布的《关于服务商标若干问题的意见》第 7 条第 2 款规定 "他人正常使用服务行业惯用的标志，以及以正常方式使用商号（字号）、姓名、地名、服务场所名称，表示服务特点，对服务事项进行说明等，不构成侵犯服务商标专用权行为，但具有明显不正当竞争意图的除外"；❸ 北京市高级人民法院印发的《关于审理商标民事纠纷案件若干问题的解答》认为：在满足特定条件下，"在销售商品时，为说明来源、指示用途等在必要范围内使用他人注册商标标识的"行为，属于正当使用商标标识的行为；2003 年，北京市第二中级人民法院在 "（日本）丰田自动车株式会社诉浙江吉利汽车有限公司等侵犯商标权及不正当竞争纠纷" 中指出：被告吉利公司在对涉案美日汽车进行宣传时使用 "丰田" 及 "TOYOTA" 文字，是对涉案美日汽车发动机

---

❶ 《十二国商标法》编译组：《十二国商标法》，清华大学出版社 2013 年版，第 86 页。

❷ 同上书，第 53 页。

❸ 商标［1999］12 号，1999 年 3 月 30 日发布和实施。北大法宝，引证码：CLI.4.22317。此外，国家工商行政管理总局还曾在 1995 年 7 月 27 日发布和实施《关于禁止汽车零部件销售商店、汽车维修店擅自使用他人注册商标的通知》中明确：汽车零部件销售商店和汽车维修站点，为了说明本店经营汽车零部件品种及提供服务的范围，可以使用如 "本店销售×××汽车零部件" "本店维修×××汽车" 等字样，但其字体应一致，不得突出其中的文字商标部分，也不得使用他人的图形商标或者单独使用他人的文字商标。（工商标字［1995］第 195 号，现已被 2004 年 6 月 30 日发布和实施的《国家工商行政管理总局关于废止有关工商行政管理规章、规范性文件的决定》废止）。北大法宝，引证码：CLI.4.15531。

所具有的性能、来源进行说明，是向消费者介绍汽车产品配置的主要部件的技术、制造等来源情况，以便于消费者对汽车产品的基本情况有所了解，这种对汽车产品配置进行介绍或说明的方式是符合商业惯例的；吉利公司并未将"丰田"及"TOYOTA"文字作为涉案美日汽车的商品标识予以使用，"丰田"及"TOYOTA"文字在此不具有用来标识美日汽车产品和吉利公司的意义，未对"丰田"及"TOYOTA"注册商标权造成损害。❶

三、典型现实问题之分析

在商标的合理使用领域，存在两种特殊的情形——功能性使用和比较广告。

（一）功能性使用

我国现行《商标法》第 59 条第 2 款对功能性使用问题做了规定，明确：三维标志注册商标中含有的商品自身的性质产生的形状、为获得技术效果而需有的商品形状或者使商品具有实质性价值的形状，注册商标专用权人无权禁止他人正当使用。依据我国现行《商标法》第 12 条的规定：以三维标志申请注册商标的，仅由商品自身的性质产生的形状、为获得技术效果而需有的商品形状或者使商品具有实质性价值的形状，不得注册。故可以推断出第 59 条第 2 款所称的"三维标志注册商标"应当主要是通过使用而获得显著性从而获准注册的商标。实践中，由于商品自身的性质、为获得技术效果或者使商品具有实质性价值等原因，他人使用与三维标志注册商标一致的形状，在本质上是在"第一含义"层面的使用，并非是在使用三维标志的"第二含义"，故而其应当属于叙述性合理使用的范畴，不构成商标侵权。

---

❶ 北京市第二中级人民法院一审判决书，（2003）二中民初字第 06286 号。转引自王莲峰："商标合理使用规则的确立和完善——兼评《商标法（修改稿）》第六十四条"，载《政治与法律》2011 年第 7 期，第 75 页。其他类似的案例有山东省高级人民法院审理的"星源公司与青岛星巴克咖啡餐饮有限公司商标侵权及不正当竞争纠纷案"，（2006）鲁民三终字第 30 号；上海浦东新区人民法院审理的"卡特彼勒公司诉瑞安市长生滤清器有限公司商标侵权纠纷案"，（2006）浦民三（知）初字第 122 号，等等。

（二）比较广告

"比较广告（Comparative Advertisement），又可称为挑战性广告或竞争性广告，是指广告主通过广告的形式将自己的公司、商品或服务与同业竞争者的公司、商品或服务进行全面或某一方面比较的广告。"❶ 欧盟1997年"比较广告指令"第2条将之定义为"任何明确地或以暗示形式引用某一竞争者或其生产的产品或提供的服务的广告"。❷

对消费者而言，了解市场中商品或服务的价格、质量、实用性或者其他特征，有助于其在市场购买活动中做出理性的决定，而商家通过比较广告可以有效告知消费者其商品或服务与竞争者提供的商品或服务之间存在的差别，向消费者传递其商品或服务的价格、质量、实用性或者其他特征，有助于提高消费者对其商品或服务的认知水平，有助于其争夺市场，故比较广告在现代市场竞争中备受青睐。❸ 不过，由于比较广告往往会涉及对竞争对手商标的使用，因而也存在是否会侵犯商标权的问题。在美国和欧盟的商标法律制度中，如果他人在比较广告中使用商标权人的商标只是为了提及或指示商标所有人的商品或服务，没有造成消费者混淆的可能，且比较的内容客观真实，则他人的使用行为属于指示性合理使用的范畴。❹

1910年发生于美国的Saxlehner v Wangner一案❺通常被认为是最早的比较广告案例，美国最高法院在该案中允许被告销售矿泉水时使用原告的商标，以便告诉消费者其销售的矿泉水与原告的水并无二致；❻ 1968年发

---

❶ 李振华："论我国比较广告法律制度的建立和完善"，载《湖南政法管理干部学院学报》2002年第4期，第54～56页。

❷ "any advertising which explicitly or by implication identifies a competitor or goods or services offered by a competitor."

❸ ［英］杰里米·菲利普斯著，马强等译：《商标法：实证性分析》，中国人民大学出版社2014年版，第218页。

❹ 叶婷：《论我国商标权限制法律制度的完善》，华中科技大学硕士学位论文，2011年1月，第17页。

❺ Saxlehner v Wangner, 216 US 375, 30 S Ct 298, 54 L Ed 525（1910）.

❻ 乔小勇：《论商标权的限制》，西南政法大学硕士学位论文，2009年6月，第29页。

生的 Smith v Chanel 一案❶被认为是美国司法领域具有较大影响力的比较广告典型案例之一，美国第九巡回法院在该案中指出 Smith 虽然在广告中将自己的香水与 Chanel #5 香水进行比较，但并不构成混淆，也不会导致消费者误认为两者存在赞助等关系，Smith 在广告中使用 Chanel 商标仅仅是告知消费者其生产的香水味道与 Chanel #5 香水的味道一样但价钱十分便宜（Chanel #5 香水的价格为 25 美元，Smith 的香水价格为 7 美元），故而不构成商标侵权。❷ 2008 年的 O2 v. H3G 一案通常被认为是影响欧盟各成员处理比较广告问题的重要案例。该案中，欧共体法院不仅指出"《比较广告指令》和《欧共体商标一号指令》都明确，商标所有人无权制止他人在符合《比较广告指令》相关规定的情况下，在比较广告中使用与其商标相同或近似的标志"，❸ 而且解答了《比较广告指令》与《欧共体商标一号指令》的适用关系问题，即"比较广告的合法性适用《比较广告指令》第 3 条 a（1）中的四个条件来加以判断而不用再适用《欧共体商标一号指令》；在比较广告合法的前提下，对他人商标的使用的认定依照《欧共体商标一号指令》的相关规定来判断"。❹

目前，虽然我国现行广告法律制度体系中有涉及比较广告的内容，但与国外的情况相比较而言，我国相关立法还不完善，实践规范性也不强，

---

❶ Smith v. Channel, Inc., 402 F. 2d 562, (9th Cir. 1968).

❷ 叶赟葆：《抗辩视角下商标权限制体系研究》，华东政法大学博士学位论文，2014年 5 月，第 43 页。

❸ O2 Holdings Limited and O2 (UK) limited v. Hutchison 3G UK Limited, C - 533/06, 2008 E. C. R. I - 04231.

❹ 潘晓宁："比较广告中的商标合理使用问题研究"，载《政治与法律》2010 年第 1 期，第 97~98 页。《比较广告指令》第 3 条 a（1）对合法的比较广告提出了明确要求：不得进行误导；不得在市场范围内引起混淆，这些混淆指发布广告者与竞争者之间的以及竞争者之间，或同一竞争者的，商标、商号及其他区别性的标志的混淆；不得利用竞争者的商标、商号或其他区别性标志的声誉获取不正当利益，也不得利用竞争产品来源的指示的声誉获取不正当利益；不得以附有受保护的商标或商号的产品或服务的仿制品或复制品显示产品或服务。《欧共体商标一号指令》第 5 条 1（b）规定，判定对他人商标的使用构成侵权应满足四个条件：属商业使用；没有征得商标权人的同意；贴附该标志的商品或服务与注册商标核定的商品或服务相同或类似；以及该使用会导致相关公众混淆以致影响该商标的识别功能。

且不确定因素众多,[1] 比较广告是否可能侵犯商标权以及如果侵权应当如何认定等实践问题还难以找到明确有效的法律规则予以适用。在市场经济环境下,比较广告已经广泛存在,且其具有保障消费者知情权、促进市场自由竞争等积极作用,我国不能完全否认比较广告的合法性,当然,也不能绝对肯定比较广告不受限制。我国应尽快系统完善比较广告法律规制制度,处理好比较广告中商标合理使用行为认定等问题。

第三节 权利用尽与平行进口

一、权利用尽的含义及其类型

在商标法学中,权利用尽是指商标权人或经其授权的相关主体将带有商标的产品在第一次投放到市场后,权利人就失去了控制该产品在有关市场上继续自由流通的权利,所有合法获得该产品的人无须征求权利人的同意就可以自由地使用该产品或者将该产品再转让给第三人。[2] 权利用尽是商标权权利限制体系中的重要组成部分,其在商标法等知识产权法领域的确立,是为了实现私人利益和社会利益的平衡;其主旨是对知识产权人的权利加以必要的限制,以免产生过度垄断,阻碍产品的自由流通。[3]

权利用尽已经在国际社会获得了较为普遍的认可,但有关权利用尽的理论解释还存在不同的观点:一种观点认为权利用尽是对知识产权的固有约束,因为含有知识产权的产品进入流通市场是经过知识产权人同意的,权利人有责任接受这种约束,而且权利人通过出售产品或者许可他人出售产品已经获利,不应在产品之后的流动中重复获利;另外一种观点认为知

---

[1] 刘叶玲:"论我国比较广告立法之完善——以王老吉诉加多宝二次案例为例",载《晋中学院学报》2014 年第 6 期,第 59 页。

[2] 马乐:"权利穷竭原则规制平行进口的理论反思与现实选择",载《学习与实践》2014 年第 12 期,第 63~64 页。

[3] 张永艾:"权利穷竭原则探究——兼论平行进口问题",载《河北法学》2004 年第 3 期,第 68 页。

识产权人在售出产品时若没有明确提出限制条件则意味着购买者获得了任意处置的默认许可,权利人不再能对知识产权产品进行任何控制,反之,若权利人有限制约定则买受人应受约定的制约。❶ 比较而言,虽然上述两种观点有所不同。但都认可权利用尽可以有效防止知识产权阻碍自由贸易的实现,故对同一案件分别适用上述两种观点并不会产生完全对立的结论。

现代商标法基础理论中,权利用尽一般包括三种类型:国内用尽、区域用尽和国际用尽。商标权的国内用尽是指商标权人或经其同意的他人将带有某商标的产品在一国投放市场后,商标权人将不能再利用商标权去阻止该产品在该国范围内的再销售。商标权国内用尽有较高的社会认可度,如保护知识产权联合国际局(BIRPI)颁布的《BIRPI发展中国家示范法》第20条规定"商标的注册不应授予注册所有人以排除第二人在标有注册商标的商品在本国合法销售以后在该商品上使用同一商标权利";我国对商标权国内用尽也是采取了默认的态度,商标权人一旦出售其产品后,国内的批发商或零食商的转售行为就不再受到商标人的控制。❷ 商标权的区域用尽是指商标权人或经其同意的他人将带有某商标的产品在一国投放市场后,商标权人将不能再利用商标权去阻止该产品在该国所处的特定区域内再销售。商标权区域用尽目前主要被欧盟所接受。《欧共体商标条例》第13条规定"共同体商标所有人无权禁止由其或经其同意已投放共同体市场标有该商标的商品使用共同体商标"。❸ 除欧盟外,中国大陆、澳门特别行政区、香港特别行政区和台湾地区也通常在相关理论研究中被认为应该接受或存在商标权区域用尽。❹ 商标权国际用尽指商标权人或经其同意的他人将带有某商标的产品在一国投放市场后,商标权人将不能再利用商标权

---

❶ 花玉军、储元龙:"平行进口的性质及法律适用",载《人民司法》2002年第5期,第55页。

❷ 刘江天:"论商标权的限制",载《时代经贸》2007年第2期,第134~135页。

❸ 张永艾:"商标权穷竭原则质疑",载《政法论丛》2004年第1期,第25页。

❹ [英]杰里米·菲利普斯著,马强等译:《商标法:实证性分析》,中国人民大学出版社2014年版,第243页。

去阻止该产品在任何国家的再销售。目前,绝大度多数国家对商标权国际用尽都采取较为谨慎的态度。

二、平行进口的含义、成因和价值

商标权国际用尽是否成立的问题直接导致各国对待平行进口问题的态度。平行进口（Parallel Imports），也称为灰色市场（Gray Market），是指在国外生产的带有本国商标的商品，未经本国商标权人的同意而输入本国的行为。❶ 平行进口问题是因知识产权引发的国际贸易问题，其被视为知识产权领域里最有典型意义的与贸易有关的问题。❷

市场环境因素等造成的不同市场间价格差、厂商的差别定价等是平行进口产生的经济学原因。❸ 由于不同市场的成本不同、价格管制与税收政策不同、通货膨胀率以及汇率存在差异，同一产品在不同市场上的零售价格会出现差异；而基于利润最大化或者市场竞争的考虑，厂商往往也会根据具体市场的营销策略和竞争状况来进行产品定价，从而导致不同市场上同一产品的零售价格出现差异。当不同市场间的价格差异大于运输、关税等贸易成本时，商标权人以及经其授权的主体之外的他人就可能进行产品套购，将相关产品从价格较低的市场进口至价格较高的市场进行再销售。

平行进口在经济学领域也有其存在的价值。宏观层面来看，平行进口促进了不同市场间的资源流动，促进了市场内外部竞争的实现，能够起到活跃市场、刺激市场需求等作用，符合实现自由贸易以及世界经济一体化发展趋势的需要。❹ 从微观层面来看，平行进口使消费者因销售渠道的增

---

❶ 平行进口中的商品是通过合法渠道进来的"货真价实的正品"。王莲峰：《商标法学（第二版）》，北京大学出版社2014年版，第190~191页。

❷ 王春艳："贸易中知识产权与物权冲突之解决原则——权利穷竭的含义、理论基础及效力范围"，载《中国人民大学学报》2003年第1期，第124页。

❸ 公衍照："平行进口的发生机制及经济效应的理论分析"，载《电子知识产权》2008年第12期，第28~29页。

❹ 周兆栋："商标权平行进口的经济分析"，载《宁夏大学学报（人文社会科学版）》2010年第6期，第87页。

加而拥有了更多的消费选择余地，为消费者提供了在市场上实现低价购买特定产品的机会；❶ 平行进口在特定的情况下也有可能增加厂商的收入和利润，如平行进口可能使得进口国的最优税率降低，导致厂商从平行进口中受益，实现利润的增加；平行进口可能使得相关产品进入尚不存在授权零售代理商的市场，客观上拓展了相关产品的销售市场，有利于增加厂商的销售；等等。❷

三、平行进口的法律规制问题

虽然平行进口有其存在的合理性和价值，但平行进口可能使得厂商和授权代理商在不同市场间的价格安排受到挑战，直接或间接影响厂商和授权代理商预期收益的获得，因而在国际贸易领域，平行进口往往是被指责和拒绝的。商标权的保护正是反对平行进口的重要理由之一，即仅仅接受商标权权利国内用尽而不承认商标权权利国际用尽，就可以使平行进口成为侵犯商标权的一种典型行为。

鉴于平行进口问题的复杂性，《巴黎公约》没有涉及平行进口问题；TRIPs协议在第6条则规定"就本协定下的争端解决而言……本协定不得用于处理知识产权的权利用尽问题"，即也未对平行进口问题予以明确，将平行进口问题留给成员方自行解决。从实践来看，美国一般情况下不承认商标权权利国际用尽、不允许商标的平行进口。依据《美国关税法》《兰汉姆法》以及美国版权法等法律，"未经美国注册商标权人的书面许可，从外国进口下列商品的行为属于违法行为：该商品或者其标签、标识、印刷品、包装纸、包装盒、包装容器上贴附美国公民或法人所有并在美国

---

❶ 高山行、范陈泽、赵丽莉："商标平行进口行为的经济学分析"，载《中国软科学》2003年第8期，第33页。

❷ 公衍照："平行进口的发生机制及经济效应的理论分析"，载《电子知识产权》2008年第12期，第29页。

专利商标局注册的商标"。❶ 除非存在法定的例外情形，如当该平行进口产品是美国商标权人在国外的关联公司制造时，法院原则上允许该产品进入美国市场并进行销售，同时，当该产品的包装受到版权保护时，美国商标权人也可以据此阻止部分平行进口产品的进入。❷ 日本在 20 世纪 70 年代前完全否认商标权权利国际用尽，对商标进口予以绝对禁止，但后来通过司法判例对平行进口改为有条件的允许，即"对内外国权利人为同一商标权利人或关联商标权利人的平行进口，视之为合法；对内外国权利人为独立商标权利人的平行进口，视之为非法而禁止；平行进口的产品是用于个人目的的，则一律视为合法"。❸ 此外，法国、意大利以及韩国等国家在商标法中对商标权权利国际用尽不予承认，甚至直接规定平行进口为商标侵权行为。❹

我国商标法中没有直接明确规定平行进口问题。但一般认为我国对商标权国内用尽是予以承认的，而对商标权是否国际用尽则存在争议。在我国商标权保护实践中，已经发生多起涉及平行进口的案例，不同法院在处理这些案件中对商标权权利用尽的理解有所不同，并通常采取回避该问题的态度，这也导致相关司法判决的结果不一。

1999 年，上海利华有限公司诉广州经济技术开发区商业进出口贸易公司商标侵权纠纷案，通常也称为 "LUX 力士"香皂案，是我国较早发生的涉及平行进口问题的典型案例之一。该案中，原告上海利华有限公司是中外合资企业，主要生产 "LUX"（力士）香皂、香波等知名产品。

---

❶ 尹锋林、罗先觉："欧美商标领域平行进口规则及我国相关制度的构建"，载《知识产权》2011 年第 1 期，第 102 页。

❷ 李娟："美国商标平行进口法律评述及对我国的启示"，载《学术界》2011 年第 12 期，第 197 页。

❸ 康佑发："商标平行进口国际比较分析"，载《中华商标》2009 年第 6 期，第 77 页。

❹ 法国、意大利承认商标权权利区域用尽；韩国商标法第 36 条第二款规定平行进口为商标侵权行为。王莲峰：《商标法学（第二版）》，北京大学出版社 2014 年版，第 192 页。

1998年10月5日，原告与"LUX""LUX力士"注册商标所有人联合利华有限公司在1997年9月22日签订的原商标许可使用合同的基础上进一步签订了修订协议，将"LUX"等注册商标的许可使用方式明确为独占许可使用。此后，原告多次在报纸等媒体上声明告知公众协议的主要内容。1999年5月28日，中国佛山海关发现并依法扣留了被告广州经济技术开发区商业进出口贸易公司进口的泰国产"LUX"香皂一批共895箱，后经被告向海关提供反担保人民币18万元，货物已由被告提取。原告主张：被告未经许可进口、销售了泰国产"LUX"香皂冲击国内市场，侵犯了原告"LUX"及"LUX力士"商标独占使用权。被告辩称：其在1999年5月接受客户委托，从泰国、我国香港特别行政区进口香皂一批，在佛山海关提取后现已移交给委托进口方。这批货物来源合法，并非假冒物品。其进口的仅是"LUX"牌香皂，并未使用"LUX力士"商标，故原告主张的"LUX力士"商标的有关权利与本案无关。原告虽与"LUX"等商标所有权人签订商标独占许可使用合同且在报纸上多次声明，但不能肯定被告知道。本案是一个平行进口的典型案例，被告的行为并没有构成对原告"LUX"等商标独占使用权的侵犯。法院审理认为：原告是注册号为161679号"LUX"商标及注册号为633024号"LUX力士"商标在中国（不包括香港、澳门、台湾地区）的独占许可使用人，其对上述商标独占使用的权利受法律保护。被告进口的"LUX"牌香皂，是在与161679号注册商标核定使用商品之一香皂的同一种商品上使用了与该注册商标相同的商标，也是在与633024号注册商标核定使用商品之一肥皂的类似商品上使用了与该注册商标近似的商标，第633024号注册商标虽然除"LUX"英文字母外还包括"力士"中文字，但鉴于后者是前者的中文音译，整体而言该注册商标与被告进口的香皂上使用的"LUX"商标的音、形仍然相近似，被告抗辩认为第633024号注册商标与本案无关的理由不能成立。在未经得上述两注册商标的权利人许可的情况下、由被告进口的上述香皂应属侵犯上述两注册商标权的商品。被告进口上述香皂且在海关扣押后交纳反担保金提取该批货物并承认已交付他人，应属经销行为，被告也未提交足够证据证明其系代理他方进口上述香皂。鉴于原告早已在此之前在国内多家报纸刊登其享有"力士"（LUX）等商标独占许可使用权的声明，故应认定被告经销了应知是侵犯他人注册商标权的商品，侵犯了原告对上述两注册商标享有的独占许可使用权。至于被告还抗辩主张本案是属平行进口的问题，由于其并未提交足够的证据证明该批香皂系来源于上述两注册商标的注册人或经得商标注册人的许可，故被告的此种抗辩亦不能成立。被告应立即停止侵权行为、向原告赔礼道歉并赔偿损失。❶ 从该案来看，法院最终回避了对平行进口是否侵权问题的直接回答，而从进口商不能证明进口货物来自商标权人或得到商标权人的许可的角度，以"给他人的注册商标专用权造成其他损害"为依据进行了判决。❷

"AN'GE"牌服装案也是我国实践中发生的一起涉及平行进口问题的典型案例。2000 年 10 月 30 日，原告北京法华毅霖商贸有限责任公司与（法国）AN'GE 股份有限公司签订商业许可合同，依据双方的合同约定，原告有权以不确定的方式使用（法国）AN'GE 股份有限公司的"AN'GE"商标和有关特殊标识，并取得了在中国北京、重庆等特定地域内使用和经销"AN'GE"商标和产品的独家经营权，包括（法国）AN'GE 股份有限公司在内的任何其他公司和个人均无权在上述城市经销"AN'GE"牌服装。被告北京世纪恒远科贸有限公司自 2001 年 4 月起在被告重庆大都会广场太平洋百货有限公司开设专柜销售"AN'GE"牌服装，其销售的"AN'GE"牌服装是由重庆机械设备进出口有限公司代理从香港瑞金公司进口的。香港瑞金公司为香港销售"AN'GE"牌服装的经销商。原告北京法华毅霖商贸有限责任公司认为：被告北京世纪恒远科贸有限公司未经授权，在被告重庆大都会广场太平洋百货有限公司开设"AN'GE"品牌专卖店，销售该品牌服装服饰，侵犯了其

---

❶ 广东省广州市中级人民法院民事判决书，（1999）穗中法知初字第 82 号。

❷ 王佳："商标法对平行进口的限制"，载《华东政法大学学报》2001 年第 5 期，第 34 页。

独家经营权，违反了诚实信用的商业原则，故提起诉讼。被告北京世纪恒远科贸有限公司认为：原告取得的独家经营权，不能够对抗合同以外的第三人。被告销售该品牌服装已经取得合法授权，并未侵犯原告的任何权利，也不属于不正当竞争行为。被告重庆大都会广场太平洋百货有限公司认为，此案与其无关，其只是提供了一个经营场所，且对被告北京世纪恒远科贸有限公司进行了必要的审查，并未侵犯原告的合法权益，故不同意原告的诉讼请求。一审法院经审理认为：北京法华毅霖商贸有限责任公司通过与（法国）AN'GE股份有限公司签订合同，取得了在中国内地重庆等地区独家经营"AN'GE"牌服装的权利。但该权利并未限制从北京法华毅霖商贸有限责任公司购得"AN'GE"牌服装者必须是直接用户，而北京法华毅霖商贸有限责任公司享有的独家经营权，并不排斥将"AN'GE"牌服装向其他经营者销售的行为，因此，该独家经营权不能排斥其他经营者在同一市场以合法形式经营"AN'GE"牌服装。其他经营者有权在北京法华毅霖商贸有限责任公司取得授权的地域内经营"AN'GE"牌服装，即北京世纪恒远科贸有限公司有权将合法取得的"AN'GE"牌服装用于合法经营。因此，原审法院判决驳回了法华毅霖公司的诉讼请求。二审法院经审理认为：依据查明的事实，北京法华毅霖商贸有限责任公司取得了在中国北京、重庆等特定地域内使用和经销"AN'GE"商标和产品独占权利，其可以在该区域内阻止包括授权人在内的不特定主体行使上述权利。因此，作为独占被许可人，北京法华毅霖商贸有限责任公司取得"AN'GE"商标使用权具有相应的绝对性，北京法华毅霖商贸有限责任公司在授权地域内可以独立主张其相应的权利。北京世纪恒远科贸有限公司通过正当的交易行为从香港瑞金公司委托进口"AN'GE"牌服装，该批进口"AN'GE"牌服装确系（法国）AN'GE股份有限公司生产销售的正宗产品，且该批"AN'GE"牌服装履行了正当的进口关税手续。在此基础上，北京世纪恒远科贸有限公司销售"AN'GE"牌服装，未使消费者对"AN'GE"品牌的来源及"AN'GE"牌服装的具体销售者产生误解和混淆，因此，不能就此认定北京世纪恒远科贸有限公司的上述行为违反了我国反不正当竞争法的相关规定。❶ 在"AN'GE"牌服装案中，由于原告以不正当竞争为诉由，法院因而没有解释商标权国际用尽、平行进口的合法性等问题。❷

我国实践中发生的另外一起影响比较大的涉及平行进口问题的案例是米其林轮胎案。原告米其林集团总公司诉称：其是一家成立于1863年的法国企业，是世界著名的轮胎生产商和全球500强企业之一。早在19世纪末20世纪初，原告就已在相关商品上使用"轮胎人图形"与"MICHELIN"系列商标。原告的"轮胎人图形"与"MICHELIN"系列商标在中国很早便在轮胎与车辆等产品上获得注册。2008年4月，原告发现被告谈国强、欧灿销售侵犯原告注册商标专用权的产品，遂向法院提起诉讼。被告谈国强、欧灿共同辩称：被告销售的轮胎为原告在日本的工厂生产的正品，并没有侵犯原告的商标专用权。湖南省长沙市中级人民法院经审理查明：原告米其林集团总公司系第1922872号注册商标"MICHELIN（轮胎人图形及MICHELIN文字组合）"、第136402号注册商标"MICHELIN（文字）"、第604554号注册商标"轮胎人图形"、第1294488号注册商标"轮胎人图形"的商标注册人。被告谈国强与欧灿所售米其林轮胎产自原告的日本工厂，但没有3C认证标志。而根据我国国家监督检验检疫总局和国家认证认可监督管理委员会于2001年12月3日一起对外发布的《强制性产品认证管理规定》（3C认证）和《第一批实施强制性产品认证的产品目录》，汽车轮胎包括轿车轮胎、载重汽车轮胎等属于需要强制3C认证的产品。故在该案中，虽然被告主张其行为属于平行进口，不应构成商标权侵权，但法院最终以"被告销售的轮胎没有通过我国强制性要求的3C认证，而没有通过3C认证的产品在中国使

---

❶ 邵明艳："如何看待商标的平行进口——AN'GE牌服装案引发的商标平行进口问题初探"，载《国际商报》2003年10月13日。

❷ 刘亚军、马乐："国际特许经营中商标独占使用权保护的困境与选择——由一起商标平行进口案例引发的思考"，载《当代法学》2006年第4期，第107页。

用，其安全性难以获得保障，在此类产品上标有米其林商标的情况下，一旦出现问题毫无疑问会严重影响米其林集团商标声誉和利益"为由认定被告侵犯商标权行为成立，判决被告停止侵权行为并赔偿原告经济损失。❶

平行进口问题具有复杂性，各国在涉及平行进口的案件中会根据本国的经济环境、产业政策等因素调整和适用商标权权利用尽规则。但从立法的稳定性、保证司法的一致性以及促进我国国际贸易的持续健康发展角度来看，我国应当尽快在商标法律制度中明确商标权权利用尽规则，为平行进口问题的处理提供法律依据。

四、典型现实问题之分析

商标权应受到权利用尽原则的限制，但权利用尽原则本身也应当受到一些限制。

（一）商品质量控制的限制

商标权人往往会根据其营销政策及相关市场的具体情况而在不同市场上销售并不完全一致的标有相同商标的商品，同时，各个市场对相关商品的质量等方面的要求往往也不一样。正如我国发生米其林轮胎案所示，轮胎进入我国市场必须通过3C认证。对大多数消费者而言，在同一市场上看到附有相同商标的商品时，往往会认为商品的质量没有太大差异，且应该符合市场关于质量控制的要求。在此情况下，消费者知情权难以充分实现，而一旦发生质量问题，商标权人的利益也将受到损害，故此时商标权权利用尽应当失效，他人销售商品的行为构成商标侵权。

（二）商品改变的限制

不管是承认商标权国际用尽、区域用尽还是国内用尽，绝大多数国家都要求第三者在转售时不得改变商品原样、不能与其他商品混合，甚至不

---

❶ 长沙市中级人民法院，（2009）长中民三初字第0073号。

能重新包装,且第三者可能还有义务以显著方式告知消费者商品来源之不同,❶ 否则商标权权利用尽不再适用。如美国在 1999 年通过判例明确对原商品改动后再适用原商品的商标构成商标侵权;❷《欧共体商标条例》规定第三人转售时如果使商品质量发生变化或损坏,则商标权人可以阻止该商品的继续销售;欧盟司法实践也明确"对外包装内部产品的原有物理状况造成了相反改变、对产品的精神面貌或气味造成了相反改变"等将导致商标权权利用尽不再适用。❸

(三)真品限制

商标权权利用尽和平行进口问题都以相关商品是正品为前提,否则无法适用。各国在界定商标权权利用尽或平行进口时就已经明确所涉商品应当是商标权人或经其同意的主体投入市场中的商品,如果他人再销售的商品并非最初来源于商标权人或经其同意的主体,而是他人仿制或假冒的,则不能用商标权权利用尽来作为侵权的抗辩。

(四)服务商标例外

商品商标和服务商标是有区别的,前者和实实在在的商品联系紧密,后者往往联系的是无形的服务。各国在阐述或界定商标权权利用尽或平行进口时,都仅仅只提及了"商品"而没有提及"服务",故在一般情况下,商标法理论中所提及的权利用尽并不能适用于服务商标领域。❹

---

❶ 张今:"论商标法上的权利限制",载《法商研究》1999 年第 3 期,第 83 页。

❷ 余翔:"实质性差别——美国商标权耗尽与平行进口法律演变及现行准则",载《国际贸易》2001 年第 3 期,第 49 页。

❸ 熊敏琴:"浅析商标权权利用尽原则",载《电子知识产权》2013 年第 1 期,第 60 页。

❹ [英]杰里米·菲利普斯著,马强等译:《商标法:实证性分析》,中国人民大学出版社 2014 年版,第 249~251 页。

第四节　商标先用权

一、商标先用权的含义与性质

商标先用权，是指在他人通过注册获得商标权之前已经使用某商标的人，在他人通过注册获得商标权之后可以在特定情况下继续享有在原有范围内使用该商标的权利。就其性质而言，商标先用权既不是商标权，也是不是一种自然的民事权利，而是一种特殊的法定权利；❶ 该权利既构成对注册商标专用权的限制，也能适当保护未注册商标使用人因商标使用行为而获得的特定权益。❷

从商标制度发展的历史来看，商标先用权产生于商标注册取得制度的广泛推行之后。按照注册取得商标权的制度设计，谁先提交商标注册申请，谁有权取得商标权。某人即使在先使用了商标也可能会因他人注册取得了商标权而无权继续使用同一商标。注册取得商标权的制度设计对没有先申请注册的商标先使用人明显不公，且商标注册申请人有可能在申请商标注册时已经知晓有人正在使用该商标，有违商标法上的诚实信用原则，故为了弥补商标注册取得制度的缺陷，一些国家设置了商标先用权制度。❸ 商标先用权人即特定的未注册商标使用人基于自己在先使用这一客观事实获得了对抗注册商标专用权人商标侵权指控的消极权利，商标先用权制度是通过限制注册商标专用权以保护商标在先使用人的正当利益，而不是给未注册商标使用人确立等同于商标权的专有使用的权利。❹

---

❶ 陈化琴、黄欢："再论商标先用权"，载《法制与经济》2011年第6期，第70页。
❷ 一般来讲，商标先用权仅适用于有一定影响的未注册商标。
❸ 杨红军、李惠："论商标先用权及我国相关制度之完善"，载《特区经济》2006年第6期，第301页。
❹ 曹新明："商标先用权研究——兼论我国《商标法》第三修正案"，载《法治研究》2014年第9期，第19页。

二、商标先用权的国内外立法

大多数英美法系国家以及部分大陆法系国家都已经在商标立法中规定了商标先用权。❶ 归纳而言，有的国家在商标权的限制条款或抗辩条款规定了商标先用权，如美国《兰汉姆法》规定了在先使用可以作为商标侵权的抗辩理由之一，《协调成员国商标立法 1988 年 12 月 21 日欧洲共同体理事会第一号指令》在"商标效力的限制"部分中专款规定了商标先用权，《德国商标和其他标志保护法》在第四章"保护的限制"中将商标先用权与合理使用、权利用尽一并纳入其中，❷《英国商标法》在"注册商标效力的限制"部分明确商标先用权为商标权限制的类型之一；❸ 有的国家在商标权限制条款之外单独规定了商标先用权，如《日本商标法》第 32 条专门在"因在先使用取得商标的权利"一条中规定了商标先用权，❹《意大利商标法》在"商标的使用"一章中的第 9 条规定了商标先用权。❺

我国商标法第三次修订之前，并没有对商标先用权予以规定，仅仅是通过"赋予在先使用人有权撤销在后恶意进行的商标注册"等条款来保护未注册商标权，且相关条文的内容也不够具体、可操作性较差，❻ 因此在未注册商标司法保护实践中也出现了一些分歧，有的法院奉行严格的法定主义认为"未注册商标即使已经在先使用，也不能对抗在后注册商标法定的排他效力，因而不能继续使用"；有的法院则认为"注册商标专用权并不具有完全的排他效力，在先使用的未注册商标只要符合一定的条件就可

---

❶ 张耕：《商业标志法》，厦门大学出版社 2006 年版，第 153~155 页。
❷ 《十二国商标法》编译组：《十二国商标法》，清华大学出版社 2013 年版，第 85 页。
❸ 同上书，第 419 页。
❹ 同上书，第 251 页。
❺ 叶赞葆："论商标权限制体系中的商标先用权——兼谈修订后的新商标法"，载《理论月刊》2014 年第 4 期，第 121 页。
❻ 张峣："商标先用权保护探讨"，载《知识产权》2014 年第 2 期，第 65~66 页。

以受到保护"。❶ 为了更好地在商标立法中落实利益平衡原则,《商标法》第三次修订后的第 59 条在有关"注册商标权人无权禁止的行为"中规定了商标先用权,明确"商标注册人申请商标注册前,他人已经在同一种商品或者类似商品上先于商标注册人使用与注册商标相同或者近似并有一定影响的商标的,注册商标专用权人无权禁止该使用人在原使用范围内继续使用该商标,但可以要求其附加适当区别标识"。

三、商标先用权的构成要件

从我国商标法对商标先用权的规定来看,商标先用权的构成要件主要包含以下几个方面。

（一）具有在先使用的客观事实

商标先用权的取得以存在在先使用的客观事实为基础。在判断是否存在在先使用的客观事实时一般需要注意三方面的内容：

首先,判断"在先"时间点。不同国家商标立法对与在先使用判断的时间依据有所不同。如在美国,商标注册公告之日前,如果有人持续使用该商标的,则允许使用人在该范围内继续使用该商标;❷ 在我国,要求未注册商标使用人的使用行为应早于注册商标权人的申请注册行为,判断的时间点是以商标注册申请日为标准。

其次,"使用"应当是商标法意义上的实际使用。在先使用的"使用"是强调商标在商品或者服务上的实际使用,相关商品应当实际投放入了市场。只有实际使用,商标才能够伴随商品或者服务的投放市场被消费者接

---

❶ 曹远鹏:"商标先用权的司法实践及其内在机理——基于我国司法案例群的研究",载《中山大学研究生学刊（社会科学版）》2009 年第 3 期,第 85~86 页。相关案例如"弘奇公司与洪加富纠纷",浙江省宁波市中级人民法院（2005）甬民二初字第 73 号民事判决书;加加酱业公司与富贵公司纠纷案,长沙市中级人民法院（2005）长中民三初字第 9 号民事判决书;厦门恩森公司与上海恩森公司纠纷案,上海市第一中级人民法院 2006 年沪一中民五（知）初第 64 号民事判决书;维他龙公司与惠尔康公司纠纷案,湖南省高级人民法院（2005）湘高法民三终字第 49 号民事判决书;等等。

❷ 张峣:"商标先用权保护探讨",载《知识产权》2014 年第 2 期,第 64 页。

触到，商标的识别来源功能才能得以发挥，单纯的象征性使用不能产生商标先用权。❶

最后，"使用"应当是持续性使用。未注册商标使用人的使用状态应当是持续性地使用，各国商标法在商标先用权的构成要件中几乎都有此要求。❷ 我国《商标法》第 59 条虽未直接提出"持续性使用"这样的要求，但我国商标法对注册商标明确提出了持续性使用的要求，商标先用权的构成也当然应满足此条件。❸ 此外，我国《商标法实施条例》第 92 条规定："连续使用至 1993 年 7 月 1 日的服务商标，与他人在相同或者类似的服务上已注册的服务商标相同或者近似的，可以继续使用；但是，1993 年 7 月 1 日后中断使用 3 年以上的，不得继续使用。已连续使用至商标局首次受理新放开商品或者服务项目之日的商标，与他人在新放开商品或者服务项目相同或者类似的商品或者服务上已注册的商标相同或者近似的，可以继续使用；但是，首次受理之日后中断使用 3 年以上的，不得继续使用。"

（二）商品、服务的相同或类似，商标的相同或近似

只有在相同、类似的商品或服务上使用相同或近似的商标，混淆才有可能发生，商标先用权也才有可能产生。如果在不相同、不类似的商品或服务上使用不相同、不近似的商标，混淆一般是不会发生的，两个商标之间甚至可能毫无联系，因此也就谈不上商标先用权的产生了。在此种情况下，商标权人依法享有其注册商标的专有使用权，未注册商标的使用人也

---

❶ 王莲峰："商标先用权规则的法律适用——兼评新《商标法》第 59 条第 3 款"，载《法治研究》2014 年第 3 期，第 11 页。

❷ 关于持续性使用，日本学界认为：一是其并不要求在先使用者的营业处于持续不断的状态，如果由于季节性的原因而中断，或由于经营者一时的困境或其他原因中断使用，也应当认为在先使用的商标处于持续使用状态；二是如果在先使用者将自己的在先使用的商标和营业进行了分开转让或进行了许可使用，在这种情形下，在先使用者不得主张在先使用权。王莲峰："商标先用权规则的法律适用——兼评新《商标法》第 59 条第 3 款"，载《法治研究》2014 年第 3 期，第 13 页。

❸ 张崂："商标先用权保护探讨"，载《知识产权》2014 年第 2 期，第 64 页。

可以继续使用其未注册商标,还可以将其使用的未注册商标依法申请注册。

(三) 未注册商标经使用已具有一定影响

未注册商标是不是需要经过使用而具有一定影响才能产生商标先用权的问题,在学术理论研究中存有分歧。有研究认为商标先用权不应当以未注册商标具备一定的影响为构成要件。商标先用权是商标注册取得制度的一种补充制度,其本质是要保护已经存在的"市场先行利益和市场信用"。在商标注册取得制度下,未注册商标只能受到有限的保护,这种有限的保护主要是根据其是否产生了一定的影响而定。如果商标先用权不需要以经使用而具有了一定的影响为构成要件,则其保护范围过广,甚至会对商标注册取得制度构成挑战,从而使得通过注册取得的商标权得不到充分保障。❶ 实际上,日本等国家的商标立法都要求商标先用权应当以"在先使用人使用已使消费者广为知晓该商标及与其相关的商品或服务"为构成要件。❷

不过,以"经使用已有了一定影响"为商标先用权的构成要件,也使得实践中对商标先用权的确认与保护出现一些困难,即"经使用已有了一定影响"究竟应当如何判断。我国现行商标法实际上多处涉及"一定影响",但并没有详细解释何为"一定影响",也没有给出"一定影响"的判断标准。学理上一般认为,参照驰名商标是"为相关公众所熟知的商标"的标准,具有一定影响的商标应当是尚未构成驰名商标,但其也"已经具有了一定的市场知名度和美誉",❸ 或"在一定区域内产生了知名度,为公众所知晓"。❹

---

❶ 刘元静、杜允花:"浅析商标先用权的构成要件",载《法制与经济》2014年第6期,第124~125页。

❷ 张耕:《商业标志法》,厦门大学出版社2006年版,第155页。

❸ 王莲峰:"商标先用权规则的法律适用——兼评新《商标法》第59条第3款",载《法治研究》2014年第3期,第13页。

❹ 张崤:"商标先用权保护探讨",载《知识产权》2014年第2期,第65页。

（四）未注册商标使用人应当是善意的

虽然未注册商标使用人在他人申请注册商标之前就已经使用某商标并产生了一定影响，可以在一般情况下推定其在主观上是善意的，但是在商标抢注盛行的当下，无法避免出现一些以不正当竞争为目的的人抢先在他人申请注册商标之前使用商标以获得商标先用权。[1] 故大多数学者认为商标先用权的构成要件还应当包括对未注册商标使用人主观善意的考察，只有未注册商标使用人没有采取不正当竞争手段也未侵犯他人在先权利的情况下，商标先用权才可能产生。[2]

四、典型现实问题之分析

（一）商标先用权行使的注意事项

商标先用权是商标注册取得制度下限制商标权、对未注册商标予以适当保护的制度设计，商标先用权的行使只能在法定的范围内进行。此外，为了保障商标注册取得制度的有效运行，在后注册商标专用权人在其权利受到限制的同时，也有权对依法要求商标先用权人履行一定的义务。

首先，商标先用权人仅有权在其原使用范围内继续使用。商标先用权产生只是在先的未注册商标使用人依据"先用先得原则"获得的一种类似于侵权损害赔偿豁免权的权利。[3] 如果不对在先的未注册商标使用人的权利行使范围做出限制，则可能会损害在后的注册商标专用权人的利益，不符合利益平衡原则的要求，故当在后注册商标专有权产生后，在先的未注册商标使用人只能在原使用范围内继续使用该商标。具体来讲，所谓的

---

[1] 汤亮：" 浅析我国商标先用权制度"，载《湖北警官学院学报》2012 年第 3 期，第 86 页。

[2] 英国、日本商标法和我国台湾地区的相关规定还支持在"在先使用者对他人注册了自己使用的商标并不知情"条件下的在先使用者继续使用。张崂："商标先用权保护探讨"，载《知识产权》2014 年第 2 期，第 64 页。

[3] 曹新明："商标先用权研究——兼论我国《商标法》第三修正案"，载《法治研究》2014 年第 9 期，第 23 页。

"原使用范围内"包括如下要求❶:第一,商标先用权人只能在其原来使用商标的商品或服务类别上继续使用该商标,一旦扩大了商品或服务的类别,则构成侵权;第二,除特定情形外,如依据注册商标权人要求而添加区别标记,在先的未注册商标使用人不得改变该服务商标的图形、文字、色彩、结构、书写方式等内容;第三,生产规模和销售或服务区域不得扩大;第四,在先的未注册商标使用人只能自己继续使用该商标而不能许可他人使用该商标或者转让该商标。❷

其次,注册商标权人可以要求商标先用权人附加适当区别标识。为了维护市场竞争秩序、保护在后注册商标权人及在先的未注册商标使用人各自的合法利益,在商标先用权制度下,在后注册商标权人可以要求商标先用权人附加适当区别标识,以帮助消费者在市场中识别商品或服务的来源;在相关实践操作中,商标行政管理机关或者法院也可以根据具体情况,对混淆性、误导性比较明显的商标,强制要求商标先用权人附加适当区别标识;在不易造成混淆或误导的情况下,可以建议商标先用权人附加适当区别标识。❸ 常见的适当区别标识如不同的包装、企业的字号或者名称、产地等。❹

---

❶ 对"原使用范围内"的理解,主要参考:国家工商行政管理总局于 1994 年 8 月 12 日发布实施的《关于服务商标继续使用问题的通知》(工商标字〔1994〕第 216 号,已被 2004 年 6 月 30 日颁布实施的《国家工商行政管理总局关于废止有关工商行政管理规章、规范性文件的决定》废止)规定:"服务商标继续使用时,使用人须遵守下列规定:1. 不得扩大该服务商标的使用地域;2. 不得增加该服务商标使用的服务项目;3. 不得改变该服务商标的图形、文字、色彩、结构、书写方式等内容,但以同他人注册的服务商标相区别为目的而进行的改变除外;4. 不得将该服务商标转让或者许可他人使用。"我国《专利法》第 69 条第 2 项规定"在专利申请日前已经制造相同产品、使用相同方法或者已经作好制造、使用的必要准备,并且仅在原有范围内继续制造、使用的"不视为侵犯专利权。

❷ 商标先用权也并非绝对不能发生转移。如《日本商标法》第 32 条规定:商标先用权人的业务继受人也可以享有商标的先用权。

❸ 曹新明:"商标先用权研究——兼论我国《商标法》第三修正案",载《法治研究》2014 年第 9 期,第 23 页。

❹ 王莲峰:《商标法学(第二版)》,北京大学出版社 2014 年版,第 187 页。

(二) 谭斯月诉北京尚丹尼美发中心侵害商标权纠纷案

2014年12月,北京市朝阳区人民法院一审审结谭斯月诉北京尚丹尼美发中心侵害商标权纠纷案。该案是商标法第三次修订后,司法实践中首例使用商标先用权进行抗辩取得成功的案件。

该案主要情况如下:原告谭斯月于2014年1月14日获得商标局核准注册的尚丹尼文字商标,该商标注册号为11358870号,核准使用类别为第44类服务,包括医疗按摩、美容院、理发店、保健、化妆师等。后谭斯月发现北京尚丹尼美发中心未经其许可,擅自在店面门头、网络宣传推广中使用尚丹尼商标,故诉至法院。被告北京尚丹尼美发中心答辩称:首先,北京尚丹尼美发中心早在2008年就开始使用尚丹尼作为公司企业名称予以注册使用,并且在实际经营中不断推广尚丹尼商标,因此,北京尚丹尼美发中心是尚丹尼商标及字号的在先权利人;其次,目前北京尚丹尼美发中心已经在北京开设有4家门店,经过不断推广,尚丹尼已经具有良好的口碑和一定的影响力;最后,谭斯月是北京尚丹尼美发中心前员工的爱人,而且其并未实际使用上述商标,因此谭斯月属于恶意抢注。[1]

北京市朝阳区人民法院经审理认为:首先,北京尚丹尼美发中心成立于2008年,并自2008年开始就通过网络以"尚.丹尼造型"进行服务推广,并在门头或者指路标识上同样以"尚.丹尼造型"进行标注,因此,可以确认北京尚丹尼美发中心自2008年成立以来,一直以尚丹尼作为商业标识予以使用,这种标识经过长期使用已经可以界定为商标性使用,即已经构成未注册商标;其次,北京尚丹尼美发中心尽管未将尚丹尼做商标注册,但是根据北京尚丹尼美发中心自成立以来将北京多家门店与大众点评网进行合作推广以及新浪微博推广的事实,可以确认北京尚丹尼美发中心将尚丹尼作为商标使用已经在一定范围内具有了一定影响;再次,虽然北京尚丹尼美发中心使用尚丹尼商标的服务范围同样为理发,即与谭斯月享有商标专用权的涉案商标属于相同服务,并且商标标识一致,但是,北京

---

[1] 北京市朝阳区人民法院民事判决书,(2014)朝民初字第25490号。

尚丹尼美发中心在谭斯月申请涉案商标注册前，已经在理发服务上使用未注册商标尚丹尼多年，即北京尚丹尼美发中心属于使用在先；最后，谭斯月就其主张权利的涉案尚丹尼文字商标也并未予以实际使用。因此，可以认定北京尚丹尼美发中心对涉案商标的使用行为符合上述《商标法》第59条第3款规定，谭斯月无权禁止北京尚丹尼美发中心在涉案使用范围内继续使用尚丹尼商标，不过，考虑到谭斯月主张权利的涉案商标目前仍处于有效状态，北京尚丹尼美发中心对尚丹尼商标的使用不得超出涉案范围，谭斯月亦可以要求北京尚丹尼美发中心在使用涉案商标时适当附加区别标识以区别服务来源。

第六章 商标权的保护

第一节 商标权保护的一般理论

一、商标权保护的正当性

商标立法的最直接目的就是在市场活动中对商标权予以保护,如《韩国商标法》第1条规定"本法的宗旨在于通过保护商标以维护商标使用者的商誉"。❶ 印度商标法开宗明义地表明"本法目的……为相关商品与服务的商标提供注册与更完善的保护"。❷ 我国现行《商标法》在第1条立法宗旨中也明确强调是为了保护商标专用权而制定该法。

在市场活动中要保护商标权,无论是从经济学角度还是从法哲学角度,都具有一定的正当性。从经济学角度来看,在市场活动中使用的商标是一个容纳了商品来源、商品质量等特征信息的载体,其能够帮助消费者降低搜索成本、促使商品生产者维持或提高商品质量;只有对商标所有人或使用人予以专用权保护,方能保证商标传递信息的真实性和持续性,使其在市场活动中正常发挥信息载体作用,故而商标权保护具有经济学上的正当性。从法哲学角度来看,商标所有人或使用人在市场活动中使用商标,会予以适当的劳动投入与投资,这是商标权系属于具有财产性权利的基础,

---

❶ 《十二国商标法》编译组:《十二国商标法》,清华大学出版社2013年版,第355页。

❷ 同上书,第145页。

洛克的财产权劳动理论为商标权保护提供了法哲学基础。❶

二、商标权保护的范围

明确商标权的保护范围是认定商标侵权的基点。❷ 商标权保护范围与商标权的权利范围不同，❸ 后者主要是指商标权人自己行使权利的范围。如依据我国现行商标法，商标权人的权利范围是在核定使用的商品上使用核准注册的商标，这一规定较为严格，商标权人不能随意改变注册商标的构成要素，否则可能导致注册商标被撤销；商标权人在核定使用商品外的其他商品上使用经核准注册的商标，也不享有商标专用权。商标权保护范围一般大于商标权的权利范围，其不仅包括商标权的积极效力范围，即商标权人在核定使用的商品上使用核准注册的商标，而且包括商标权的消极效力范围，即商标权人依法享有的禁止他人在相同或类似的商品上使用与其注册商标相同或近似的商标，甚至还包括在一定的条件下，商标权人有权禁止他人在非类似商品或服务上可能造成混淆的使用相关标志的行为以及可能造成混淆的将相关标志使用于域名、商号的行为。❹

三、商标权的保护方式

商标权作为一种无形财产权，对其予以司法保护是各国通行的做法。所谓的商标权司法保护就是指当商标权遭遇侵权时，商标权人或者相关利害关系人可以向人民法院对侵权人提起诉讼。其中，利害关系人包括注册商标许可合同的被许可人、注册商标财产权的合法继承人等。

在我国，除司法保护，商标权的保护方式还包括行政保护。我国现行《商标法》第60条规定，商标注册人或者利害关系人对侵权人可以向人民

---

❶ 文学：《商标使用与商标保护研究》，法律出版社2008年版，第51页。
❷ 张耕：《商业标志法》，厦门大学出版社2006年版，第213页。
❸ 王莲峰：《商标法（第二版）》，北京大学出版社2014年版，第121页。
❹ 如驰名商标的权利人享有跨类别保护其商标的权利。参见张耕：《商业标志法》，厦门大学出版社2006年版，第213页。

法院起诉，也可以请求工商行政管理部门处理。该法第 61 条也规定，对侵犯注册商标专用权的行为，工商行政管理部门有权依法查处。

商标权的保护既可以通过司法途径也可以通过行政途径来实现，这就是所谓的商标权保护的"双轨制"，这被认为是中国商标法律制度中的特色之一。商标权行政保护在司法保护方式之外开辟了一条商标侵权的行政处理途径，具有系属主动执法、专业性强、效率高、费用低廉等优势。❶当然，商标权的行政保护也有一些值得思辨之处，如商标权行政保护实质上是计划经济时代行政主管机关管理色彩浓厚的产物，其也可能导致相同或相似案件在行政保护与司法保护下出现相反的裁决等问题。❷

四、典型现实问题之分析

（一）商标权司法保护的管辖与诉讼时效

我国《最高人民法院关于审理商标民事纠纷案件适用法律若干问题的解释》第 6~7 条规定，因侵犯注册商标专用权行为提起的民事诉讼，由侵权行为的实施地、侵权商品的储藏地或者查封扣押地、被告住所地人民法院管辖。所谓的侵权商品的储藏地是指大量或者经常性储存、隐匿侵权商品所在地；所谓的查封扣押地是指海关、工商等行政机关依法查封、扣押侵权商品所在地。对于涉及不同侵权行为实施地的多个被告提起的共同诉讼，原告可以选择其中一个被告的侵权行为实施地人民法院管辖；仅对其中某一个被告提起诉讼的，该被告行为实施地的人民法院有管辖权。

依据我国现行商标法律制度，侵犯商标专用权的诉讼时效为 2 年，自商标注册人或者利害关系人知道或者应当知道侵权行为之日起计算。商标注册人或者利害关系人超过 2 年起诉的，如果侵权行为在起诉时仍在持续，在该注册商标专用权有效期内，人民法院应当判决被告停止侵权行为，侵

---

❶ 叶秀进："商标权行政保护法律制度需完善"，载《中华商标》2009 年第 10 期，第 17 页。

❷ 程皓："中国商标权双轨保护体系：历史演进与未来转型"，载《河北法学》2014 年第 9 期，第 61 页。

权损害赔偿数额应当自权利人向人民法院起诉之日起向前推算 2 年计算。

(二) 商标权行政保护中工商行政管理部门的职权

依据我国现行商标法律制度，工商行政管理部门可以依职权查处侵犯注册商标专用权的行为，涉嫌犯罪的，应当及时移送司法机关依法处理。县级以上工商行政管理部门在根据已经取得的违法嫌疑证据或者举报，对涉嫌侵犯他人注册商标专用权的行为查处时，主要享有以下职权。❶

(1) 询问与调查权，即县级以上工商行政管理部门在依法查处涉嫌侵犯他人注册商标专用权行为时，有权到相关当事人所在的住所、工作场所、生产经营地询问相关当事人，或责令相关当事人将其了解的情况用书面形式提交给工商行政管理部门，或责令相关当事人将其掌握的与侵权行为有关的物品、工具、数据等提供给工商行政管理部门。

(2) 查阅与复制权，即县级以上工商行政管理部门在依法查处涉嫌侵犯他人注册商标专用权行为时，有权查阅、复制当事人与侵权活动有关的合同、发票、账簿以及其他有关资料，以便了解涉案行为的具体情况并在必要时保存相关证据，以便判断相关行为的性质、情节以及危害后果。

(3) 检查权，即县级以上工商行政管理部门在依法查处涉嫌侵犯他人注册商标专用权行为时，有权对相关当事人涉嫌从事商标侵权行为的生产加工场所或经营场所、涉嫌从事商标侵权行为的商品或商标标识的存放场所等进行现场检查，以及对与侵权活动有关的物品予以检查。

(4) 查封或扣押权，即县级以上工商行政管理部门在依法查处涉嫌侵犯他人注册商标专用权行为时，有权查封或扣押有证据证明是侵犯他人注册商标专用权的物品，包括与侵犯注册商标专用权有关的产品及其包装、主要用于制造侵权商品或伪造注册商标标识的工具等。

工商行政管理部门在依法行使职权时，当事人应当予以协助、配合，不得拒绝、阻挠。此外，在查处商标权侵权案件过程中，对商标权属存在

---

❶ 国务院法制办公室：《中华人民共和国商标法（含商标法实施条例）注释与配套（第三版）》，中国法制出版社 2014 年版，第 57~59 页。

争议或者权利人同时向人民法院提起商标侵权诉讼的,工商行政管理部门可以中止案件的查处。中止原因消除后,应当恢复或者终结案件查处程序。

第二节 商标侵权行为的认定

一、商标侵权行为的概念与构成

简而言之,商标侵权行为就是指侵犯注册商标专用权的行为。❶ 商标侵权行为的界定是实现商标权保护的前提和基础,也是商标立法的重要任务之一。民事法律理论认为侵权行为的构成要件一般应当包括"行为的危害性、损害事实的存在、因果关系、行为人主观上有过错"四项;❷ 但在商标法律理论中,有学者认为商标侵权行为的构成要件不适用民事法律理论中侵权行为构成要件的一般理论,商标侵权行为的构成要件只需要"实施了一定的行为,以及行为人实施的行为侵害了他人的商标权"两个要件,并不需要"过错"和"实际损害"这两个要件。❸ 相比而言,民事法律理论中的四要件说和我国现行商标法律制度中关于商标侵权行为的规定并不完全吻合,如行为人主观上的无过错并不必然会致使侵权行为不成立;但商标侵权行为构成的两要件说显然也稍显简单,难以准确界定和判断商标侵权行为。对于商标侵权行为的构成,一般应当至少考察以下三个方面的要件。

第一,被侵权人的商标权真实存在和有效。商标侵权行为成立的前提应当是商标权的存在并有效。正如有学者研究指出,在我国现行商标法律制度中,气味商标在现阶段并未被商标立法所接受,还不属于商标法的保

---

❶ 石慧荣:"商标侵权行为的立法分类及其认定",载《现代法学》1998年第4期,第70页。

❷ 张艳玲:"从大陆法视角论商标侵权行为的认定",载《三峡大学学报(人文社会科学版)》2010年第8期,第89页。

❸ 齐爱民:《知识产权法总论》,北京大学出版社2010年版,第185页。

护范围。❶ 因此，即使某一行为对气味商标拥有者或者使用者的权益构成侵害，该行为也并不属于侵犯商标权行为，气味商标拥有者或者使用者至多是依据反不正当竞争法律制度来寻求救济。再如，在商标侵权纠纷实践中，常见的一种情形就是涉嫌侵权的当事人会依法对涉案商标权的有效性提出质疑，而商标权一旦被认定为存在应当宣告无效的情形，则商标侵权行为自然不成立。

第二，未经商标权人的同意并且不存在法定的例外。商标权作为一种私权，权利人有权自由处分自己的权利，如果商标权人同意他人使用其商标的行为，那么商标侵权行为自然也就无法成立。❷ 另外，基于利益平衡原则的考虑，商标法一般会对商标权设定一些限制、规定一些侵权的例外情形，如商标先用权等，如果存在法定的例外，侵权行为当然也不成立。

第三，侵权人实施了破坏法律所保护社会关系的商标权侵害行为。商标立法保护商标权人依法独占性地支配其注册商标，商标权人与其注册商标之间的这独占性支配关系应当受到尊重和认可。❸ 如果侵权人未经商标权人的同意在商业活动中实施了破坏商标与权利人之间独占性支配关系的行为，那么势必会给权利人造成真实或潜在的利益损失，该行为则可能属于商标权侵权行为。

二、商标侵权行为认定的依据

在商标侵权行为的构成要件中，"侵权人实施了破坏法律所保护社会关系的商标权侵害行为"是实践中判断难度最大的一个要件。为了有效地对此要件做出判断，通常以混淆理论、联想理论以及淡化理论为依据来认定商标侵权行为。

---

❶ 郭禾：《知识产权法（第五版）》，中国人民大学出版社2014年版，第195页。
❷ 尹晓静："商标侵权行为的构成要件之宏观分析"，载《黑龙江省政法管理干部学院学报》2013年第5期，第77页。
❸ 郭禾：《知识产权法（第五版）》，中国人民大学出版社2014年版，第196页。

（一）混淆理论

商标混淆理论认为，识别商品或服务的来源是商标的最核心功能，让消费者在购物时能够依据商标区分不同经营者提供的商品或服务是商标的最基本价值；商标立法保护的最根本目的就在于确保商标识别来源功能的正常实现，判断商标侵权与否的关键就在于相关行为人的商标使用行为是否导致消费者可能对商品或服务来源发生混淆。[1]

商标混淆理论是现代商标法律制度中最为常见的认定商标侵权行为的理论基础，知识产权领域的诸多国际条约和许多国家的商标立法都采纳了该理论。如 TRIPs 协议第 16 条规定"注册商标的所有者应享有一种独占权，以防止任何第三方在未经其同意的情况下，在商业中对于与已注册商标的商品或服务相同或相似的商品或服务采用有可能会导致混淆的相同或相似的符号标记。在对相同或相似的商品或服务采用相同的符号标记时，就推定混淆的可能性已经存在"；1987 年修订的《兰汉姆法》第 43 条明确将混淆可能性的保护范围规定为："任何人在商业活动中，使用任何文字、名称、标记或图案或上述要素的结合于有关的商品或服务或商品容器之上，由此可能导致混淆，或导致误解或欺骗，使人误认为其与他人有附属、关联、联营关系，或者是使人误认为其商品或服务或商业活动源于他人或由他人赞助或许可，应当承担民事责任"；[2]《协调成员国商标立法 1988 年 12 月 21 日欧洲共同体理事会第一号指令》在第 10 条立法理由中也明确"保护注册商标的目的尤其在于保障商标标识商品来源的功能……混淆的可能性构成了商标获得保护的特别条件"；[3] 我国现行《商标法》第 57 条第 2 款在第三次修订时新增了"容易导致混淆"的要求，明确将商标混淆可能性作为认定商标侵权行为的标准之一。

---

[1] 邓宏光："商标混淆理论的扩张"，载《电子知识产权》2007 年第 10 期，第 37 页。

[2] 孟静、李潇湘："事实与经验——商标混淆可能性的要素分析"，载《宁夏大学学报（人文社会科学版）》2011 年第 2 期，第 143 页。

[3] 黄晖：《驰名商标和著名商标的法律保护》，法律出版社 2001 年版，第 60~61 页。

（二）淡化理论

理论界认为，淡化理论始于 1927 年美国学者弗兰克·谢克特（Frank Schechter）在《哈佛法学评论》上发表的学术论文《商标保护的理论基础》。弗兰克·谢克特在该文中主张，在所有的案件中，必须结合商标的功能才能测算出真正的损害，而商标发挥的功能并非是所谓的识别商品或服务的来源；因为人们要去购买某个或者某种商品，并非是因为知道或者识别出该商品是某生产者生产的，而是因为识别出令人满意的产品。也就是说，商誉比商标更为重要，商标只不过是商誉的影像而已。[1] 传统的混淆理论关注的是消费者就商品的来源发生混淆，将商标的功能定位为识别商品的来源。混淆理论解决不了"把相同或者近似的商品用在非竞争性商品上而逐渐消耗或者稀释公众对于某一商标的认识"的问题，商标权人要想防止他人通过商标对自己商誉的侵犯，只能求助于商标淡化理论。[2]

商标淡化理论一般适用于驰名商标或具有相当知名度的商标之保护。所谓的淡化包括弱化（Blurring）和丑化（Tarnishment）两种形式，[3] 就是指减少、削弱驰名商标或者其他具有相当知名度的商标的识别性和显著性，损害、玷污其商誉的行为。[4] 目前，已经有一些国家或地区的商标立法接受了商标淡化理论。如美国在 1995 年就制定了《联邦反淡化法》，并于 1999 年、2006 年进行了修正；《欧共体商标条例》第 9 条也采纳了淡化理论，规定"共同体商标应赋予商标所有人以下专用权：商标所有人有权禁止任何第三方未经许可在贸易过程中……将任何与共同体商标相同或近似的标志，使用在与共同体商标注册的商品或服务不类似的商品或服务上，如果共同体商标在共同体内享有声誉，且该标志的使用将无正当理由地利

---

[1] Frank Schechter: "The Rational Basis of Trademark Protection", in *Harvard Law Review*, 1927. 40, pp. 816~817.

[2] 杜颖："商标淡化理论及其应用"，载《法学研究》2007 年第 6 期，第 44~45 页。

[3] 邓宏光："美国联邦反淡化法的制定与修正"，载《电子知识产权》2007 年第 2 期，第 32 页。

[4] 刘晓军："商标淡化的侵害对象研究"，载《知识产权》2002 年第 1 期，第 24 页。

用或损害该共同体商标的显著特征或声誉"。❶

目前，关于"我国商标法律制度是否采纳了淡化理论"的问题，尚存有一些争议。结合立法文本来看，可以肯定的是，我国现行《商标法》第13条规定的"就不相同或者不相类似商品申请的商标是复制、摹仿或者翻译他人已经在中国注册的驰名商标，误导公众，致使该驰名商标注册人的利益可能受到损害的，不予注册并禁止使用"，在一定程度上表明在我国驰名商标保护是受到淡化理论的影响的。另外，据学者通过对100份驰名商标案件判决书的整理和研究发现，淡化理论在我国商标案件裁判中的影响也的确越来越大。❷

（三）联想理论

联想理论源起于20世纪70年代初比利时、荷兰、卢森堡三国成立统一商标局并制定统一商标法。❸ 1971年，比利时、荷兰、卢森堡制定的商标法第13条提出联想理论，主张在认定商标近似与否时采用联想的标准而不是混淆标准。所谓联想，就是指隔离观察时，看到在后商标会立刻联想到一个知名的在先商标，并能感觉到后者是在刻意攀附在先商标，从而让消费者产生后者与在先商标存在一种衍生关系的认识。❹ 如果在市场中，消费者对两个商标产生了两者是相同或相关的联想，那么不管是否会导致消费者误认为两者系来源于同一个生产者都会对在先商标的权利人造成利益损害，因此应当认定在后的商标使用行为属于商标侵权行为。

从本质上来看，联想理论和混淆理论有着一定的联系，混淆可以算是联想的一种极端结果，❺ 但比较而言，联想理论仅仅针对在相同或类似的

---

❶ 邓宏光："欧盟商标反淡化法"，载《电子知识产权》2007年第3期，第24页。

❷ 李友根："'淡化理论'在商标案件裁判中的影响分析——对100份驰名商标案件判决书的整理与研究"，载《法商研究》2008年第3期，第134~135页。

❸ 蒋尉："从混淆理论、反淡化理论到联想理论"，载《学术论坛》2007年第8期，第64~65页。

❹ 陈玮婧："驰名商标保护的'联想理论'探析——以'卡地亚'商标侵权案为视角"，载《武汉交通职业学院学报》2014年第3期，第26页。

❺ 张耕：《商业标志法》，厦门大学出版社2006年版，第216页。

商品或服务上使用与他人注册商标相同或者近似的商标,其没有能够涵盖在不同或者不相类似的商品或服务上使用与他人注册商标相同或者近似的商标。❶ 因此,联想理论主要在比利时、荷兰、卢森堡以及欧洲的部分国家有一定的影响,法国以及欧洲之外的大多数国家目前都还没有在商标立法中明确采纳联想理论为认定商标侵权行为的标准。

三、典型现实问题之分析

（一）混淆的类型

混淆理论是商标侵权判断的重要理论依据,在司法实践中,根据发生混淆的时间,可以将混淆分为售前混淆、售中混淆和售后混淆三类。

1. 售前混淆

售前混淆（pre-sale confusion）,也称为"初始兴趣混淆"（initial interest confusion）,是指具有购买意图的消费者在决定购买前混淆了商品来源,但在其决定购买时经过再次识别而消除了混淆。早在1975年的美国 Grotrian, Helfferich, Schulz, Th. Steinweg Nachf v. Steinway & Sons❷ 一案中,"售前混淆"就被提出;后在1987年的 Mobil Oil Corp. v. Pegasus Petroleum Corp. ❸ 一案得到发展;经过1999年的 Brookfield Communications, Inc. v. West Coast Entertainment Crop. ❹ 一案而被广泛地承认。❺

在售前混淆的情况下,虽然消费者的最终购买行为没有受混淆影响,但消费者在购买前的混淆实际上也无法避免地有损被混淆的商标权人的利益,如消费者因混淆而关注了本来并没有关注的造成混淆的商标,甚至可能放弃原本希望购买的被混淆的商标所联系的商品,转而购买造成混淆的

---

❶ 钱矛锐:"商标的混淆、淡化及其相关理论之比较探析",载《阴山学刊》2004年第1期,第116页。

❷ 523 F. 2d 1331 1341（2d Cir. 1975）.

❸ 818 F. 2d 254（2d Cir. 1987）.

❹ 174 F. 3rd 1036（9th Cir. 1999）.

❺ 张德芬、韩萌:"商标售前混淆理论的发展及其适用规则",载《公民与法》2011年第4期,第13~14页。

商标所联系的商品；消费者还可能会误认为两者有一定的联系，造成混淆的商标在一定程度上借助了被混淆商标所承载的商誉。故售前混淆应该构成商标侵权，即如果消费者在购买商品前，通过广告等渠道接触和了解商品时发生混淆，即使其在购买时已经消除混淆，商标侵权行为仍然可诉。❶

目前，我国商标权的司法保护对售前混淆采取支持态度。典型的案例如成都新津汤姆叔叔鞋艺有限公司诉重庆芬尼斯皮革护理有限公司等商标侵权及不正当纠纷案，❷ 以及大众交通（集团）股份有限公司等诉北京百度网讯科技有限公司等侵犯商标专用权与不正当竞争纠纷案。❸

2. 售中混淆

售中混淆，就是指消费者在实际购买商品时发生了商品来源的混淆。❹ 我国现行商标法中所称的混淆主要就是指售中混淆，且《最高人民法院关于审理商标民事纠纷案件适用法律若干问题的解释》第9条第2款将售中混淆又细化为来源混淆和关联关系混淆，前者是者消费者对商品的来源产生误认；后者是指消费者认为造成混淆的商品来源和被混淆商品有特定的联系。

售中混淆，是最为常见的混淆类型，其直接影响消费者的购买决定，因此，如果发生售中混淆，商标权侵权则成立。不过，在有关"辉瑞产品有限公司（Pfizer Products Inc.）等与江苏联环药业股份有限公司等商标权纠纷"一案的相关评论中，有学者指出，在商标权纠纷案件中不应以不发生"售中混淆"为由简单作出不侵权的判定。❺ 该案基本情况如下。

2002年，辉瑞产品公司向商标局申请注册菱形和蓝色相结合的立体商

---

❶ 何怀文：《商标法：原理规则与案例讨论》，浙江大学出版社2015年版，第255页。

❷ 重庆市第一中级人民法院民事判决书，（2012）渝一中法民初字第00430号。

❸ 上海市第二中级人民法院民事判决书，（2007）沪二中民五（知）初字第147号。

❹ 李树建："论商标侵权行为认定中的混淆标准——最高人民法院（2009）民三终字第3号判决评析"，载《知识产权》2012年第6期，第30页。

❺ 何怀文：《商标法：原理规则与案例讨论》，浙江大学出版社2015年版，第253页。

标。2003年5月28日，被商标局核准注册，核定使用商品为第5类，医药制剂、人用药、抗生素、医用营养品、净化剂、兽医用制剂等，注册有效期限自2003年5月28日至2013年5月27日，注册证号为3110761号。2005年3月10日，辉瑞产品公司通过商标许可使用协议许可辉瑞制药公司使用第3110761号商标。随后，辉瑞产品公司和辉瑞制药公司发现北京健康新概念大药房有限公司在销售一种声称可以治疗男性勃起功能障碍的药片，药品名称为"甲磺酸酚妥拉明分散片"，是由江苏联环药业股份有限公司制造的，使用的是广州威尔曼药业有限公司申请的"伟哥"商标。辉瑞产品公司和辉瑞制药公司认为北京健康新概念大药房有限公司、江苏联环药业股份有限公司以及广州威尔曼药业有限公司的行为侵犯了其商标专用权，据此，在北京市第一中级人民法院提起诉讼。法院审理认为：第3110761号商标经商标局核准注册，处于保护期内，其商标专用权依法受到保护。其保护范围应以商标注册证上显示的立体商标标识为准。将第3110761号商标与被控侵权产品相比较，第3110761号商标的立体形状为锐角角度较大的菱形，颜色为较深的蓝色。而被控侵权产品的立体形状为锐角角度较小近似指南针形的菱形，颜色为浅蓝色。两者基本构成要素相同，即形状均为菱形，颜色均为蓝色。尽管在立体形状和颜色上确实存在一定差别，但在相关公众施以一般注意力的情况下，不易予以区分。因此，被控侵权产品与第3110761号商标构成近似。另，尽管在实际销售时，由于"甲磺酸酚妥拉明分散片"药片的包装为不透明材料，消费者看不到药片的外表形态，但是，商标的功能和价值不仅体现在销售环节中用以区分不同的生产者，还在于体现生产者的信誉和商品声誉。因此，知道第3110761号商标的消费者在看到被控侵权产品时，会因为两者的形状、颜色近似而认为被控侵权产品与两原告存在某种联系，进而产生误认。故江苏联环药业股份有限公司未经原告辉瑞产品公司许可，生产与第3110761号商标相近似的菱形和蓝色相结合的药片，易使相关公众认为其来源与辉瑞产品公司第3110761号商标的商品有特定的联系，构成对辉瑞产品公司商标专用权的侵害，也损害了辉瑞制药公司的利益；北京健康新概念大药房有限公司由于销售侵权产品，也构成对原告辉瑞产品公司商标专用权的侵害；而尽管江苏联环药业股份有限公司在侵权商品上使用了广州威尔曼药业有限公司申请的"伟哥"商标，但相关证据不能证明江苏联环药业股份有限公司的侵权行为是在广州威尔曼药业有限公司的监督指导下进行的，因此，辉瑞产品公司和辉瑞制药公司指控广州威尔曼药业有限公司侵犯其注册商标专用权缺乏事实依据，不予支持。❶

一审判决后，江苏联环药业股份有限公司不服判决，上诉至北京市高级人民法院。该院审理认为：商标是商品的生产者或者经营者在其生产、加工或销售的商品上以文字、图形、字母、数字、三维标志和颜色组合等所制作的一种标识，以此证明该商品的特定身份并区别于其他商品。即商标是一种能够将某一企业的商品或服务与其他企业的商品或者服务区分开的标识。该案中，江苏联环药业股份有限公司生产的"甲磺酸酚妥拉明分散片"药片在由北京健康新概念大药房有限公司销售时，药片包装盒正、反面标有"伟哥"和"TM"、生产厂家为"江苏联环药业股份有限公司"的字样；盒内药片的包装为不透明材料，其上亦印有"伟哥"和"TM""江苏联环药业股份有限公司"的字样，即药片包装盒和药片包装已明显起到表明商品来源和生产者的作用。虽然该药片的包装有与药片形状相应的菱形突起、包装盒上"伟哥"两字有土黄色的菱形图案作为衬底，但消费者在购买该药品时并不能据此识别该药片的外部形态。因此，由于包装于不透明材料内的药片并不能起到表明其来源和生产者的作用，即便该药片的外部形态与辉瑞产品公司的涉案立体商标相同或相近似，但消费者在购买该药品时不会与辉瑞产品公司的涉案立体商标相混淆，亦不会认为该药品与辉瑞产品公司、辉瑞制药公司存在某种联系进而产生误认。故江苏联环药业股份有限公司的涉案使用行为不构成对辉瑞产品公司涉案立体商标权的侵犯。因此，原审判决关于知道涉案立体商标的消费者在看到被控

---

❶ 辉瑞产品公司等诉北京健康新概念大药房有限公司等侵犯商标专用权纠纷案，北京市第一中级人民法院民事判决书，（2005）一中民初字第11351号。

侵权产品时，会因为两者的形状、颜色近似而认为被控侵权产品与涉案立体商标权人存在某种联系，进而产生误认的认定不当，予以纠正。❶

二审后，辉瑞产品公司、辉瑞制药公司向最高人民法院申请再审。最高人民法院审理认为，江苏联环药业股份有限公司生产的"甲磺酸酚妥拉明分散片"药片的包装有与药片形状相应的菱形突起、包装盒上"伟哥"两字有土黄色的菱形图案作为衬底，但消费者在购买该药品时并不能据此识别该药片的外部形态。由于该药片包装于不透明材料内，其颜色及形状并不能起到标识其来源和生产者的作用，不能认定为商标意义上的使用，因此，不属于使用相同或者近似商标的行为。二审法院关于即便该药片的外部形态与辉瑞产品公司的涉案立体商标相同或相近似，但消费者在购买该药品时不会与辉瑞产品公司的涉案立体商标相混淆，亦不会认为该药品与辉瑞产品公司、辉瑞制药公司存在某种联系进而产生误认的认定，并无不当。❷

从上述案件的介绍可以发现，北京市高级人民法院和最高人民法院实际上均认为由于消费者在购买时不会看到药品形状和颜色，故而不会据此识别商品来源，不会发生误认，也就是不会发生售中混淆，因而江苏联环药业股份有限公司不构成侵权。然而，即便是消费者在购买时不会打开包装，但购买后使用时还是要打开包装从而看到药品形状和颜色的，如果消费者知晓辉瑞制药的立体商标，混淆还是有可能发生，仅以不发生"售中混淆"为由判定江苏联环药业股份有限公司不侵权似乎不妥。❸

3. 售后混淆

售后混淆（post-sale confusion），也称为"第三人混淆""旁观者混淆"，是指消费者在购买商品时没有发生商品来源混淆，但其在购买后使

---

❶ 江苏联环药业股份有限公司与辉瑞产品有限公司等侵犯商标权纠纷案，北京市高级人民法院民事判决书，(2007) 高民终字第 1686 号。

❷ 最高人民法院民事裁定书，(2009) 民申字第 268 号。

❸ 何怀文：《商标法：原理规则与案例讨论》，浙江大学出版社 2015 年版，第 253 页。

用商品时，第三人对商品来源发生了混淆。售后混淆源于美国 G. H. Mumm Champagne v. Eastern Wine Corp. ❶一案，此类混淆多发生在奢侈品类商品或者具有较高知名度的商标领域。如某个消费者购买了一个"LV"包，其在购买时并不在乎真假或者明知是假货仍然购买，即没有发生商品来源混淆；而在使用过程中，其他人即可能是潜在的消费者误认为其使用的"LV"包是真品，发生了商品来源的混淆。售后混淆会对商标权人的利益造成损害，如潜在的消费者在发生误认后，可能会因低廉的价格或者较次的品质而对"LV"形成不好的印象和评价，甚至失去购买的意愿。

在我国，售后混淆目前还是一个有争议的问题，司法实践中也呈现出不同法院态度不一的状态。如在上述江苏联环药业股份有限公司与辉瑞产品有限公司等侵犯商标权纠纷案中，法院没有采售后混淆为依据进行判决。而在古乔古希股份公司与江苏森达集团有限公司、上海第一八佰伴有限公司侵犯"GG 图形"注册商标专用权纠纷案中，上海市浦东新区人民法院则对售后混淆采取了支持的态度。该案基本情况如下。❷

原告古乔古希公司系一家意大利企业，主要从事设计、生产、销售、进口和出口皮革、仿皮革、皮革替代物、织物和其他原料的制品等业务。其自 1995 年以来在中国不同类别商品或服务上注册了多件"GG 图形"商标。其中，第 1296001 号图形商标核定使用商品包括第 25 类的衣物、鞋、袜、帽，注册有效期限自 1999 年 7 月 21 日至 2009 年 7 月 20 日止。第 1940324 号图形商标核定使用商品包括第 25 类的皮鞋、套鞋、体操鞋、拖鞋、雨鞋、童鞋等，注册有效期限自 2002 年 9 月 28 日至 2012 年 9 月 27 日止。*ELLE*（《世界时装之苑》）、*VOGUE China*（《服饰与美容》）、《瑞丽杂志》、*China Luci*（《露西中国》）、*MAIRE CLAIRE*（《嘉人》）等杂志陆续刊登了使用包括"GG 图形"在内多件商标的原告产品广告。原告在北京、上海、西安、成都、沈阳等中国大陆主要城市均开设了门店。《中国工商

---

❶ 142 F. 2d 501（2d Cir. 1944）.

❷ 上海市浦东新区人民法院民事判决书，（2007）浦民三（知）初字第 78 号。

报》刊载的"国际知名品牌商标识别信息集中展示"中也包含了原告第1940324号"GG图形"商标。2007年8月7日,原告在华联新光百货(北京)有限公司购得经原告授权使用"GG图形"商标标识的女式凉鞋一双,该款女鞋的鞋里和鞋面衬布均布满了上述"GG图形"标识,同时在鞋里根部附有"gucci"标记。该款女鞋售价为3 690元。

被告森达公司系国内企业,经营范围包括生产、销售皮鞋及皮革制品等,自1996年以来注册了多件"森达"与"senda"的文字、图形商标,并已就"Senda-woman"标识向国家商标局提出商标注册申请,曾获产品质量免检证书、中国名牌产品证书和驰名商标证书等荣誉。被告八佰伴公司系一家从事商业零售等业务的合资公司。两被告签有委托代销合同,由森达公司委托八佰伴公司在上海新世纪商厦内销售商品,代销期限为2006年1月1日至2006年12月31日。合同约定,森达公司委托八佰伴公司销售的商品不得冒用或盗用他人的商标等,如若违反应承担相应违约责任。

2006年8月,原告在被告八佰伴公司森达专柜购得被告森达公司生产的女式凉鞋一双,八佰伴公司出具了一张金额为187元的发票。该女式凉鞋的鞋里外围衬布上大量使用了"GG图形"标识,同时该款女鞋鞋里中部系皮质,其上标有"Senda-woman"标记。上述"GG图形"标识与原告第1296001号和第1940324号"GG图形"注册商标一致。在该款女鞋鞋盒之上亦标注了"森达"与"senda"文字、图形商标及被告企业名称和联系方式。

原告古乔古希公司认为,八佰伴公司销售带有原告"GG图形"商标的女式凉鞋以及森达公司生产带有原告"GG图形"商标的女式凉鞋,容易误导公众,使其对该商品的来源产生误认或者误以为该商品与原告存在特定的联系,构成对原告商标权利的侵害,故提起诉讼。

上海市浦东新区人民法院审理认为:尽管涉案女鞋是在森达专柜购买,且鞋盒及鞋体标明了森达公司的商标、企业名称与联系方式,购买者对产品的来源存在明确判断,但是并不能由此排除涉案使用行为给商标权利人带来的消极影响即相关公众可能认为商品生产者与商标注册人之间存在特定联系。消费者可能误以为森达公司与古乔古希公司共同推出涉案产品，或者森达公司的生产销售行为经过古乔古希公司的同意。故森达公司在涉案女式凉鞋上对"GG"图形的使用侵害了原告注册商标专用权。

此外，上海市浦东新区人民法院还分析认为：该案"GG 图形"商标经过原告的努力与投入，具备了较强的显著性和较高的知名度，现已成为服装、鞋、皮革制品等领域的高端品牌。该品牌的显著性和知名度使其作为商标不仅具有识别功能，同时兼备表彰作用，而表彰作用则重在体现商品使用人的身份和地位。涉案使用行为对原告商标权利的侵害后果并不仅限于对企业关联的误认，还涉及对原告商标表彰功能的减损。原、被告的产品定位不同，古乔古希公司的鞋类产品属于高端产品类型，森达公司大多属于中档商品范围，涉案标识使用行为将使相关公众对"GG 图形"商标在表彰功能方面的评价发生变化，并朝着商标注册人不希望的方向发展。如果说涉案产品的消费者自己在购买时对产品来源并未产生混淆，但并不意味购买者周围的人不会产生混淆。涉案被诉侵权女鞋在鞋里外围衬布上大量使用了"GG 图形"标识，而仅在鞋里中部标有"Senda-woman"标记。从这种鞋里设计的视觉效果来看，消费者实际穿着时，旁人无法看到被脚底遮盖的"Senda-woman"标记，而位于鞋里外围衬布上使用的"GG 图形"标识却能够清晰分辨，这将导致其他人对购买者实际消费品牌的误认。这种情形无疑会降低"GG 图形"商标的价值，影响其表彰作用的发挥。

（二）混淆可能性的判断

依据混淆理论，并非是要求必须真实发生了混淆才能认定侵权，而是指当存在混淆可能性时，侵权就成立。不过，混淆可能性并非一个明确的概念。[1] 实践中，如何判断混淆可能性具有相当大的难度。

一般而言，混淆可能性的判断要遵循一些原则：（1）个案认定原则，即混淆可能性的认定应当依据具体个案的案情而定，并不存在某一一试就

---

[1] 王莲峰：《商标法学（第二版）》，北京大学出版社 2014 年版，第 122 页。

灵的"石蕊试纸";❶（2）以普通消费者认知为准原则，即混淆可能性的认定应当在普通消费者的视角或场景中进行，以相当数量的典型消费者存在混淆可能性为标准，而不能以法官或者专业人士的认知为判断的主要依据；（3）利益平衡原则，即混淆可能性的认定既要充分考虑商标权人的利益，也要充分保障竞争者在商标选择与使用方面的利益。❷

除要明确遵循的原则外，混淆可能性判断时的考虑因素也值得关注。在美国 AMF Incorporated v. Sleekcraft Boats 案中，第九巡回上诉法院认为在判定是否能导致消费者混淆时应当考虑的因素主要包括商标的强弱程度、商品的类似性、商标的近似性、实际混淆的证据、销售渠道、商品种类以及购买人可能施加的注意程度、被告的意图等；❸ 在我国司法实践，法院在判断混淆可能性时已形成一系列类似的考虑因素，即一般考虑以下因素：原告商标的使用情况、原告商标的知名度、原告商标的显著性、被告商标的知名度、❹ 商标近似程度、商品或服务的类似程度、原告商品的销售渠道、被告的意图、消费者的智力水平与注意程度、消费者实际混淆情况等。❺

第三节 商标侵权行为的类型

在商标法理论中，商标侵权行为已得以类型化，并在商标立法中得到体现。依据我国现行《商标法》第57条、《商标法实施条例》以及相关司法解释，商标侵权行为的类型主要有以下几种。

---

❶ 黄晖：《驰名商标和著名商标的法律保护》，法律出版社2001年版，第61页。
❷ 彭学龙："论'混淆可能性'——兼评《中华人民共和国商标法修改草案》（征求意见稿）"，载《法律科学（西北政法大学学报）》2008年第1期，第134～136页。
❸ Robert Merges, Peter Menell, Mark Lemley: *Intellectual Property in the New Technological Age* (4th ed.), Aspen Publisher, 2007, 726.
❹ 芮松艳："商标侵权案件中混淆可能性的认定"，载《中国专利与商标》2011年第3期，第49～55页。
❺ 王莲峰：《商标法学（第二版）》，北京大学出版社2014年版，第123页。

一、商标假冒行为

所谓商标假冒行为，就是指未经商标注册人的许可，在同一种商品上使用与注册商标相同之商标的行为。我国现行《商标法》第57条第1款规定了此种侵权行为。商标假冒行为是最为典型、最为直接的商标侵权行为，其将直接导致商品来源的混淆，将对消费者构成误导，也损害了商标人的合法权利。对于商标假冒行为，法律推定混淆可能性的存在，因而商标权人也无须承担举证责任。只要该行为存在，侵权行为就成立，除非行为人确有证据能够证明其行为不会造成混淆。

实践中，商标假冒行为的认定需要认定相同商品（服务）和商标相同。所谓相同商品（服务），是指商品（服务）的通用名称相同，或者虽然名称不相同但所指商品（服务）为相同的商品（服务）。例如，浙江绍兴的"花雕"和"黄酒"虽然名称不同，但实际上指的就是同一种商品。❶依据《最高人民法院关于审理商标民事纠纷案件适用法律若干问题的解释》第9条，所谓商标相同，是指被控侵权的商标与原告的注册商标相比较，二者在视觉上基本无差别。❷

二、商标仿冒行为

所谓商标仿冒行为，就是指未经商标注册人的许可，在同一种商品上使用与注册商标近似的商标，或者在类似商品上使用与注册商标相同或者近似的商标，容易导致混淆的行为。我国现行《商标法》第57条第2款规定了此种侵权行为。该条款中"容易导致混淆的"是商标法第三次修订新增的内容，该新增内容强调了混淆可能性为商标侵权的判断标准，因此，商标权人在主张权利时必须证明混淆可能性的存在。

---

❶ 胡开忠：《商标法学教程》，中国人民大学出版社2008年版，第58页。

❷ 该司法解释发布时，我国对注册商标的构成要素还以可视性为标准，但商标法第三次修订后，声音商标可以进行注册。因此，该条的规定主要适用于非声音商标的判断，而对于声音商标而言，是否相同则应以二者在听觉上基本无差别为标准。

此外，根据现行《商标法实施条例》第 76 条的规定，在同一种商品或者类似商品上将与他人注册商标相同或者近似的标志作为商品名称或者商品装潢使用，误导公众的，亦属我国现行《商标法》第 57 条第 2 款规定的商标侵权行为。

认定商标仿冒行为时，除需要判断相同商品（服务）、商标相同外，可能还需要判断类似商品（服务）和商标近似。

依据《最高人民法院关于审理商标民事纠纷案件适用法律若干问题的解释》第 11 条，类似商品是指在功能、用途、生产部门、销售渠道、消费对象等方面相同，或者相关公众❶一般认为其存在特定联系、容易造成混淆的商品。类似服务是指在服务的目的、内容、方式、对象等方面相同，或者相关公众一般认为存在特定联系、容易造成混淆的服务。商品或服务类似，是指商品和服务之间存在特定联系，容易使相关公众混淆。该司法解释第 12 条规定，判断商品或服务是否类似，应当以相关公众对商品或者服务的一般认识综合判断；《商标注册用商品和服务国际分类表》《类似商品和服务区分表》可以作为判断类似商品或者服务的参考。

依据《最高人民法院关于审理商标民事纠纷案件适用法律若干问题的解释》第 9 条第 2 款，商标近似是指被控侵权的商标与原告的注册商标相比较，其文字的字形、读音、含义或者图形的构图及颜色，或者其各要素组合后的整体结构相似，或者其立体形状、颜色组合近似，易使相关公众对商品的来源产生误认或者认为其来源与原告注册商标的商品有特定的联系。该司法解释第 10 条规定，判断商标相同或者近似按照以下原则进行：（1）以相关公众的一般注意力为标准；（2）既要进行对商标的整体比对，又要进行对商标主要部分的比对，比对应当在比对对象隔离的状态下分别进行；（3）判断商标是否近似，应当考虑请求保护注册商标的显著性和知名度。

---

❶ 《最高人民法院关于审理商标民事纠纷案件适用法律若干问题的解释》第 8 条规定：商标法所称相关公众，是指与商标所标识的某类商品或者服务有关的消费者和与前述商品或者服务的营销有密切关系的其他经营者。

三、销售侵犯商标专用权之商品的行为

我国现行《商标法》第 57 条第 3 款规定,销售侵犯注册商标专用权之商品的行为属于商标侵权行为。不过,该法第 64 条第 2 款又规定:销售不知道是侵犯注册商标专用权的商品,能证明该商品是自己合法取得并说明提供者的,不承担赔偿责任。综合这两条的规定可以发现,虽然不管销售者是否存在主观上的过错或过失,销售侵犯注册商标专用权之商品的,商品侵权行为均成立,但销售者只有在"知道或者应当知道"销售的系属侵犯注册商标专用权的商品时方需要承担赔偿责任。销售者面对侵犯商标权的情况下,可以通过提供证据以证明该商品是自己合法取得的且说明提供者的方式来免除因侵权而产生的赔偿责任。❶ 此外,在此种行为下,如果销售者在知道侵权成立后仍然继续销售而不停止侵权的,免除赔偿责任的规定将不再使用,销售者应当因此而承担赔偿责任。

四、非法制造及销售他人注册商业标识的行为

我国现行《商标法》第 57 条第 4 款规定,伪造、擅自制造他人注册商标标识或者销售伪造、擅自制造的注册商标标识之行为构成商标侵权。在此类行为中,所谓伪造,是指未经商标权人同意或许可,模仿商标权人的注册商标图样或者实物,制作与商标权人之注册商标标识相同的商业标识;所谓擅自制造,是指未经商标权人同意或许可,制作商标权人之注册商标标识;所谓销售伪造、擅自制造的注册商标标识的行为,是指采用零售、批发、内部销售等方式,出售伪造或者擅自制造的商标权人之注册商标标

---

❶ 所谓"提供证据以证明该商品是自己合法取得的",是指销售者能够提供进货商品的发票、付款凭证以及其他相关证据,从而证明该商品是通过合法途径取得的。所谓"说明提供者",是指销售者能够说明进货商品的提供者的姓名或者名称、住所以及其他线索,并且能够查证属实的。

识。❶ 此类行为违反了我国《商标印制管理办法》的相关规定，侵害了商标权人印制其注册商标的专有权，属于商标侵权行为。

五、反向假冒行为

所谓反向假冒行为，就是指未经商标权人许可而撤、换他人合法附贴的商标后，再将商品投放入市场的行为。❷ 通常，北京市第一中级人民法院 1994 年受理的北京服装厂诉北京百盛商业中心和新加坡鳄鱼公司侵犯"枫叶"商标专用权案件被认为是我国第一起商标反向假冒案件，❸ 该案推动我国商标法律制度对商标反向假冒行为作出明确的规定。目前，我国现行《商标法》第 57 条第 5 款明确规定此种行为为商标侵权行为。商标反向假冒行为，不仅侵害、妨碍原商标权人商标功能的实现，损害原商标权人的利益，还破坏了消费者和原商标权人之间通过商标而进行的信息传递与交流，损害消费者的知情权和相关利益，也危害正常的市场竞争环境。❹

六、商标帮助侵权行为

所谓商标帮助侵权行为，就是指故意为侵犯他人商标专用权行为提供便利条件的，帮助他人实施侵犯商标专用权的行为。我国《商标法》第三次修订在第 57 条第 5 款新增了此种商标侵权行为。现行《商标法实施条例》第 75 条规定为侵犯他人商标专用权提供仓储、运输、邮寄、印制、隐匿、经营场所、网络商品交易平台等，属于提供便利条件。和前几种商标侵权行为相比，商标帮助侵权行为并没有直接侵犯注册商标专用权，而是在别人侵犯注册商标专用权时提供了帮助，从而构成间接侵权。正因此，

---

❶ 国务院法制办公室：《中华人民共和国商标法（含商标法实施条例）注释与配套（第三版）》，中国法制出版社 2014 年版，第 50 页。

❷ 郑成思："浅议《反不正当竞争法》与《商标法》的交叉与重叠"，载《知识产权》1998 年第 2 期，第 21~26 页。

❸ 北京市第一中级人民法院民事判决书，(1994) 中经知初字第 566 号。

❹ 高山行、范陈泽："反向假冒行为的经济学分析"，载《预测》2004 年第 1 期，第 26 页。

商标帮助侵权行为的构成要件中应当强调行为人的主观状态，即只有当行为人在故意为侵犯人提供便利条件的才构成侵权。

七、造成其他损害的行为

我国现行《商标法》第 57 条第 7 款对上述 6 种行为以外的商标侵权行为做了兜底性规定。根据《最高人民法院关于审理商标民事纠纷案件适用法律若干问题的解释》第 1 条的规定，"造成其他损害的行为"至少包括：将与他人注册商标相同或者相近似的文字作为企业的字号在相同或者类似商品上突出使用，容易造成相关公众误认的；复制、摹仿、翻译他人注册的驰名商标或其主要部分在不同或者不相类似商品上作为商标使用，误导公众，致使该驰名商标注册人利益可能受到损害的；将与他人注册商标相同或者相近似的文字注册为域名，并且通过该域名进行相关商品交易的电子商务，容易使相关公众产生误认的。

八、典型现实问题之分析

（一）反向混淆行为

一般情况下，在商标侵权案件中，原告的商标是一个已经建立起一定商誉的商标，被告之所以使用相同或者近似的商标就是因为想搭借该商标的商誉，暗示消费者其产品和原告的产品来源相同。[1] 这是所谓的正向混淆。在实践中，除这类型的混淆外，还存在例外一种情形，即反向混淆（Reverse Confusion）。所谓反向混淆就是指"由于被告商标的存在，消费者误以为在先商标所有人的商品来源于被告或与之相关"。[2]

在商标法律制度的发展历程中，反向混淆是否构成商标侵权的问题曾有过争议。早在 1918 年，美国霍姆斯法官就分析了反向混淆问题，认为

---

[1] 杜颖：《商标法（第二版）》，北京大学出版社 2014 年版，第 144 页。
[2] 彭学龙："商标反向混淆探微——以'蓝色风暴商标侵权案'为切入点"，载《法商研究》2007 年第 5 期，第 140 页。

"通常情况下，是被告假冒原告产品，而方向相反的错误认识也会导致同样的恶果，即通过某种表述或者暗示，使人们误认为原告产品来源于被告"，主张"谴责第一种行为的规则也同样谴责第二种行为"。[1] 不过，在1968年的 Westward Coach Mfg. Co. v. Ford Motor Co.[2] 一案中，美国第七巡回法院拒绝接受反向混淆概念，并用正向混淆规则分析了反向混淆问题，认为在后使用 Mustang 商标的福特公司无意于假冒在先使用 Mustang 商标的西部汽车制造公司的产品，原告的商标尚属于弱势商标，没有造成消费者混淆的可能性，因而未支持原告主张。的确，按照反向混淆的界定，原告的市场地位一般要弱于被告的市场地位，因而即使在造成混淆的情况下，原告也未必因此而产生经济损失，相反，原告可能会因为混淆而获得经济收益，消费者可能出于对被告的认可而购买原告相关商品。不过，到了1977年反向混淆理论开始被法院正式接受，即美国第十巡回法院在1977年判决的 Big O Tire Dealers, Inc. v. Goodyear Tire & Rubber Co.[3] 一案中认可和接受反向混淆亦构成商标侵权。[4]

承认反向混淆构成商标侵权的原因是多方面的。首先，商标权本身就是一种财产权，商标权人的专用权是商标法最重要的保护对象；其次，商标法保护商标权不仅是保护商标权人使用商标而获得的经济收益，而且还保护商标权人使用商标在市场上确立的专有身份；最后，如果反向混淆不构成商标侵权的话，可能会变相鼓励具有较强市场地位的企业抢占市场地位较弱的企业已经取得商标权的商标。

目前，在我国司法实践中，法院已经在多个案例中确认了反向混淆构成商标侵权，如"蓝色风暴"案，即浙江蓝野酒业有限公司与上海百事可

---

[1] International News Service v. Associated Press, 248 U. S. 215, 247 (1918)。转引自杜颖：《商标法（第二版）》，北京大学出版社2014年版，第144~145页。

[2] 388 F. 2d 627, 631 (7th Cir. 1968).

[3] 561 F. 2d 1365, 1372 (10th Cir. 1977).

[4] 黄武双："反向混淆理论与规则视角下的'非诚勿扰'"，载《知识产权》2016年第1期，第29页。

乐饮料有效公司等的商标侵权纠纷案；❶ "慧眼"案，即鲍应巨与北京慧之眼眼镜连锁服务有限责任公司商标权纠纷案；❷ "非诚勿扰"案，即金阿欢与江苏广播电视总台等的商标纠纷案；❸ 等等。

（二）贴牌加工行为

贴牌加工，也称为定牌生产、原始设备制造商或原产地委托加工（Original Equipment/Entrusted Manufacture，OEM），是指品牌生产者不直接生产产品，而是利用自己掌握的关键核心技术负责设计和开发新产品，控制销售渠道，具体的加工任务通过合同订购的方式委托同类产品的其他厂家生产，之后将所订产品低价买断，并直接贴上自己的品牌商标。❹ 长期以来，我国制造业在国民经济发展中占据重要地位，国内很多制造业企业都处在代工厂的位置，贴牌加工是其主要的业务类型。因此，明晰贴牌加工行为是否侵犯商标权对于我国制造业的发展具有十分重要的意义。

贴牌加工分为两种情形。第一种是国内的贴牌加工，即委托加工的商品主要是针对国内市场的。此种情形，因为商品最终会流入国内市场，所以在加工商品中或加工商品后对他人商标的使用都属于是商业性使用，并将在国内市场可能造成混淆，因而商标权侵权较为容易认定。第二种是涉外的贴牌加工，即委托加工的商品虽然在国内制造，但是其主要是针对国外市场的。此种情形下，商品虽然最终也会进入市场，但其并不在本国市场流通，一般不会在本国市场造成混淆，因此，能够适用本国商标法来认定侵权但有一定的复杂性。

在我国，涉外定牌加工的案例并不少见。2002 年发生的"美国耐克国际有限公司与浙江省畜产进出口公司、浙江省嘉兴市银兴制衣厂、西班牙 CIDESPORT 公司商标权侵权纠纷案"❺ 是较早的典型案例之一。该案基本

---

❶ 浙江省高级人民法院民事判决书，（2007）浙民三终字第 74 号。
❷ 北京市海淀区人民法院民事判决书，（2007）海民初字第 4917 号。
❸ 广东省深圳市中级人民法院民事判决书，（2015）深中法知终字第 927 号。
❹ 杜颖：《商标法（第二版）》，北京大学出版社 2014 年版，第 141 页。
❺ 广东省深圳市中级人民法院民事判决书，（2001）深中法知产初字第 55 号。

案情如下：美国比阿埃斯公司（BRS，INC）向我国商标局申请注册了"NIKE"拉丁字母文字商标，并获得核准注册，商标注册证号是第146658号；核定使用商品是运动衣；有效期限是1981年5月15日至1991年5月14日。1984年1月9日上述注册商标被国家商标局核准转移注册，新的商标权人是奈古国际有限公司。1991年5月5日商标权人向国家商标局申请本案商标权的续展，得到国家商标局的核准，续展期限从1991年5月15日至2001年5月14日。美国耐克公司认为，"奈古"为"NIKE"的中文翻译，即现在的"耐克"。奈古国际有限公司就本案涉及的NIKE商标已于2001年1月15日向海关总署申请知识产权保护的备案，海关总署向其签发了备案证书，备案号是T2000－01728，有效期限至2008年1月14日。2000年8月24日，深圳海关根据美国耐克公司的申请，扣留了被告浙江省畜产进出口公司报关出口的NIKE商标男滑雪夹克4 194件。根据西班牙HAARLBM区法庭的认定，1932年NIKE商标就在西班牙得到使用。现在该商标的注册商标权人是FLORA BERTRAND MATA；注册类别是第25类商品（运动服装）。商标专用权人在西班牙向CIDESPORT公司提供了许可证。CIDESPORT公司是使用西班牙商标NIKE在西班牙从事运动服装制作和批发的西班牙企业。2000年3~5月，西班牙CIDESPORT公司委托被告浙江省畜产进出口公司和被告浙江省嘉兴市银兴制衣厂加工制作NIKE男滑雪夹克，由委托人提供布料、急钮金属（纽扣）、挂牌纸（NIKE商标吊牌）以及标有NIKE标识的衣物包装胶袋等。他们之间的分工是由浙江省畜产进出口公司负责原材料的进口和服装成衣的报关出口，由被告浙江省嘉兴市银兴制衣厂负责服装的加工制作。被告浙江省嘉兴市银兴制衣厂加工制作了滑雪夹克4 194件，服装上缝制的商品标识、悬挂的吊牌和外包装物上均标注有NIKE商标标识。浙江省嘉兴市银兴制衣厂将本案服装加工制作完成后，交付给浙江省畜产进出口公司。2000年8月12日，浙江省畜产进出口公司通过深圳海关报关出口，拟经香港转口出口到西班牙，交付给委托人CIDESPORT公司。该批货物在深圳海关报关出口时，被深圳海关以涉嫌侵犯原告备案的NIKE商标权为由予以查扣。在该案中，法院审理认为：原告美国耐克公司是在美国注册登记的法人，在中国其是 NIKE 商标注册的专用权人，NIKE 商标在中国一经被核准注册，就在国家商标局核定使用的商品范围内受到保护。无论是中国的当事人，或者外国的当事人，都不得侵害原告的 NIKE 注册商标专用权。西班牙 CIDESPORT 公司在西班牙对 NIKE 商标拥有合法的专有使用权，但是商标权作为知识产权，具有地域的特性，在中国法院拥有司法权的范围内，原告取得 NIKE 商标的专有使用权，被告在未经原告许可的情况下，就不得以任何方式侵害原告的注册商标专用权。原告的 NIKE 注册商标核定使用的商品是运动衣，被告在本案中被控侵权的商品是滑雪夹克，其与原告的 NIKE 注册商标核定使用的商品属于同类商品。在本案中，被告西班牙 CIDESPORT 公司未经原告许可，以商业目的在中国境内委托制造并出口标识为 NIKE 商标的滑雪夹克；被告浙江省畜产进出口公司未经原告许可接受西班牙 CIDESPORT 公司的委托进口用于加工 NIKE 商标的滑雪夹克材料和商标标识，服装制作完成后，又负责报关出口；被告浙江省嘉兴市银兴制衣厂接受西班牙 CIDESPORT 公司的委托，并与浙江省畜产进出口公司相配合加工制作 NIKE 商标的滑雪夹克。上列三被告在本案的侵权行为中主观上有意思上的联络，行为上有明确的分工，共同构成一个完整的行为，他们的行为侵害了原告的 NIKE 注册商标专用权。自该案判决生效后，国内一些地方法院认同了将贴牌加工行为、出口行为视为同一个完整的行为的观点，并基于此在一些案件中认定涉外定牌加工构成商标侵权。

  不过，随着社会的发展，法院在"涉外贴牌加工行为是否构成商标侵权"问题上的态度逐渐有了变化。如 2006 年，北京市高级人民法院在《关于审理商标民事纠纷案件若干问题的解答》中对贴牌加工行为表明了态度，认为"承揽加工带有他人注册商标的商品的，承揽人应当对定作人是否享有注册商标专用权进行审查。未尽到注意义务加工侵犯注册商标专用权的商品的，承揽人与定作人构成共同侵权，应当与定作人共同承担损害赔偿等责任。承揽人不知道是侵犯注册商标专用权的商品，并能够提供定作人及其商标权利证明的，不承担损害赔偿责任"。❶ 2010 年，最高人民法院在回复海关总署《关于对〈"贴牌加工"出口产品是否构成侵权问题〉的复函》中指出："（涉外定牌）产品所贴商标只在我国境外具有商品来源的识别意义，并不在国内市场发挥识别商品来源的功能，我国的相关公众在国内不可能接触到涉案产品，不会造成国内相关公众的混淆误认……此种情形不属于商标法规定的侵犯注册商标专用权的行为。"❷

商标法的第三次修订，不仅明确界定了"商标使用"，也明确了商标侵权认定应以混淆为标准。但很遗憾，这些修订没有明确对涉外贴牌加工行为进行规定，没有能够有效消除对涉外定牌加工是否侵权问题的争议，"涉外贴牌加工中的相关商标在中国市场内不产生识别商品来源的作用，故而不能认定为商标使用行为；涉外贴牌加工的产品完全用于出口，不会引起国内相关公众的混淆，故而不能认定为商标侵权"❸ 等观点仍在一定范围内受到支持。

不过，在商标法第三次修订后，上海市浦东新区人民法院在"嘉跃汽车零部件制造有限公司与重庆红宇摩擦制品有限公司商标权纠纷案"中，以及最高人民法院在"PRETUL 涉外定牌加工商标侵权案"中均认定，涉外贴牌加工行为不构成商标侵权。

在"嘉跃汽车零部件制造有限公司与重庆红宇摩擦制品有限公司商标权纠纷案"❹ 中，原告玉环县嘉跃汽车零部件制造有限公司于 2008 年 9 月 10 日注册成立，经营范围为"汽车配件、紧固件、摩托车配件、农机配件制造；货物进出口"等，注册资本人民币 50 万元。被告重庆红宇摩擦制品有限公司于 2006 年 10 月 26 日注册成立，经营范围为"开发、制造和销售

---

❶ 京高法发〔2006〕68 号，2006 年 3 月 7 日。

❷ 李春："《商标法》意义上的使用是判定侵权的关键"，载《中国工商报》2015 年 12 月 15 日，第 A5 版。

❸ 王磊："新《商标法》视角下的涉外贴牌加工侵权分析"，载《中华商标》2015 年第 2 期，第 83 页。

❹ 上海市浦东新区人民法院民事判决书，（2014）浦民三（知）初字第 373 号。

汽车摩擦材料产品及其他汽车零部件产品；货物进出口"等，注册资本为人民币1 920万元。2010年8月7日，原告取得"HPC"注册商标，该注册商标核定使用商品为第12类，包括"汽车、车辆拉力杆、车辆底盘、车辆减震器、陆地车辆动力装置、车辆方向盘、陆地车辆用连接杆、陆地车辆传动轴、汽车车轮毂，车辆转向信号装置"。注册有效期从2010年8月7日至2020年8月6日。原告向中华人民共和国海关总署申请了对涉案注册商标进行知识产权保护备案。2014年1月13日，上海海关向原告发出《确认知识产权侵权状况通知书》，对被告以一般贸易方式申报出口伊朗的轿车刹车片12 680套、申报价值36 214.20美元、商品上标有"HPC"标识，要求原告确认该批货物是否侵权，是否请求海关扣留货物，如请求海关扣留货物，需向海关提交价值10万元人民币的担保。原告提出了扣留申请。2014年2月20日，上海海关向原告发出沪关知字（2014）第009号《扣留侵权嫌疑货物通知书》，海关应原告申请已对被告涉嫌侵犯原告商标专用权的货物（轿车刹车片12 680套，申报价值36 214.20美元）予以扣留。随后，被告向上海海关提交：（1）2013年9月15日被告与英国的黑尔布部件有限公司（简称黑尔布公司）签订的销售合同，黑尔布公司向被告采购刹车片12 680套、"HPC"商标，CIF霍拉姆沙赫尔38 321.20美元，运至伊朗霍拉姆沙赫尔港。（2）黑尔布公司持有的英国商标注册证，文字商标"HPC"，有效期：1997年8月8日至2016年3月30日，商品及服务清单：电动陆地车辆的部件、零件以及配件。（3）2013年9月15日黑尔布公司授权被告在其订单上使用"HPC"商标的证明。2014年4月3日，上海海关出具《侵权嫌疑货物知识产权状况认定通知书》，告知原告，经海关调查对被告申报出口的12 680套标有"HPC"商标的刹车片不能认定是否侵犯原告的"HPC"商标专用权。2014年4月17日，原告提起诉讼。上海市浦东新区人民法院依据第三次修订前的商标法对该案进行了审理，认为：首先，被告作为境内加工方在产品上贴附商标的行为形式上虽由加工方实施，但实质上商标真正的使用者为境外委托方。其次，由于本案刹车片被海关扣留时尚处于加工出口环节，并未真正进入流通领域，即尚未面对商品的消费者。同时，这些被海关扣押的刹车片均销往境外，原告无证据证明涉案刹车片在我国境内还存在销售的事实，故被诉侵权商标只在我国境外发挥商品来源的识别意义，并不在国内市场发挥识别功能。最后，商标权的地域性特点决定了涉案刹车片是否会因贴附"HPC"商标而在伊朗境内造成消费者对其商品来源产生混淆或误认，非我国商标法所能规制。被告的贴牌加工出口行为并非我国商标法意义上的商标使用行为，因此不构成对原告商标的侵权。

在"PRETUL涉外定牌加工商标侵权案"中，经国家商标局核准，许浩荣获得了第3071808号"PRETUL及椭圆图形"商标注册证，该商标核定使用的商品为第6类，包括家具用金属附件、五金锁具、挂锁、金属锁（非电）等，注册有效期限自2003年5月21日至2013年5月20日止。2010年3月27日，国家商标局核准第3071808号注册商标转让，受让人为莱斯防盗产品国际有限公司（以下简称莱斯公司）。2010年8月10日，浦江亚环锁业有限公司（以下简称亚环公司）与墨西哥储伯荷拉密斯塔斯公司（以下简称储伯公司）签订售货确认书，约定亚环公司供给储伯公司挂锁684打，总金额为3 069.79美元。此外，双方还签订过另外一份售货确认书，约定亚环公司供给储伯公司挂锁10 233打，总金额为61 339.03美元。2010年12月31日、2011年1月6日，宁波海关分别查获亚环公司自该海关出口至墨西哥的228箱684打和3 411箱10 233打被控侵权挂锁。经莱斯公司申请并提交了担保金，宁波海关于同年1月13日扣留了该两批货物。被扣留的两批挂锁的锁体、钥匙及所附的产品说明书上带有"PRETUL"商标，而挂锁包装盒上则均标有"PRETUL及椭圆图形"商标。该产品包装盒及产品说明书还用西班牙文特别标明"进口商：储伯公司"和"中国制造"以及储伯公司的地址、电话、传真等内容，相关的包装盒及产品说明书上并未标注亚环公司的名称、地址、电话等信息。法院查明：储伯公司系设立于墨西哥的一家公司。该公司在墨西哥等多个国家和地区在第6、第8等类别上注册了"PRETUL"或"PRETUL及椭圆图形"商标，其中注册号为770611、注册类别为第6类的"PRETUL"商标于2002

年11月27日在墨西哥注册。2011年3月24日,储伯公司出具一份商标授权申明,称该公司系墨西哥注册商标"PRETUL"的合法所有人,该公司特此申明亚环公司生产的标有"PRETUL"商标的所有型号的挂锁(代码和型号为:23518,CAHI-40;23519,CAHI-50;23520,CAHI-40B;23512,CAHI-50B;23522,CAHI-30;23523,CAHI-30B)均是根据该公司的授权而生产,并全部出口至墨西哥。亚环公司承认并同意:(1)上述产品不得在中国境内销售;(2)所有相关商标及知识产权属于储伯公司;(3)不得直接或间接向全世界范围内任何商标注册机构或版权登记机构申请注册或登记;(4)储伯公司有权随时撤销上述授权。一审法院浙江省宁波市中级人民法院认为:亚环公司认为其仅仅实施了定牌加工行为,且所有加工的产品均出口至储伯公司享有商标权的墨西哥市场,未在中国境内市场流通;其定牌加工行为不属于商标法意义上的使用行为,既不会造成相关公众对商品来源产生混淆的可能性,也不会对莱斯公司注册商标的识别功能造成损害,故亚环公司的行为不构成侵权。❶ 二审法院浙江省高级人民法院认为:亚环公司未经莱斯公司的许可,在挂锁的包装盒上使用"PRETUL及椭圆图形"商标,在挂锁产品、钥匙及所附的产品说明书上使用"PRETUL"商标,均属于商标使用行为。亚环公司在同种商品上使用与莱斯公司注册商标相同、近似的商标,侵犯了莱斯公司的商标专用权,应承担相应的侵权责任。❷ 2015年11月26日,最高人民法院就该案做出判决,明确以下几个问题:第一,虽然现行《商标法》第48条规定之"用以识别商品来源的行为"系2013年修订时新增加的,但并不意味着商标法关于商标的使用有了本质的变化,而是对商标的使用进行了进一步的澄清,避免将不属于识别商品来源的使用行为纳入商标使用范畴。因此,虽然本案应当适用2001年修订的《商标法》,但2013年修订的《商标法》第48条关于商标的使用之规定对于理解2002年修订的《商标法实施条例》

---

❶ 浙江省宁波市中级人民法院民事判决书,(2011)浙甬知初字第56号。
❷ 浙江省高级人民法院民事判决书,(2012)浙知终字第285号。

第 3 条之规定具有重要参照意义。第二，本案中，亚环公司受墨西哥"PRETUL"或"PRETUL 及椭圆图形"注册商标权利人储伯公司的委托，按照其要求生产挂锁，在挂锁上使用"PRETUL"相关标识并全部出口至墨西哥，该批挂锁并不在中国市场上销售，也就是该标识不会在我国领域内发挥商标的识别功能，不具有使我国的相关公众将贴附该标志的商品与莱斯公司生产的商品的来源产生混淆和误认的可能性。商标作为区分商品或者服务来源的标识，其基本功能在于商标的识别性。亚环公司依据储伯公司的授权，上述使用相关"PRETUL"标志的行为，在中国境内仅属物理贴附行为，为储伯公司在其享有商标专用权的墨西哥国使用其商标提供了必要的技术性条件，在中国境内并不具有识别商品来源的功能。因此，亚环公司在委托加工产品上贴附的标志，既不具有区分所加工商品来源的意义，也不能实现识别该商品来源的功能，故其所贴附的标志不具有商标的属性，在产品上贴附标志的行为亦不能被认定为商标意义上的使用行为。第三，商标法保护商标的基本功能，是保护其识别性。判断在相同商品上使用相同的商标，或者判断在相同商品上使用近似的商标，或者判断在类似商品上使用相同或者近似的商标是否容易导致混淆，要以商标发挥或者可能发挥识别功能为前提。也就是说是否破坏商标的识别功能，是判断是否构成侵害商标权的基础。在商标并不能发挥识别作用，并非商标法意义上的商标使用的情况下，判断是否在相同商品上使用相同的商标，或者判断在相同商品上使用近似的商标，或者判断在类似商品上使用相同或者近似的商标是否容易导致混淆，都不具实际意义。❶

第四节 商标侵权纠纷的处理

商标侵权纠纷的解决有多种选择，依照我国现行商标法的规定，双方当事人可以协商解决；不愿意协商或者协商不成的，商标注册人或者利害

---

❶ 最高人民法院民事判决书，（2014）民提字第 38 号。

关系人可以向人民法院起诉，也可以请求工商行政部门处理。此外，对商标侵权行为，工商行政管理部门也有权依法查处，并对涉嫌犯罪的商标侵权行为移送司法机关依法处理。在商标侵权纠纷的解决中，根据侵权行为的性质及其行为后果的严重程度，确认相关当事人的法律责任是一项重点工作。依据我国商标法律制度，商标侵权责任包括民事责任、行政责任和刑事责任。

一、商标侵权行为的民事责任

一般来讲，承担民事责任的方式主要有排除妨碍、恢复原状、赔偿损失、消除影响、赔礼道歉等。由于商标权是一种无形财产权，客体的非物质性决定了恢复原状等民事责任无法适用与商标侵权行为。我国《民法通则》第118条以及现行商标法律制度规定的商标侵权行为的民事责任主要有停止侵害、消除影响和赔偿损失三种。

（一）停止侵害

停止侵害，是指侵权人停止正在进行或者可能发生的侵权行为。"请求停止侵害，既包括请求除去已经产生之侵害，也包括请求除去可能出现的侵害。请求停止侵害与传统民事救济措施的请求排除妨碍相当。需要说明的是，由于知识产品的特性所致，请求停止侵害是排除对权利人行使专有权之妨碍，而不可能是制止对权利客体即知识产品之侵害。"[1] 对于商标权人而言，停止侵害能够有效防止侵权影响继续扩大，有助于其商标权的及时保护。

（二）消除影响

商标侵权行为不仅侵害商标权人的财产权，还极有可能导致商标权人商标声誉受到不利影响，因此，在商标侵权民事纠纷的处理中，人民法院可以责令侵权人消除其侵权行为产生的不利影响。实践中，消

---

[1] 吴汉东：《知识产权基本问题研究（总论）》，中国人民大学出版社2009年版，第64页。

除影响的实现主要是侵权人或被侵权人通过在相关新闻媒介上澄清侵权事实，以尽快恢复商标权人在市场竞争中应有的位置，相关费用由侵权人承担。

(三) 赔偿损失

商标侵权行为往往会给商标权人造成经济损失，因此，商标权人有权要求侵权人赔偿损失。人民法院在审理商标侵权纠纷案件中，根据案件具体情况、在侵权人行为不存在免责情形的情况下，可以依法判决侵权人赔偿损失。被控侵权人的免责情形主要包括商标权人的权利存在瑕疵以及销售者无侵权主观故意两种，即"注册商标专用权人请求赔偿，被控侵权人以注册商标专用权人未使用注册商标提出抗辩的，人民法院可以要求注册商标专用权人提供此前三年内实际使用该注册商标的证据。注册商标专用权人不能证明此前三年内实际使用过该注册商标，也不能证明因侵权行为受到其他损失的，被控侵权人不承担赔偿责任""销售不知道是侵犯注册商标专用权的商品，能证明该商品是自己合法取得并说明提供者的，不承担赔偿责任。"

赔偿损失是商标侵权行为人承担民事责任的最常见、最重要的方式。在赔偿损失这种民事责任承担中，计算赔偿数额是其核心和关键问题。我国原商标法以"填平原则，即损失多少赔偿多少"为基准，列举了赔偿数额的计算方式，但由于实践中商标权人的维权成本较高，且填平原则常使侵权人存有侥幸心理，故而商标法第三次修订引入了惩罚性赔偿制度，并进一步明确了赔偿数额各种计算方式的适用顺序。该法第63条规定："侵犯商标专用权的赔偿数额，按照权利人因被侵权所受到的实际损失确定；实际损失难以确定的，可以按照侵权人因侵权所获得的利益确定；权利人的损失或者侵权人获得的利益难以确定的，参照该商标许可使用费的倍数合理确定。对恶意侵犯商标专用权，情节严重的，可以在按照上述方法确定数额的一倍以上三倍以下确定赔偿数额。赔偿数额应当包括权利人为制

止侵权行为所支付的合理开支。"❶

鉴于很多商标侵权纠纷案件中的证据都掌握在侵权人手中,而侵权人往往不愿意提供对自己不利的证据,因此,我国现行《商标法》第63条还规定"人民法院为确定赔偿数额,在权利人已经尽力举证,而与侵权行为相关的账簿、资料主要由侵权人掌握的情况下,可以责令侵权人提供与侵权行为相关的账簿、资料;侵权人不提供或者提供虚假的账簿、资料的,人民法院可以参考权利人的主张和提供的证据判定赔偿数额"。

实践中,商标侵权案件较为复杂,权利人因被侵权所受到的实际损失、侵权人因侵权所获得的利益、注册商标许可使用费等的确定往往具有较大难度,因此,当这些相关参考标准难以确定时,则由人民法院根据侵权行为的情节判决给予300万元以下的赔偿。其中,侵权行为的情节,应当包括"侵权行为的性质、期间、后果",还应当包括"商标的声誉、商标使用许可的时间以及制止侵权行为的合理开支"等。❷

二、商标侵权行为的行政责任

根据我国商标法律制度,商标侵权行为的行政责任主要有:责令立即停止侵权行为;没收、销毁侵权商品和主要用于制造侵权商品、伪造注册商标标识的工具;罚款。

在工商行政管理部门处理时,如果认定侵权行为成立,对违法经营额5万元以上的,可以处违法经营额5倍以下的罚款;没有违法经营额或者违法经营额不足5万元的,可以处25万元以下的罚款。对5年内实施2次以上商标侵权行为或者有其他严重情节的,应当从重处罚。工商行政管理

---

❶ 《最高人民法院关于审理商标民事纠纷案件适用法律若干问题的解释》第17条规定,所谓的"为制止侵权行为所支付的合理开支",包括权利人或者委托代理人对侵权行为进行调查、取证的合理费用。人民法院根据当事人的诉讼请求和案件具体情况,可以将符合国家有关部门规定的律师费用计算在赔偿范围内。

❷ 国务院法制办公室:《中华人民共和国商标法(含商标法实施条例)注释与配套(第三版)》,中国法制出版社2014年版,第62页。

部门在计算违法经营额时,可以考虑:侵权商品的销售价格;未销售侵权商品的标价;已查清侵权商品实际销售的平均价格;被侵权商品的市场中间价格;侵权人因侵权所产生的营业收入以及其他能够合理计算侵权商品价值的因素。

销售不知道是侵犯注册商标专用权的商品,能证明该商品是自己合法取得并说明提供者的,由工商行政管理部门责令停止销售,并将案件情况通报侵权商品提供者所在地工商行政管理部门。可以认定为能证明该商品是自己合法取得的情形包括:有供货单位合法签章的供货清单和货款收据且经查证属实或者供货单位认可的;有供销双方签订的进货合同且经查证已真实履行的;有合法进货发票且发票记载事项与涉案商品对应的;以及其他能够证明合法取得涉案商品的情形。

三、商标侵权行为的刑事责任

商标侵权行为严重的,应当承担刑事责任。根据我国刑法、现行《商标法》第67条等的规定,商标侵权行为构成犯罪的主要有三种罪名。

(一)假冒注册商标罪

假冒注册商标罪是指未经商标注册人的许可,在同一种商品上使用与其注册商标相同的商标,情节严重的行为。所谓情节严重,是指非法经营数额在5万元以上或者违法所得数额在3万元以上的;假冒两种以上注册商标,非法经营数额在3万元以上或者违法所得数额在2万元以上的;以及其他情节严重的情形。对假冒注册商标罪,可以判处3年以下有期徒刑或者拘役,并处或者单处罚金。如果行为人非法经营数额在25万元以上或者违法所得数额在15万元以上的;假冒两种以上注册商标,非法经营数额在15万元以上或者违法所得数额在10万元以上的;或者有其他情节特别严重的情形,应当以假冒注册商标罪判处3年以上7年以下有期徒刑,并处罚金。

(二)非法制造、销售非法制造的注册商标标识罪

非法制造、销售非法制造的注册商标标识罪是指伪造、擅自制造他人

注册商标标识或者销售伪造、擅自制造的注册商标标识，情节严重的。伪造、擅自制造或者销售伪造、擅自制造的注册商标标识数量在2万件以上，或者非法经营数额在5万元以上，或者违法所得数额在3万元以上的；伪造、擅自制造或者销售伪造、擅自制造两种以上注册商标标识数量在1万件以上，或者非法经营数额在3万元以上，或者违法所得数额在2万元以上的；以及有其他情节特别严重的情形的，属于情节严重，应当以非法制造、销售非法制造的注册商标标识罪判处3年以下有期徒刑、拘役或者管制，并处或者单处罚金。伪造、擅自制造或者销售伪造、擅自制造的注册商标标识数量在10万件以上，或者非法经营数额在25万元以上，或者违法所得数额在15万元以上的；伪造、擅自制造或者销售伪造、擅自制造两种以上注册商标标识数量在5万件以上，或者非法经营数额在15万元以上，或者违法所得数额在10万元以上的；以及有其他情节严重的情形的，属于情节特别严重，应当以非法制造、销售非法制造的注册商标标识罪判处3年以上7年以下有期徒刑，并处罚金。

（三）销售假冒注册商标的商品罪

销售假冒注册商标的商品罪是指销售明知是假冒注册商标的商品，销售金额数额较大的。销售明知是假冒注册商标的商品，销售金额在5万元以上的，属于刑法规定的"数额较大"，应当以销售假冒注册商标的商品罪判处3年以下有期徒刑或者拘役，并处或者单处罚金。销售金额在25万元以上的，属于《刑法》第214条规定的"数额巨大"，应当以销售假冒注册商标的商品罪判处3年以上7年以下有期徒刑，并处罚金。

四、典型现实问题之分析

为了防止商标侵权行为不利影响的发生或扩大，商标权人依法有权采取一些诉前措施。

（一）临时保护措施

商标注册人或者利害关系人有证据证明他人正在实施或者即将实施侵犯其注册商标专用权的行为，如不及时制止将会使其合法权益受到难以弥补损害的，可以依法在起诉前向人民法院申请采取责令停止有关行为和财产保全的措施。临时保护措施是 TRIPs 协议和我国现行商标法均予以承认的诉前措施之一。临时保护措施主要针对即发侵权，即尚未发生，但马上确实会发生的侵权，该措施有助于制止将要发生的侵权、阻止已经发生的侵权进一步扩大。

向人民法院申请采取责令停止有关行为和财产保全措施的主体应是商标注册人或利害关系人。申请人在提交申请时应当向法院提交包括当事人陈述、书证、物证、视听资料、电子数据、证人证言、鉴定意见、勘验笔录等证据材料，这些证据材料应能够证明他人正在实施或者即将实施侵犯其商标权的行为，如果不及时制止，将会使其合法权益受到难以弥补的损失。

（二）证据保全

为了制止侵权行为，在证据可能灭失或者以后难以取得的情况下，商标注册人或者利害关系人可以依法在起诉前向人民法院申请保全证据。所谓"可能灭失"是指因证据的自然特征、性质，或者因人为因素，使证据有灭失的可能；所谓"以后难以取得"是指由于客观情况的变化，证据在今后不能取得，或者虽然可以取得，但是会失去其作用的情形。

商标注册人或者利害关系人向人民法院提出诉前证据保全的申请时，应当递交书面申请状。申请状应当载明：当事人及其基本情况；申请保全证据的具体内容、范围和所在地；请求保全的证据能够证明的对象；申请的理由，包括证据可能灭失或者以后难以取得，且当事人及其诉讼代理人因客观原因不能自行收集的具体说明。

第五节　驰名商标的特殊保护

一、驰名商标的概念

驰名商标，英文为 well–known trademark，是一个国际通用的法律术语，最早出现于《保护工业产权巴黎公约》1925年海牙文本的第6条之二。我国在1985年加入巴黎公约之后逐渐建立起驰名商标的认定与特殊保护制度。

目前，驰名商标并没有一个公认的定义。简而言之，驰名商标就是指为相关公众所熟知的商标。相关公众包括与使用商标所标示的某类商品或者服务有关的消费者，生产前述商品或者提供服务的其他经营者以及经销渠道中所涉及的销售者和相关人员等。

驰名商标既可能是注册商标，也可能是未注册商标。对未注册驰名商标的保护，体现了法律的公平正义精神，有利于制止不正当竞争。❶

二、驰名商标的认定

驰名商标的认定是对其予以特殊保护的基础，但如何认定驰名商标是实践中较为复杂的工作。

（一）驰名商标的认定机构

依据《巴黎公约》的规定，商标是否驰名应当由行政主管部门或者司法机关来认定。我国现行《商标法》第14条明确了商标局、商标评审委员会以及最高人民法院指定的人民法院为驰名商标的认定机构。该条规定："在商标注册审查、工商行政管理部门查处商标违法案件过程中……商标局根据审查、处理案件的需要，可以对商标驰名情况作出认定；在商标争议处理过程中……商标评审委员会根据处理案件的需要，可以对商标驰名情况作出认定；在商标民事、行政案件审理过程中……最高人民法院指定的人民法院❷根据审理案件的需要，可以对商标驰名情况作出认定。"

---

❶ 冯晓青："未注册驰名商标保护及其制度完善"，载《法学家》2012年第4期，第115页。

❷ 最高人民法院于2009年1月6日下发《关于涉及驰名商标认定的民事纠纷案件管辖问题的通知》，明确只有三类法院可以受理涉及驰名商标认定的民事纠纷案件：省、自治区人民政府所在地的市、计划单列市中级人民法院、直辖市辖区内的中级人民法院。其他中级人民法院管辖此类民事纠纷案件；需报经最高人民法院批准，未经批准的中级人民法院不受理此类案件。

(二) 驰名商标认定的原则

不管是行政认定还是司法认定，驰名商标认定都应当遵循"个案认定、被动保护"的原则，具体如下。

第一，商标持有人只有在其商标权益受到损害的具体案件中，才能请求商标局、商标评审委员会、人民法院对其商标是否驰名予以认定，并给予相应的保护。商标局、商标评审委员会、人民法院不会对商标的驰名状态予以主动审查，且应当根据具体案件的需要做出是否接受当事人请求的决定。

第二，驰名商标的认定效力仅限于个案之中，驰名商标的认定结果并不必然能够影响之后发生的商标侵权纠纷的处理。在涉及驰名商标保护的纠纷中，如果对方当事人对所涉商标的驰名状态提出异议的，则商标的驰名状态需要依法重新审查。

此外，驰名商标的认定是一种事实认定。《最高人民法院关于审理涉及驰名商标保护的民事纠纷案件应用法律若干问题的解释》第13条规定：在涉及驰名商标保护的民事纠纷案件中，人民法院对于商标驰名的认定，仅作为案件事实和判决理由，不写入判决主文；以调解方式审结的，在调解书中对商标驰名的事实不予认定。

(三) 驰名商标认定的标准

驰名商标的认定需要综合考虑多项要素，国际商会、世界知识产权组织以及各国商标立法对驰名商标认定标准的理解与规定并不完全一致。[1] 我国现行《商标法》第14条规定，认定驰名商标应当考虑下列因素。

(1) 相关公众对该商标的知晓度。社会公众对商标的知晓度反映了商标识别来源功能的强弱，也能在一定程度上反映商标承载商誉的可能状况，因此，商标驰名状态的认定应当考虑社会公众对商标的知晓度。美国《兰汉姆法》规定只要一商标为美国普通消费公众广泛地承认为该商标所有人的商品或服务的来源提示，则是驰名的。这一规定实质上要求商标的知晓

---

[1] 王莲峰：《商标法学（第二版）》，北京大学出版社2014年版，第158页。

度应当以普通公众为标准。[1] 不过,在实践中,并非所有的商品或服务都能被普通公众广泛地接触到,有些商品或服务会因自身的特征与特点而仅销售或提供给部分公众。因此,我国现行商标法并没有采取普通公众的标准,而仅要求考察与使用商标所标示的某类商品或者服务有关的消费者、生产前述商品或者提供服务的其他经营者以及经销渠道中所涉及的销售者和相关人员等相关公众的知晓度。

(2) 该商标使用的持续时间。商标使用的持续时间表示消费者接触到商标的可能性。使用时间持续较长的商标,往往被消费者知晓和认识的可能性较大,消费者也因此有可能在生活中形成对该商标的认可度。请求认定商标驰名状态的当事人应当提供证据材料证明该商标使用持续时间。相关证据材料如该商标使用、注册的历史和范围的材料。我国现行《驰名商标认定和保护规定》要求:如果该商标为未注册商标的,应当提供证明其使用持续时间不少于 5 年的材料;该商标为注册商标的,应当提供证明其注册时间不少于 3 年或者持续使用时间不少于 5 年的材料。[2]

(3) 该商标的任何宣传工作的持续时间、程度和地理范围。在现代市场环境下,对商标进行宣传是商家获取市场、争夺消费者的重要手段。日常生活中,消费者也往往会从宣传渠道来获知某个商标及其相关信息。因此,请求认定商标驰名状态的当事人应当提供证明该商标的任何宣传工作的持续时间、程度和地理范围的材料,如近 3 年广告宣传和促销活动的方式、地域范围、宣传媒体的种类以及广告投放量等材料。

(4) 该商标作为驰名商标受保护的记录。虽然驰名商标的认定以"个案认定"为原则,但作为驰名商标受保护的记录,可以反映该商标在特定时期相关公众的知晓度,有助于对该商标驰名状态的重新判断。因此,请

---

[1] 王太平:"论驰名商标认定的公众范围标准",载《法学》2014 年第 10 期,第 60~61 页。

[2] 所称"三年""五年",是指被提出异议的商标注册申请日期、被提出无效宣告请求的商标注册申请日期之前的 3 年、5 年,以及在查处商标违法案件中提出驰名商标保护请求日期之前的 3 年、5 年。

求认定商标驰名状态的当事人可以提供证明该商标曾在中国或者其他国家和地区作为驰名商标受保护的材料。

（5）该商标驰名的其他因素。请求认定商标驰名状态的当事人还可以提供使用该商标的主要商品在近3年的销售收入、市场占有率、净利润、纳税额、销售区域等材料，以证明该商标的驰名状态。

三、驰名商标的特殊待遇

认定驰名商标主要是为了更有效、全面地保护为相关公众所熟知的商标。《巴黎公约》、TRIPs协议以及我国现行商标法等都对驰名商标的保护予以了特殊规定。具体而言，驰名商标的特殊待遇主要体现如下。

（一）注册豁免

《巴黎公约（里斯本修订版）》明确了驰名商标注册豁免的权利，即未注册商标可以因商标的驰名而获得专用权。驰名商标的注册豁免能够有效防止未经注册的驰名商标被竞争者抢注或不正当地利用。❶ 我国现行《商标法》给予了未注册驰名商标注册豁免。该法第13条第2款规定"就相同或者类似商品申请注册的商标是复制、摹仿或者翻译他人未在中国注册的驰名商标，容易导致混淆的，不予注册并禁止使用"。第58条规定"将他人注册商标、未注册的驰名商标作为企业名称中的字号使用，误导公众，构成不正当竞争行为的，依照《中华人民共和国反不正当竞争法》处理"。此外，为了实现对未注册驰名商标的有效保护，《最高人民法院关于审理商标民事纠纷案件适用法律若干问题的解释》第2条规定"复制、摹仿或者翻译他人未在中国注册的驰名商标或其主要部分，在相同或者类似商品上作为商标使用，容易导致混淆的，应当承担停止侵害的民事责任"。

（二）跨类保护

TRIPs协议在《巴黎公约》的基础上进一步加强了对驰名商标的保护，

---

❶ 王太平："论驰名商标认定的公众范围标准"，载《法学》2014年第10期，第57~58页。

规定了对驰名商标的跨类保护，即对驰名商标而言，在与其经核定使用的商品或服务不相同或不相类似的商品或服务上也可能受到保护。如我国现行《商标法》第13条第3款规定"就不相同或者不相类似商品申请注册的商标是复制、摹仿或者翻译他人已经在中国注册的驰名商标，误导公众，致使该驰名商标注册人的利益可能受到损害的，不予注册并禁止使用"。在商标侵权行为判断时，复制、摹仿或者翻译他人已经在中国注册的驰名商标或者其主要部分在不相同或者不类似商品上作为商标使用，误导公众，致使该驰名商标注册人的利益可能受到损害的，属于商标侵权行为，行为人应当承担相应的法律责任。

除注册豁免以及跨类保护外，驰名商标的权利人还可能获得一些其他的特殊待遇。如依据我国现行商标法律制度，违法损害他人合法权益的注册商标；自商标注册之日起5年内，在先权利人或者利害关系人可以请求商标评审委员会宣告该注册商标无效；但对恶意注册的，驰名商标所有人不受5年的时间限制。

四、典型现实问题之分析

（一）驰名商标的异化与应对

驰名商标的异化，是指在驰名商标的认定、使用过程中，基于多方面的原因所导致的有违驰名商标制度的宗旨、背离驰名商标的传统价值、与人们对驰名商标的合理期待相冲突的种种反常现象。[1] 就其表现而言，形式多种多样。典型的如一些企业在追求驰名商标的认定时所期望的目标不是为了解决商标侵权、不正当竞争等法律争议，而是为了获得荣誉称号、广告资源、物质奖励、政策优惠等，甚至是基于从众心理等因素；一些企业在认定驰名商标的过程中，通过策略性地选择或比较行政认定或司法认定途径，或者策略性地选择或制造相对当事人（被异议人、被申请人、被

---

[1] 董新凯："对驰名商标'异化'的另一种认识"，载《现代经济探讨》2010年第1期，第35页。

告等）或争议纠纷，甚至单方面或合谋地弄虚作假，以符合认定驰名商标的程序，从而满足认定驰名商标的条件或达到认定驰名商标的结果；一些企业在获得驰名商标认定之后，并没有遵循个案有效的原则，而将驰名商标当作荣誉称号等资本，并广泛运用于宣传等法律保护意义之外的领域。❶

驰名商标的异化，违背了商标立法设立驰名商标特殊保护制度的初衷，危害了商标保护的正当性，应当予以必要的法律规制。因此，最高人民法院2009年4月发布《关于审理涉及驰名商标保护的民事纠纷案件应用法律若干问题的解释》，界定了司法认定驰名商标的案件适用范围，明确认定驰名商标应当考虑的因素，规范了当事人在诉讼中主张驰名商标的举证责任，等等。不过，受"驰名商标可能使企业获得一些来源于政府的奖励以及有助于企业抢占市场"等原因的影响，驰名商标的异化仍然在实践中普遍存在。❷

为了更为有效地应对驰名商标的异化，针对实践中驰名商标被作为一种荣誉称号而进行宣传的现象，商标法第三次修订明确规定"生产、经营者不得将'驰名商标'字样用于商品、商品包装或容器上，或者用于广告宣传、展览以及其他商业活动中"；如果违反此规定，地方工商行政管理部门有权责令改正，处10万元罚款。

（二）驰名商标并不必然获得跨类保护

虽然跨类保护是法律确认的驰名商标获得的特殊待遇，但并不意味着只要获得驰名商标认定就一定可以获得跨类保护。是否给予驰名商标跨类保护应当以具体案件的实际情况为依据进行个案判断。

在"中国北京同仁堂（集团）有限责任公司与中华同仁堂生物科技有限公司侵害商标权及不正当竞争纠纷案"中，法院对驰名商标予以了跨类

---

❶ 袁真富："防止驰名商标异化：司法解释的制度设计及其评价"，载《电子知识产权》2009年第8期，第24页。

❷ 王莲峰："驰名商标异化的法律规制"，载《河南省政法管理干部学院学报》2010年第6期，第42~50页。

保护。该案具体情况❶如下。

1983年3月1日，北京同仁堂制药厂申请注册了"同仁堂"商标，注册号为第171188，核准使用于中药。2002年6月7日，注册人名称变更为中国北京同仁堂（集团）有限责任公司（以下简称同仁堂公司）。后经续展，至今合法有效。

2011年8月10日，中华同仁堂生物科技有限公司（以下简称同仁堂科技公司）设立台湾中华同仁堂生物科技有限公司常州代表处，业务范围：从事与隶属外国（地区）企业有关的非营利性业务活动。

2012年8月，同仁堂公司发现同仁堂科技公司在其www.zhtrt.com网站上多处使用"中华同仁堂""大清御用同仁堂""正宗御用同仁堂"字样；网站相关宣传视频中多处使用了在同仁堂公司经营的店铺内拍摄的有关同仁堂药店以及楹联的影相。此外，同仁堂公司发现同仁堂科技公司还在江苏省常州市武进区淹城中医一条街常乐坊3号开设了"中华同仁堂"店铺；店铺门头为"中华同仁堂"，其"中华"与"同仁堂"分两行排列，该门头下方有"中医博物馆"字样；店铺两侧有楹联"炮制虽繁必不敢省人工，品味虽贵必不敢减物力"，并悬挂有"同修仁德""济世养生"的字样；店铺侧面有"中华同仁堂"的标识，其中"中华"两字为上下竖排，字体较小，"同仁堂"三字为左右横排，字体较大，约为"中华"二字的2倍；店铺内的装饰墙上标有右左横排的"中华同仁堂"字样，其"中华"与"同仁堂"分作两行排列；等等。

同仁堂公司认为，"同仁堂"早已是驰名商标，该商标具有极强的显著性，而同仁堂科技公司在其网站和店铺内外设置的"中华同仁堂"标识，以"同仁堂"字样为该标识的主要部分，足以使相关公众对二者产生混淆；再加上同仁堂科技公司故意在字体、店铺装饰、企业历史和文化等多方面对同仁堂公司进行模仿，进一步加剧了混淆的可能，造成"同仁堂"驰名商标的淡化，恶意地损害了同仁堂公司作为商标专用权人的合法

---

❶ 江苏省南京市中级人民法院民事判决书，(2013)宁知民初字第121号。

权益及"同仁堂"驰名商标所代表的商誉，同仁堂科技公司应就其商标侵权行为承担法律责任。

同仁堂科技公司辩称：同仁堂公司涉案注册商标使用在中药商品上，与其在网站、门店等处使用"中华同仁堂"标识中"同仁堂"三字的使用方式虽构成近似，但其开设的店铺以招商为目的，向客人提供台湾土特产、茶叶等赠品，寻求在大陆地区进行药品、养生及其他各种产品的生产销售服务的合作机会，与同仁堂公司商标核准使用的商品并非类似商品，且涉案商标并非驰名商标；因此，同仁堂公司无权禁止其将"同仁堂"作为商业标记和企业字号使用，不能主张同仁堂科技公司对同仁堂公司构成商标侵权或不正当竞争。

一审法院江苏省南京市中级人民法院审理认为：同仁堂科技公司是以招商为目的，进行中医、养生理念的宣传，并寻求合作而开展的商业性经营活动，与同仁堂公司将涉案注册商标用于中药商品的使用行为，两者在功能、用途、消费对象等方面均不相同，可以认定二者不属于类似商品。若同仁堂公司涉案商标不是驰名商标，则相关公众一般不认为同仁堂公司、同仁堂科技公司之间存在特定联系、不易造成混淆，亦不构成商标侵权。但根据对"相关公众对涉案商标的知晓程度；涉案商标使用的持续时间；涉案商标宣传工作的持续时间、程度和地理范围以及涉案商标受保护的记录"等方面的分析，同仁堂公司涉案注册商标已符合中国驰名商标的条件，依法应给予跨类保护。同仁堂科技公司的使用行为必然会使相关公众产生涉案驰名商标与同仁堂科技公司之间存在关联的联想，从而构成对相关公众的误导，并对驰名商标权利人的合法权益造成损害。同仁堂科技公司的行为，侵害了同仁堂公司享有的涉案商标专用权。

二审法院江苏省高级人民法院经审理认为：依据同仁堂公司第171188号注册商标的实际情况可以认定该商标为驰名商标。同仁堂科技公司在其设立的网站及店铺中使用"中华同仁堂"标识，构成对"同仁堂"这一字号的突出使用，这一使用方式客观上起到了标识商品（服务）来源的作用，会导致消费者误认为其与同仁堂公司存在某种特定联系，依法构成对

同仁堂公司涉案注册商标权的侵害。❶

和上述案例不同，法院在"滇虹药业集团股份有限公司与国家工商行政管理总局商标评审委员会、第三人陈敏泉关于第 5006314 号'康王 Kangwang'商标异议复审行政纠纷案"中没有给予驰名商标跨类保护。❷ 该案具体情况如下。

1996 年 11 月 4 日，滇虹天然药物厂向商标局提出第 1130744 号"康王"商标（以下简称引证商标）的注册申请，并于 1997 年 11 月 28 日获准注册，核定使用在第 5 类"中药、西药、中药制剂、西药制剂"等商品上。经续展，专用权期限至 2017 年 11 月 27 日。经转让变更，引证商标现注册人名义为滇虹药业集团股份有限公司（以下简称滇虹药业公司）。2005 年 11 月 16 日，陈敏泉向国家工商行政管理总局商标局提出第 5006314 号"康王 Kangwang"商标（以下简称被异议商标）的注册申请，指定使用在第 25 类"婴儿全套衣、帽子（头戴）、袜、手套（服装）、领带、腰带、游泳衣、长筒袜、袜裤"等商品上。

被异议商标异议期内，台州市椒江康王制衣厂、滇虹药业公司向商标局提出异议。2011 年 9 月 21 日，商标局作出（2011）商标异字第 34538 号《"康王 KANGWANG"商标异议裁定书》（以下简称第 34538 号裁定），认为被异议商标与台州市椒江康王制衣厂引证在先注册的"康王 KANGWANG"商标使用的商品未构成类似，台州市椒江康王制衣厂称陈敏泉抄袭、摹仿其引证商标并损害其在先字号权证据不足；被异议商标与滇虹药业公司引证在先注册的"康王"商标使用商品未构成类似，滇虹药业公司称陈敏泉恶意模仿其驰名商标以及被异议商标的使用易造成不良影响证据不足。因此，裁定：被异议商标予以核准注册。

滇虹药业公司不服第 34538 号裁定，于 2011 年 10 月 28 日向商标评审委员会申请复审。2013 年 8 月 21 日，商标评审委员会作出商评字（2013）

---

❶ 江苏省高级人民法院民事判决书，(2014) 苏知民终字第 0101 号。

❷ 上海知识产权研究所："案例报告：驰名商标不予跨类保护的具体情形"，载 http://www.shipa.org/ip_ litigation_ show. asp? id =491，2014 年 7 月 24 日发布。

第45324号《关于第5006314号"康王 KANGWANG"商标异议复审裁定书》(以下简称第45324号裁定)。该裁定认为：滇虹药业公司提交的证据可以证明引证商标在被异议商标申请注册之前已经具有一定知名度，但尚未达到驰名的知名程度，且被异议商标指定使用的领带等商品与引证商标赖以知名的药品商品在功能、用途、生产部门、销售渠道等方面相去甚远，被异议商标的注册和使用一般不会误导相关公众，致使滇虹药业公司的利益受到损害。因此，裁定：被异议商标予以核准注册。

滇虹药业公司不服，向北京市第一中级人民法院提起诉讼。北京市第一中级人民法院经审理认为：根据滇虹药业公司在评审过程中提交的证据，有关引证商标所获荣誉的证据除康王系列被中国非处方药物协会被评为2005年中国非处方药（化学药）品牌销售外名外用类第三名以外，均系企业及相关人员所获荣誉；滇虹药业公司在本案评审中提交的部分广告宣传证据系其自行制作，且部分形成时间晚于被异议商标申请日；滇虹药业公司提交的商标局认定"康王"为驰名商标的批复为2010年所作，不足以认定引证商标在被异议商标申请日之前构成驰名；虽然滇虹药业公司在商标评审中以及本案诉讼中提交的部分证据，包括其被认定为云南名牌产品、云南省著名商标、被列为全国重点商标保护名录以及部分商标行政裁定书、法院判决书以及行政处罚决定，能够证明引证商标在被异议商标申请日之前的在中药、西药商品上具有较高的知名度，但仅凭上述证据仍不足以证明引证商标已经达到驰名程度。此外，滇虹药业公司提交的绝大部分证据均是引证商标在复方康唑发用洗剂商品上的使用情况，故引证商标赖以知名的商品亦应当是该非处方发用洗剂商品。在本案中，鉴于引证商标的独创性不高，且无论是在引证商标赖以知名的商品上，还是在被异议商标指定使用的商品上，其显著性亦不强。考虑到引证商标赖以知名的非处方发用洗剂商品与被异议商标指定使用的婴儿全套衣等商品在生产工艺、功能用途、销售渠道、消费对象等方面均存在较大差异，分属不同的行业领域，因此，被异议商标的注册使用不易致使相关公众的误导，不会对滇虹药业公司的利益造成损害。滇虹药业公司关于驰名商标淡化的主张应以涉案商标构成驰名商标且以相关公众对该商标的知晓范围和程度达到更高的标准和要求为前提，而本案中滇虹药业公司所提供的证据亦不能证明该前提的成立，故对该主张不予支持。故判决：维持第45324号裁定。[1]

滇虹药业公司不服判决，向北京市高级人民法院提起上诉。北京市高级人民法院经审理认为：被异议商标于2005年11月16日申请注册。滇虹药业公司在商标评审阶段和诉讼阶段提交了引证商标作为驰名商标受到人民法院和国务院工商行政管理部门保护的众多证据，其中，2000年的《全国重点商标保护名录》形成在被异议商标申请注册日之前；商标评审委员会第11922号裁定、第141208号裁定虽然形成时间晚于被异议商标申请注册日，但其认定引证商标驰名的事实均早于被异议商标申请注册日；重庆市第一中级人民法院第265号判决、重庆市第五中级人民法院第192号判决和重庆市高级人民法院第178号判决、第32号判决虽然形成时间晚于被异议商标申请注册日，但均认定引证商标从2005年起即已构成驰名商标；包括最高人民法院第613号裁定在内的其他法院裁判文书，虽然其形成时间晚于被异议商标的申请注册日，但上述裁判所认定的引证商标驰名的事实，均是建立在引证商标长期大量使用的事实基础之上的，体现出引证商标知名度的积累过程。因此，综合上述证据，足以证明在被异议商标申请注册日前，引证商标在中药、西药等商品上经过大量使用，在中国大陆地区具有了较高的知名度，构成驰名商标。原审判决关于引证商标尚未达到驰名程度的事实认定错误，予以纠正。

北京市高级人民法院经还认为：商标注册应当根据相关案件的事实，根据具体情形加以个案审查，其他商标的注册情况并不必然影响或决定本案被异议商标能否获得注册。本案中，被异议商标指定使用在"婴儿全套衣、帽子（头戴）、袜、手套（服装）、领带、腰带、游泳衣、长筒袜、袜裤"等商品上，引证商标核定使用在"中药、西药、中药制剂、西药制剂"等商品上，上述商品属于不相同和不相类似的商品。虽然引证商标具

---

[1] 北京市第一中级人民法院行政判决书，（2013）一中知行初字第3710号。

有较高的知名度、已构成驰名商标，但是，由于药品的特殊属性，相关公众对在药品上注册使用的商标通常给予较高的注意力，医药企业在生产经营方面通常亦较少涉及医药以外的其他商品，因此，即使被异议商标标志与引证商标标志较为近似，相关公众亦不会对相关商标产生误认。滇虹药业公司关于被异议商标的注册使用足以误导公众、致使其利益可能受到损害的上诉理由，缺乏事实和法律依据，不予支持。[1]

---

[1] 北京市高级人民法院行政判决书，(2014) 高行终字第 680 号。

主要参考文献

1 李继忠，董葆霖．外国专家商标法律讲座．北京：工商出版社，1991
2 郑成思．知识产权法教程．北京：法律出版社，1993
3 张序九．商标法教程（第三版）．北京：法律出版社，1997
4 吴汉东．知识产权．北京：中国政法大学出版社，1999
5 冯晓青，唐超华．知识产权法．长沙：湖南大学出版社、湖南人民出版社，2001
6 黄晖．驰名商标和著名商标的法律保护．北京：法律出版社，2001
7 古祖雪．国际知识产权法．北京：法律出版社，2002
8 刘春茂．知识产权原理．北京：知识产权出版社，2002
9 张玉敏．知识产权法学．北京：中国检察出版社，2002
10 李明德．美国知识产权法．北京：法律出版社，2003
11 李永明．知识产权法．杭州：浙江大学出版社，2003
12 王连峰．商标法通论．郑州：郑州大学出版社，2003
13 杨建斌．知识产权法律制度研究（第 2 版）．哈尔滨：黑龙江人民出版社，2003
14 曾陈明汝．商标法原理．北京：中国人民大学出版社，2003
15 郑成思．知识产权论（第 2 版）．北京：法律出版社，2003
16 黄晖．商标法．北京：法律出版社，2004
17 曲三强．知识产权法原理．北京：中国检察出版社，2004
18 李琛．知识产权法关键词．北京：法律出版社，2005
19 吴汉东．知识产权基本问题研究．北京：中国人民大学出版社，2005

20 冯晓青．知识产权法利益平衡理论．北京：中国政法大学出版社，2006

21 李茂堂．商标新论．台北：元照出版公司，2006

22 刘世宽．知识产权理论与实践．兰州：甘肃人民出版社，2006

23 张耕．商业标志法．厦门：厦门大学出版社，2006

24 彭学龙．商标法的符号学分析．北京：法律出版社，2007

25 王迁．知识产权法教程．北京：中国人民大学出版社，2007

26 邓宏光．商标法的理论基础：以商标显著性为中心．北京：法律出版社，2008

27 胡开忠．商标法学教程．北京：中国人民大学出版社，2008

28 王莲峰．商标法．北京：清华大学出版社，2008

29 文学．商标使用与商标保护研究．北京：法律出版社，2008

30 张术麟．商业标记权的法律保护．北京：知识产权出版社，2008

31 刘春田．知识产权法．北京：法律出版社，2009

32 王莲峰．商业标识立法体系化研究．北京：北京大学出版社，2009

33 吴汉东．知识产权制度基础理论研究．北京：知识产权出版社，2009

34 李扬．知识产权法基本原理．北京：中国社会科学出版社，2010

35 南振兴，温芽清．知识产权法经济学论．北京：中国社会科学出版社，2010

36 吴汉东，郭寿康．知识产权制度国际化问题研究．北京：北京大学出版社，2010

37 姚洪军．法析驰名商标．北京：知识产权出版社，2010

38 叶若思．商业外观权研究．北京：法律出版社，2010

39 黄海峰．知识产权的话语与现实——版权、专利与商标史论．武汉：华中科技大学出版社，2011

40 李小武．商标反淡化研究．杭州：浙江大学出版社，2011

41 宁立志．知识产权法（第2版）．武汉：武汉大学出版社，2011

42 徐聪颖．论商标的符号表彰功能．北京：法律出版社，2011

43 余俊．商标法律进化论．武汉：华中科技大学出版社，2011

44 杜颖．社会进步与商标观念：商标法律制度的过去、现在和未来．北京：北京大学出版社，2012

45 罗晓霞．竞争政策视野下商标法理论研究——关系、协调及制度构建．北京：中国政法大学出版社，2013

46 《十二国商标法》编译组．十二国商标法．北京：清华大学出版社，2013

47 孙敏洁．商标保护与商业表达自由．北京：知识产权出版社，2013

48 北京市高级人民法院知识产权审判庭．商标授权确权的司法审查．北京：中国法制出版社，2014

49 杜颖．商标法（第2版）．北京：北京大学出版社，2014

50 郭禾．知识产权法（第5版）．北京：中国人民大学出版社，2014

51 国务院法制办公室．中华人民共和国商标法（含商标法实施条例）注解与配套．北京：中国法制出版社，2014

52 孔祥俊．商标法适用的基本问题（增订版）．北京：中国法制出版社，2014

53 刘期家．商标侵权认定法律问题研究．北京：知识产权出版社，2014

54 王莲峰．商标法学（第2版）．北京：北京大学出版社，2014

55 吴汉东．知识产权法学（第6版）．北京：北京大学出版社，2014

56 张今，郭斯伦．电子商务中的商标使用及侵权责任研究．北京：知识产权出版社，2014

57 赵建蕊．商标使用在TRIPs中的体现及在网络环境下的新发展．北京：中国政法大学出版社，2014

58 何怀文．商标法：原理规则与案例讨论．杭州：浙江大学出版社，2015

59 王太平．商标法原理与案例．北京：北京大学出版社，2015

60 张锐．商标实务指南．北京：法律出版社，2015

61 ［美］罗伯特·D. 考特，托马斯·S. 尤伦．法和经济学．张军等，

译. 上海：上海三联书店、上海人民出版社，1994

62　［英］蒂娜·哈特、琳达·法赞尼. 知识产权法（第 2 版）. 北京：法律出版社，2002

63　［奥］博登浩森. 保护工业产权巴黎公约指南. 汤纵舜、段瑞林，译. 北京：中国人民大学出版社，2003

64　［美］德雷特勒. 知识产权许可（上）. 王春燕等，译. 北京：清华大学出版社，2003

65　［美］罗伯特·墨杰斯. 新技术时代的知识产权法. 齐筠等，译. 北京：中国政法大学出版社，2003

66　［美］威廉·M. 兰德斯，理查德·A. 波斯纳. 知识产权法的经济结构. 北京：北京大学出版社，2005

67　［澳］布拉德·谢尔曼，［英］莱昂内尔·本特利. 现代知识产权法的演进：英国的历程（1760—1911）. 北京：北京大学出版社，2006

68　［英］杰里米·菲利普斯. 商标法实证分析. 马强等，译. 北京：中国人民大学出版社，2014

69　Amanda Michaels. *A Practical Guide to Trade Mark Law*. Sweet & Maxwell，London，1996

70　W. R. Cornish. *Intellectual Property：Patents，Copyright，Trade Marks and Allied Right*. London Sweet & Maxwell，1996

71　William M. Landes，Richard A. Posner. *The Economic Structure of Intellectual Property Law*. Harvard University Press，2003

72　Mary LaFrance. *Understanding Trademark Law*. LexisNexis，2009

73　Graeme B. Dinwoodie and Mark D. Janis. *Trademarks and Unfair Competition：Law and Policy*. Aspen Publishers，2010

74　Alexander I. Poltorak，Paul J. Lerner. *Essentials of Intellectual Property：Law，Economics，and Strategy*. Wiley，2011

75　Deborah E. Bouchoux. *Intellectual Property：The Law of Trademarks，Copyrights，Patents，and Trade Secrets*. Delmar Cengage Learning，2012

76　Peter Maggs and Roger Schechter. *Trademark and Unfair Competition Law*: *Cases and Comments*. West Academic Publishing, 2012

77　WIPO Worldwide Academy. *WIPO Summer School Reading Material*. Geneva, Switzerland, 2012

78　Jane C. Ginsburg, Jessica Litman, Mary Kevlin. *Trademark and Unfair Competition Law*: *Cases and Materials*. LexisNexis, 2013